KB188898

문장 자기계발 ❶

리셋,
마이 드림
Reset My Dream

리셋, 마이 드림
Reset My Dream

1판 1쇄 인쇄 2024.10.31
1판 1쇄 발행 2024.11.5

발행처 도서출판 문장
발행인 이은숙

등록번호 제 2015. 000023호
등록일 1977. 10. 24.

서울시 강북구 덕릉로 14(수유동)
대표전화 : 02-929-9495
팩시밀리 : 02-929-9496

리셋,
마이 드림
Reset My Dream

박철희 지음

도서
출판

머리말

　2017년 9월 10일 나의 첫 번째 책이 출판되자마자 10월에 강릉국토관리사무소로 발령을 받았다. 내가 맡은 업무는 2018 평창동계올림픽기간 올림픽 관계자들이 이동하는 전용도로가 결빙되지 않도록 관리하는 제설대책 업무였다. 하루에 2~3시간 쪽잠을 자며 작은 이슬비에도 전용도로가 결빙되어 사고가 발생할까 봐 노심초사하며 근무를 했었다. 나의 책이 세상에 나온지 6개월이 될 때 쯤 올림픽도 끝이 났다.

　이런 상황이었다보니 내 출판사 창고 한구석에 쌓여 있는 책들이 생각났다.
　4월 어느 날이었다. 점심을 먹고 하늘을 바라보았다. 하얀 도화지에 연한 에메랄드 빛깔을 입힌 푸른 바다가 내 눈앞에 있는 것이었다. 그리고 따스한 햇빛은 나의 눈을 찡그리게 했다.

　그때 내 머릿속을 스쳐지나가는 것이 있었다.
　"내 책들은 출판사 창고 한쪽 구석에 쌓여 있겠지?"

나의 심장이 나의 마음을 울렸다. 나는 당장 출판사 사장님에게 전화하여 서울에 있는 큰 서점에서 출판기념회를 하자고 제안했다. 사장님은 알아보겠다고 하고 전화를 끊었다. 며칠 후 전화가 왔다.

"박작가. OO문고 홍보실에서 전화가 왔는데 베스트셀러나 신인작가 아니면 출판기념회는 힘들다는데 어쩌지?"

나는 그 말을 듣고 대형서점에 보낼 편지를 쓰기 시작했다.

'책을 출간하자마자 과중한 직장업무로 책을 세상에 알리지 못했는데 지금이라도 내 첫 번째 책을 세상에 알리고 싶습니다. 귀 OO문고에서 출판강연회를 개최하고 싶으니 기회를 주세요. 부탁드립니다.'

이렇게 편지를 써서 출판사 사장님께 정식공문으로 서점 담당자에 전달해 주기를 간절히 요청했다.

며칠 뒤 출판사에서 전화가 왔다.

"박작가. OO문고 홍대점에서 출판기념회를 할 수 있도록 기회를 준다고 했고, 행사 당일 매대에 책도 30권 정도 깔아주기로 했어."

내가 마음먹은 일이 현실이 된 것이었다. 나는 그 전화를 받고 행사준비를 시작했다. 두달쯤 후 나의 첫 출판기념회 행사가 대한민국의 수도 서울에 위치한 대형서점에서 시작됐다. 이 세상에 태어나게 해주신 사랑하는 나의 아버지, 어머니를 비롯해 많은 손님들이 참석해 주셨다. 행사가 끝나고 서점 안에서 저자 사인회까지 마무리를 하였다. 지금 생각해도 그때의 기억을 잊을수 없다.

4년의 시간이 흘러 2022년도가 되었다. 직장에서도 큰 변화가 있었다. 2021년 2월에 국토교통부 본부로 발령을 받은 것이었다. 15년간 지방 사무소에서 인허가 및 각종 공사감독업무 위주의 업무를 수행하다가 법령정비 등의 정책업무를 하게 된 것이었다. 역시 새로운 환경과 새로운 업무는 나를 가만히 두지 않았다. 6개월쯤 지났을까? 나에게 찾아온 건 삼십대 때와 비슷한 우울함과 무기력함이었다. 여전히 나약한 한 인간이었다.

또 다른 도전을 하였다. 우선 나의 망가진 몸과 마음을 달래기 위해 새벽요가를 시작했다. 좋은 선생님을 만나 3개월만에 나의 몸은 가벼워지고 정신도 맑아졌다.

그리고 지역사회를 위해 봉사를 하고 싶다는 마음이 생겼다. 어떤 대상에게 어떤 방법으로 봉사를 할지 고민하였다. 아이디어가 번뜩하고 떠올랐다. 내가 살고 있는 지역의 청소년들에게 인문학적인 소양을 갖게 해주는 활동을 하기로 결정했다. 그리고 공무원인 내가 봉사활동을 하는데 지장이 없도록하기 위해 등록을 하지 않은 무형의 청소년 인문학교를 설립했다.

그 이름은 '홍천어린이인문학교'

어린이들은 미래의 사회를 이끌고 나갈 중요한 사람들이다. 아이들이 다니는 학교에서는 정해진 정답만을 요구하고 있다. 하지만 삶이라는 기나긴 여행 동안에는 정해진 정답만을 따르며 살 수 없다. 그래서 그들이 스스로 질문하고 스스로가 답을 찾을 수 있도록 도와주는 진로인문학 강연을 제공하고 있다. 여러 직업의 강사들을 섭외하여 청소년들이 다양한 미래를 바라볼 수 있는데 최선을 다하고 있다.

올해로 벌써 3년째 운영되고 있다. 개인비용으로 인문학교를 운영하기에 현실의 벽에 부딪친 적도 있었다. 그리고 내가 기대했었던 것 만큼의 보람도 느끼지 못했었다. 하지만 나는 계속 밀고 나가고 있다.

왜냐하면 인문학교의 모토가 '꿈을 찾아 떠나는 여행'이기 때문이다. 꿈을 찾는 여행은 누구에게는 짧게 걸릴 수도 있고, 누구에게는 긴 여행이 될 수도 있다.

이런 여행을 시작하며 나도 다시 꿈을 꾸게 되었다. '리셋, 마이드림'을 영어로 번역하여 큰 세상에 알리는 일이었다. 나의 지역을 벗어나 세계 여러 나라에 있는 아이들에게 꿈을 찾게 해주고 싶은 것이다.

2024년도에는 그런 일을 하고 싶어 졌다.
2024년 3월 18일 06시 30분 국토교통부에서
박 철 희

리셋,
마이 드림
Reset My Dream

1장

방황하는 청춘

내 짝은 선생님의 칭찬을 받았다.
나는 옆에서 그 모습을 보며 씁쓸함을 느꼈다.
남 앞에 나서지 못하고, 소극적이며
의욕 없는 중학생. 그게 나의 모습이었다.

1. 손들지 못하는 소년

"자, 지동설을 최초로 주장한 과학자가 누군지 아는 사람. 손들어봐라."

중학교 1학년 때 담임이신 과학과목 성경남 선생님이 상식에 가까운 퀴즈를 냈다. 나는 그게 코페르니쿠스라는 걸 알고 있었다. 정상이라면 번쩍 손들고 답을 맞혀야 했다. 하지만 나는 마음속으로만 속삭였다.

'코페르니쿠스야.'

답을 알아낸 짝은 손을 번쩍 들고 일어서며 말했다.

"선생님, 코페르니쿠스입니다."

"오, 정답!"

내 짝은 선생님의 칭찬을 받았다. 나는 옆에서 그 모습을 보며 씁쓸함을 느꼈다. 남 앞에 나서지 못하고, 소극적이며 의욕 없는 중학생. 그게 나의 모습이었다.

나는 춘천중학교를 다녔다. 집으로부터 걸어서 20분 정도 되는 거리였다. 아침에 걸어서 학교에 가고 수업이 끝나면 학원에 갔다가 집으로 돌아오는 아주 단순한 삶을 살았다. 공부나 운동을 잘하는 것도 아니고 특별한 취미생활도 없었다. 지금 생각해 보면 정말 재미없는 중학교 시절을 보냈다. 어떻게 그렇게 3년이라는 시간을 보낼 수 있었는지 궁금하기도 하다.

성경남 선생님은 체구가 작으셨고, 성격은 까칠하고 카리스마가 넘치시는 분이었다. 나는 그 당시 과학이라는 과목에 관심이 없었고, 그다지 흥미롭지도 않았다. 그나마 실험을 하는 실습시간에는 조금 집중을 하였다. 왜냐하면 실험 과정을 통해서 그 결과를 짧은 시간 안에 눈으로 직접 보고 확인할 수 있기 때문이다.

그리고 25년이 지났는데 아직도 기억이 나는 친구 이름이 몇 있다. 이름이 떠오른다고 해서 친하게 지낸 것도 아니다. 아니 엄밀히 말하면 친하게 지내는 방법을 알지 못했고, 지금까지 한 번도 사회에서 만난 적도 없다.

아, 갑자기 생각난 선생님도 있다. 마이콜이라는 별명으로 불린 수학선생님이다. 그 선생님 때문은 아니지만 나는 수학이라는 과목을 중1때 포기했다. 기초가 부실했기 때문이다. 하지만 키가 크고 얼굴이 검은 수학선생님은 공부를 못하는 학생들에게 늘 따뜻하게 대해 주었다.

중학교의 마지막인 3학년 시기는 고등학교 입학고사를 준비하는 시기여서 그런지 조금은 긴장했던 것 같다. 이름이 잘 기억나지 않는 담임선생님에게 무엇을 그리 잘못했는지 나무 막대로 엉덩이를 실컷 맞은 기억이 아직도 생생하다. 아마도 내 성적이 반 평균 아래에 항상 있어서 그랬던 것 같다.

3월 달 새 학기에 나는 춘천에서 인문계 남자고등학교 랭킹 1순위인 춘천고등학교를 진학목표로 정했다. 그런데 5월쯤 되어 성적을 보니 내 목표가 너무 높다는 걸 알게 되어 2순위 학교로 목표를 잡았다. 중학교 생활의 마지막 학기인 중3 2학기가 되어도 성적이 향상되지 않아 인문계 학교 가운데 갈 곳이 없었다.

"철희야. 너는 실업계로 가는 게 어떠냐? 빨리 사회생활도 할 수 있고."

담임선생님은 실업계 고등학교를 진학하도록 나에게 조언했다. 나도 그 선택을 따르려고 했다.

"엄마. 나 실업계로 진학할래요."

그 말을 들은 어머니는 담임선생님을 찾아가 강력하게 요구하셨다.

"실업계 진학은 절대로 안 됩니다. 이대로 우리 철희가 실업계로 가면 공부는 아예 손을 놓게 됩니다. 어떻게든 저는 대학 보낼 겁니다."

결국 인문계 학교 중 가장 성적이 낮은 성수고등학교를 선택하였다. 이 학교는 그 당시 미달이었다. 결과적으로 지금 생각해 보면 어머니의 선택을 따른 것에 감사한다. 이렇게 나는 정말 재미없고 무의미한 중학교 생활을 했다.

그렇게 중학생 시절을 버티며 보낼 수 있게 한 유일한 취미가 있었다. 그것은 바로 우표수집이었다. 중학교 1학년 때 한 친구 때문에 우표를 모으기 시작했다. 매달 새로운 우표가 나오는 날이면 모아 둔 용돈을 들고 우체국에 가서 우표를 사 집에 들고 와서는 우표수집 책에 보관해 두었다. 6개월 정도 수집을 했을 때부터 앨범이 늘어나기 시작했고 나는 거기에 흠뻑 빠졌다. 일반우표만 수집하는 것이 아니다. 같은 우표가 여러 장 붙어 있는 것부터 시트(Sheet)라고 한 장의 우표를 엽서처럼 크게 보관할 수 있는 것까지 정말 수집품은 다양했다. 매달 우체국에서 기념우표를 발행하는데 친구와 학교가 끝나자마자 발행된 우표가 다 소진될까봐 부리나케 우체국까지 거의 뛰는 수준으로 걸어갔다. 그때 나는 사람의 욕심은 끝이 없다는 것을 처음 알았다. 기념이 될 만한 우표는 나중에 가격이 많이 오를 것 같아서 여러 장 사고 싶었다.

그러고 보니 어릴 적부터 돈에 대한 욕심이 좀 있었던 것 같다. 설날 받은 세뱃돈을 쓰지 않고 통장에 차곡차곡 저축을 했다. 물론 어렸지만 구체적인 목표 없이 무조건 쓰지 않고 모으기만 했다. 이렇게 10대부터 별다른 목표의식 없이 그저 한 가지에 몰입하는 것에만 집중한 것이다. 중학교 때도 모의고사는 전혀 공부하지 않고 중간고사, 기말고사 시험기간에만 공부를 했다. 이러한 습관들이 대학생활과 직장생활에까지 영향을 미친 것 같다.

그나마 다행인 것은 내가 공부를 싫어하고 목표는 없었지만 나쁜 방향으로 빠지지는 않았다는 점이다. 그것은 전적으로 어머니 덕분이다. 어머니는 공부는 잘 못해도 혹시나 좋지 않은 방향으로 빠질까봐 넉넉하지 않은 살림에도 매달 어머니회에 참석하여 나의 학교생활을 점검하고 선생님들과 소통했다. 공부를 못하는 것에 대해서는 별로 신경 쓰지 않았지만 학교생활이나 교우관계에 대해서는 무척이나 엄격했다.

당시의 나는 지금의 내 모습과 많이 달랐다. 그때는 누구에게 먼저 다가가 말을 걸거나 친절하게 대하는 태도는 전혀 없었다. 참 지금 생각해 보면 어떻게 그런 무미건조한 태도로 학교생활을 하고 친구들과 어울리지도 않으면서 중학시절을 보냈는지 모른다. 안타까운 생각이 든다.

직장인보다 더 바쁜 요즘 10대 친구들을 보면 꼭 하고픈 말이 있다. 진정성 있고 구체적인 목표를 세우고 그 다음에 실천을 해야 한다고. 그렇게 방향성을 갖고 노력해야 실패할 확률이 줄어든다고. 물론 이는 경험에서 우러난 교훈들이다.

중학교 시절, 나는 늘 뒤에서 남이 먼저 하기만을 기다렸고, 어떤 일을 할 때도 진정성과 열정 없는 길을 걸어왔다. 중학생에게 요구하는 건 무리일지 모르나 조금이라도 뚜렷한 주관이나 철학을 가지고 살아왔다면 지금의 나와 다른 삶을 살지 않았을까 하는 생각도 든다.

물론 과거에 재미없는 삶을 살았다 하여 그런 삶이 계속 이어진다는 보장은 없다. 중요한 것은 지금 이 순간이기 때문이다. 과거를 후회하기보다는 지금의 삶이 미래에 후회되지 않도록 살아갈 것이다. 제퍼슨도 지혜롭게 처신해야 후회가 없다고 말했다.

오늘 할 수 있는 일은 내일로 미루지 말라. 자기가 할 수 있는 일은 남에게 미루지 말라. 싸다고 해서 필요치 않은 물건을 사지 말라. 지나치지 않고 알맞게 행동하면 후회하는 일이 없다.

지금 누가 퀴즈를 낸다면 이제는 가장 먼저 손을 번쩍 들고 내가 대답할 것이다.

"지동설을 가장 먼저 주장한 건 코페르니쿠스입니다. 그동안 지구가 우주의 중심이라고 생각했는데 코페르니쿠스는 지구가 태양을 중심으로 돈다고 완전히 패러다임을 바꾸는 주장을 했습니다."

그렇다. 나는 이제 코페르니쿠스적으로 변한 삶을 살고 있는 것이다.

2. 공부를 붙잡기까지의 긴 여정

나는 강원도 삼척에 소재한 삼척대학교 토목공학과를 정시모집 2차 전형으로 합격하여 1999년 3월에 입학하였다.

99학번인 셈이다. 그 당시 내 고향 춘천에서 삼척까지는 시외버스로 4시간 정도 걸렸다. 태어나서 처음 부모님 곁을 떠나서 생활하였다. 다행히 교내 기숙사에 합격하여 편하게 생활할 수 있었다. 애초에 나는 대학진학을 원하지 않았다. 하지만 우여곡절 끝에 대학에 입학을 하게 된 거였다.

대학에 진학하니 처음 겪는 새로운 환경, 새로운 사람들, 새로운 학습방식 등 모든 것이 낯설었다. 다행히 고등학교 친구 네

명이 삼척대에 함께 입학하였고, 기숙사 생활도 같이 했다. 기숙사에서 토목공학과 강의실도 걸어서 2분 정도 걸려 수업에 빠지는 일은 적었다.

1학년 때는 많이 놀라는 선배님들의 조언에 따라 드라마에서나 보던 미팅이나 소개팅도 여러 번 하였다. 나는 여자인 친구들이 주변에 별로 없어서 미팅이나 소개팅에서 여학생들과 자연스럽게 이야기를 나누지 못했다. 그러다 보니 소위 삐삐(PAGER)라 불리는 통신기계 번호만 받고 연락을 취하지는 않았다. 한 여학생을 두 번 이상 만나는 경우가 적었다.

그러던 중 우연히 나간 단체미팅에서 마음에 드는 여학생 하나를 만났다. 제법 키도 크고 인상도 귀여웠다. 그 여학생과 세 번 만났는데 나의 내성적인 성격 탓에 사귀자는 소리 한번 못하고 끝이 났다.

그렇게 한 학기가 끝날 무렵 나는 더 이상 학교를 다니기가 싫었다. 아무 생각 없이 지내는 병이 도진 거였다. 그래서 한 학기를 마치고 군대에 지원하였으나 병무청에서 2002년 2월에나 입대가 가능하다고 연락을 받았다. 어쩔 수 없이 여름방학이 끝나고 나서 2학기 등록을 하고 수업을 들었다. 솔직히 1학년 2학기 때 무엇을 하며 지냈는지 기억이 잘 나지 않는다. 그만큼 의미 없고 진정성 없는 시간을 보낸 것 같다. 그렇게 나의 대학생활 1년은 지나갔다.

겨울방학 3개월을 보내고 나는 군 입대를 하였다. 2002년 2

월 22일 경기도 의정부 102보충대를 거쳐 제 8 보병사단으로 부대배치를 받았다. 배치를 받자마자 훈련장으로 바로 투입되었다. 진지공사라는 작업에 투입된 것이었다. 전쟁 시 방어를 위하여 사용되는 공간이 진지인데 그것을 순전히 사람의 힘으로 만드는 훈련이었다. 아침부터 저녁까지 진지공사를 한 후 숙박은 4인용 군용텐트에서 하였다. 그렇게 3주간 야영생활을 마치고 부대로 복귀했다.

다행히 내가 복무하던 부대는 훈련은 많았지만 선진 병영 생활을 막 시작하는 곳이었다. 그래서 그런지 바로 선임들이 존댓말을 사용하는 것이었다. 아마도 그런 존경의 문화로 군문화가 바뀌는 시점인 것 같았다. 단체 생활이 난생 처음이라 어색하기만 하고 어떻게 해야 할지 몰랐다. 보병부대라 훈련지역까지 군장을 메고 걸어가는 행군이 많았다. 이등병 때는 훈련지역까지 행군하여 가면 지폐 천 원짜리 반 정도 되는 커다란 물집이 생기곤 했다. 태양빛이 내리쬐는 한 여름 더운 날씨에 행군을 하던 중 갑자기 화생방 훈련 상황이 주어지면 방독면을 쓰고 걸어야 한다. 그냥 걸어가도 힘든 상황인데 비옷에 방독면을 착용하고 행군을 하였다. 지금에서야 추억이라 생각하지만 그때는 정말 죽을 것만 같았다.

그렇게 버티고 버텨서 2번의 훈련을 마치고 나는 이등병 휴가를 나왔다. 집이 그렇게나 편하고 좋은 곳이라는 사실을 그때 처음 깨달았다. 어머니는 내가 좋아하는 음식들을 해주셨다. 나는 목욕탕에 가서 깨끗이 씻고 시내 구경을 하러 나갔다. 정말 기분이 상쾌하고 군에 가기 전과는 완전히 다른 느낌이었다. 자유라는 것이 얼마나 소중한지 비로소 느꼈다.

상병이 되기 전까지 군대생활은 정말 힘듦의 연속이었다. 그렇게 1년의 시간이 지나고 나서야 군대 생활에 적응하면서 안정을 찾기 시작했다. 군사훈련에 흥미를 느끼기 시작하고 준비과정에서 전우애라는 것도 느꼈다. 그렇게 2년 2개월의 군대 생활을 마치고 2002년 4월 21일에 전역을 하였다.

제대 후 아르바이트도 해보았지만 큰 보람은 느끼지 못했다. 그러자 비로소 공부를 해야겠다는 생각이 들었다. 그래서 고민 끝에 영어를 공부하기로 마음먹었다. 그래서 나는 짐을 싸서 서울에 있는 영어 학원을 다니기 위하여 아버지의 막내 동생인 영란이 고모 집을 찾아 갔다. 다음 달 수강기간까지 3주 정도의 시간이 남아서 나는 고모 집 근처 만두가게에서 아르바이트를 했다. 그런데 전에 했던 일과는 너무나 달랐다. 손님에게 주문 받은 사항을 계산대에서 주방으로 입력해야 했다. 그 시스템을 사용하는 것도 어색했고, 주문을 받는 것도 어려웠다.

그렇게 일주일이 지난 뒤 나는 주인에게 말도 하지 않고 그만두었다. 그날 저녁때 고모에게도 자초지종을 말하지 않고 짐을 싸서 춘천 집으로 돌아왔다. 고모가 어머니한테 전화해서 무슨 일이 있냐고 물어봤다. 나는 그때 속상하고 창피해서 그냥 집에서 공부한다고 전했다. 무책임병이 다시 고개를 든 거였다.

22

그렇게 한 달간을 집에서 쉬고 집 근처 강원대학교 어학원에 등록을 해서 토익이라는 것을 처음 공부했다. 다행히 영어라는 과목은 고등학교 때까지 포기하지 않고 공부한 과목이었다. 어학원에서 토익을 공부하면서 다시 영어에 익숙해지고 실제 토익 시험을 치렀다. 처음 본 시험에서 990점 만점에 550점을 맞았다. 생각보다 쉽지 않았다.

그렇게 3개월 동안 토익공부를 춘천에서 하고 2003년 3월에 삼척대학교에 복학을 했다. 군대를 다녀와서 그런지 할 것이라곤 공부밖에 없었다. 수업이 끝나면 나는 바로 기숙사 독서실에 가서 노트정리를 다시 했다. 그렇게 하다 보니 1학기 학점도 잘 받았다.

여름방학이 시작된 후 나는 서울 소재의 대학교를 다니고 싶었다. 그래서 나는 편입시험을 준비하기 시작했다. 춘천에 소재한 편입영어 학원을 등록하고 두 달 동안 열심히 공부를 했다.

방학이 끝나고 2학기에 복학하면서 정규 수업이 끝나면 나는 기숙사 독서실에 가서 편입영어 공부를 3시간 정도 했다. 조금씩 영어 시험문제에 익숙해졌고, 시간이 나면 무조건 영어공부를 했다. 3만 3천개의 영어단어가 수록된 책을 정말 어려웠지만 꾹 참고 10번 정독했다.

그렇게 영어공부만을 하면서 여름방학이 끝나고 2학년 2학기에도 나는 학업에 열중하여 과에서 1등을 했다. 겨울방학이 돌아오자 나는 계속해서 편입시험 준비를 하고 4개의 대학에 지원했다. 결과는 4곳 중에 3곳을 합격하였다. 여기서 나는 어느 학교로 진할할지를 결정해야만 했다. 그래서 고등학교 3학년 담임선생님께 연락을 하여 상담을 받았다. 그래서 결국 내 고향 춘천에 있는 강원대학교를 선택하였다. 집에서 도보로 5분 거리다.

3학년, 4학년 동안 역시 나는 도서관 가기, 강의 참석, 다시 도서관에서 공부하기. 이렇게 반복적인 대학생활을 하였다. 열심히는 했으나 구체적인 목표는 없었다. 결국 막연하게 열심히만 하는 나의 생활 습관이 나를 방황하게 만들었다.

독자들에게 이렇게 말해주고 싶다. 목표를 반드시 설정하고 그 목표를 반드시 이루기 위하여 노력하라고. 목표 없이 막연하게 열심히 하는 것은 결과도 구체적이지 않고 막연한 방황만이 다가온다는 걸 내가 느꼈기 때문에 하는 말이다. 그리고 목표는 반드시 이루어야 하는 것이다.

> 무엇보다 먼저 흐리멍텅한 목표가 아닌 분명한 목표를 가져라. 이 목표가 구체적이고도 확실한 것이 될 때까지 갈고 닦아라. 그것을 항상 당신 마음속에 간직하라. 그러면 당신은 어디로 가든지 그것을 잊지 않을 것이다. 이 목표는 계속적으로 적극적인 생각과 믿음이 필요하다. 분명한 목표가 있다면 당신은 그것을 위해 적극적으로 행동해야 한다. 이것이 바로 성공의 길이다.
> -노만 V. 필

이처럼 목표는 중요하다. 이룰 용기가 없다면 차라리 목표를 세우지 않는 게 좋다. 왜냐하면 목표에 도달하기 위한 과정들을 실행하지 않으면 핑계만 계속하여 만들기 때문이다. 나는 이런 과정을 경험하였던 사람이기에 이 책을 읽는 젊은이들은 나와 같은 방황을 하지 않았으면 한다.

3. 직장생활에서의 방황

2016년 2월에 대학교 졸업식을 했다.

그 해 3월부터 노량진에서 공무원시험을 준비하여 7월에 예정된 강원도 지방공무원 시험에 합격하였다. 학원수업을 듣고 독서실에서 하루도 빠짐없이 15시간씩 5과목을 5개월간 공부를 하고 고시원에서 잠만 자는 생활을 하였다. 한마디로 수감생활 같았다.

그때 들었던 생각은 시험에 어떻게든 빨리 합격하여 이 곳 노량진을 벗어나야만 한다는 것뿐이었다. 주변에는 온통 공무원 시험 준비생들이고 아는 사람이라곤 춘천에서 같이 올라간 친구 한 명 뿐이었다. 응용역학을 가르치는 정경동 강사는 늘 우리 수험생들에게 말했다.

"일단 시험은 객관식이니 찍어서라도 빨리 합격하여 노량진을 떠나요!"

그래서인지 첫 시험이자 마지막인 강원도 지방공무원 시험 마지막 토목설계 과목에서 20문제 중에 10문제를 찍었는데 80점의 결과가 나왔다. 한 마디로 운 좋게 잘 찍은 거다. 그 결과 단 한 번의 도전으로 나는 요즘 어렵다는 공무원이 되었다. 그 후 11월 1일자로 홍천군청 도시과에 첫 발령을 받았다. 그 때 내 나이 26세!

나의 업무는 옥외광고물 인허가 담당이었다. 나는 토목직 공무원이었기에 건설관련 업무를 하고 싶었는데 옥외광고물 업무를 주는 것이었다. 우리가 쉽게 보는 현수막, 건물 상가를 알리고자 설치하는 간판. 이러한 광고물들은 설치되기 전에 허가를 받아야 하는 시설물이다. 내가 처음 맡은 업무가 바로 이러한 광고물을 관리하는 것이었다.

속으로 화나고 불만은 있었지만 신입 공무원이 주어진 업무에 최선을 다하는 것이 우선이라는 생각이 들어 참고 일을 시작하였다. 생전 처음 공문서 기안을 해보았고, 정말 딱딱하고 지루한 내용을 컴퓨터 자판을 이용하여 한글프로그램과 연동된 전자결재 시스템에 글을 썼다. 계장과 과장에게까지 결재를 올리는 일도 하였다. 정말 태어나서 결재라는 것은 처음 해보는 거였다. 그러나 결과는 예상 밖이었다.

"철희씨, 이거 오타잖아. 여기는 맞춤법도 틀리고. 이거 이래서 되겠어? 다시 해와."

연속되는 오타 지적과 전혀 맞지 않는 한글맞춤법들. 나는 일주일 만에 좌절을 맛보았다.

'앞으로 남은 공무원생활을 어떻게 하지? 이 일을 계속해야 하나?'

바보 같은 질문만 속으로 되뇌었다. 정말이지 공무원에게 국어능력, 특히 글쓰기 능력은 필수다. 나처럼 따로 공부를 하더라도 능력을 향상시켜 놓아야 한다.

6개월 후인 2007년 5월쯤 나는 마침내 내가 원하던 건설과로 발령을 받았다. 건설과는 도로, 하천, 지역개발, 농업기반조성 4개 담당파트가 있다. 공무원조직에서는 파트를 '계'라고 부른다. 도로계, 하천계 등. 그중에 나는 하천계에 배치를 받아서 국가하천, 지방하천도 아닌 소하천을 담당하게 되었다.

홍천군은 면적이 1,818km^2로 전국에서 가장 큰 면적을 가진 지역이라 그 당시 316개의 소하천이 관리되고 있었다. 그걸 본 순간 정말 아찔했다. 10개 읍·면에 산재한 316개의 소하천을 어떻게 혼자 관리를 해야 할지 정말 걱정이 하늘을 찔렀던 것이다. 말로만 듣던 공무원들의 인력부족 예산부족이라는 말이 실감났다. 다행히 전임자가 같이 입사한 토목직 공무원 동기이자 대학교 과친구여서 같이 의지하면서 많이 배우며 근무했다.

그러나 역시였다. 걱정하였던 일들은 생각보다 빨리 찾아왔다. 시골이라 그런지 소하천구역 내에서의 불법행위가 많이 일어나고 있었다. 하천구역 내 불법경작, 시설기준에 적합하지 않은 교량설치 등 모두가 처음 경험하는 일들이었다. 그로 인하여 상대방이 신고한 민원들, 그리고 인허가 업무, 감독할 공사들…….

조직생활은 학교처럼 이론부터 배우는 곳이 아니라 담당자로서 실전의 업무를 시작하면서 배우는 곳이었다. 전쟁터가 따로 없었다. 아침 출근하면 걸려오는 몇 십 통의 전화들. 받자마자 욕부터 시작하는 민원인들부터 아무개가 하천부지에 불법으로 다리를 개설한다는 민원, 자기 땅이 하천으로 편입되었는데 언제, 어떻게, 얼마나 보상을 줄 수 있는지 따지는 민원 등등.

출근이 무서워지기 시작했다. 그래서 그런지 퇴근을 하면 입사 동기나 선배들과 저녁식사 중에 술을 마시는 일이 잦아졌다. 직장생활을 시작하기 전까지는 입에 술을 거의 대지 않은 나인데 나도 모르게 잔에 채워진 소주가 목으로 스르르 잘도 넘어가기 시작했다. 스트레스를 풀다보니 그렇게 된 거였다.

여기서 끝이 아니었다. 일이 손에 잡히지 않고 사무실에 있어도 항상 긴장한 상태로 있어서인지 아무 생각 없이 멍하니 있는 적이 많았다. 그러니 검토해야 할 서류들은 책상서랍과 책상 위에 항상 쌓여만 가고 처리하는 일들은 적었다. 이런 상태에서 어떤 한 건의 일을 처리하기 위하여 결재를 올리면 항상 혼나고 지적받고 소위 말하는 멘탈이 붕괴되는 상황의 연속이었다.

그러던 중 직속 과장이 바뀌었다. 전 과장에게 받았어야 할 중요한 사항을 그만 놓쳐버려 문제가 터지고야 말았다. 처음 감독한 공사현장에서 현장 상황이 변동되었다. 그러나 나는 실정보고 결재를 전 과장님께 받아 놓지를 않은 것이다.

"이거 나는 이해가 안 되네. 결재 어려워."

새로운 과장님께 결재를 받으려 하니 본인은 이해할 수 없는 사항이라고 결재를 해주지 않는 것이었다. 담당계장도 나서서 설득을 해 보았으나 결과는 실패였다.

그 후로 나는 약 3주간 불면증에 시달리면서 공무원 생활은 여기서 끝이라는 생각을 했다. 그 후 시공사에서 잘못한 사항을 찾아내서 결국은 4주 만에 결재를 받아 마무리할 수 있었다. 지금은 하나의 추억거리지만 그때는 정말 하루하루가 고통의 연속이었다.

그렇게 2년 6개월간의 9급 공무원 생활을 마치고 나는 2009년 9월에 8급으로 승진한 후 남면사무소 근무를 시작하였다. 면사무소에서는 토목직 공무원이 단 한 명이기 때문에 해당 면소재지 소규모 지역개발사업 전체를 책임져야 했다. 측량, 설계, 발주, 감독, 준공까지 총괄 책임자인 것이다.

그 해 겨울 처음 읍·면사무소 토목직 공무원들과 겨울철 소규모 건설공사 합동작업에 참여하였다. 10개 읍·면 토목직 공무원들이 3개 팀을 구성하고 그 다음해 건설사업 대상지에 대하여 팀별로 측량을 합동으로 한다. 그 뒤 종합사회복지관 사무실에서 캐드 프로그램을 이용하여 도면을 작성하고 사업물량을 산출하는 작업을 함께 한다. 그때 정말 측량부터 캐드를 이용한 도면 그리기, 물량산출, 단가산출 등 많은 것을 배웠다. 그리고 토목직 공무원들만의 끈끈한 선·후배의 정을 느꼈다. 토목직에 대한 자부심이 많이 생기기 시작하였다.

그 다음 근무지는 2011년에 발령받은 상하수도 사업소라는 곳이다. 여기서 나는 상수도 담당부서에서 상수도 급수시설 업무를 담당하였다. 상수도 급수시설은 가정이나 공장 등으로 상수도를 공급하기 위하여 본 관로에서 분기하는 과정을 말한다. 급수시설 설치 신청서가 접수되면 현장에 나가서 측량을 하고 사무실에서 설계를 한 후 신청자에게 공사비를 통보한다. 이 통보를 받은 신청자가 공사비를 납부하게 되면 급수공사가 이루어진다.

이 일련의 과정에서 항상 민원이 생긴다. 본선 관로에서 상수도 공급이 필요한 신청지까지 거리가 멀면 공사비가 많이 나오고 바로 인근이면 공사비는 적게 나오게 된다. 이것은 당연한 일 아닌가. 하지만 공사비를 부담하는 개인의 입장에서는 부당하다는 생각을 할 수 있다. 이것뿐만 아니라 공사비가 결정되는 요인들은 관 재질이나 복구방법에 따라 다르다. 예를 들면 흙으로 복구하느냐 아스팔트로 복구하느냐에 따라 공사비는 천지차이인 것이다. 담당공무원은 그런 불만이 있는 사항에 대하여 각 민원인에게 산출근거를 설명하고 이해시켜야 한다. 물론 선택은 민원인이 하는 것이다.

겨울철이 돌아왔다. 한파로 인하여 본선에서 계량기까지 인입되는 분기관로가 얼어서 터지기 시작하였다. 민원전화가 밤새도록 몰아쳤다. 결국 비상근무 체제가 시작되었다. 상하수도 사업소에 등록된 상수도업체를 소집한 후 우선적으로 들어온 민원사항에 대하여 현장출동 후 긴급한 사항에 대해서는 금액에 상관없이 먼저 시공을 시키기로 작업지시를 하였다. 그 해 겨울 정말 혼자서는 다 설계할 수 없을 만큼의 동파건수가 접수되었다.

결국 설계능력이 되는 상수도업체 현장소장들에게 연락을 해서 자체적으로 한 물량에 대해서는 설계서를 작성하여 검토를 받으라고 지시를 하였다. 그때는 정말 설계서를 결재 받은 후 계약부서에 지출을 요청하는 업무의 연속인지라 밥 먹을 틈도 나지 않았다. 이렇게 상수도 관련 업무를 1년 5개월동안 하면서 힘들지만 상수도 공급의 중요성을 새삼 느꼈다.

2012년 7월부터 나는 특별경쟁을 통하여 국가직공무원으로 전환되어 국토해양부 홍천국토관리사무소 보수과에서 근무하게 되었다. 내 공무원 인생의 전환점을 맞이하게 된 거다. 그러나 새로운 전자결재 시스템부터 보고서 양식 등, 새롭게 적응해야 할 것들이 넘쳐났다. 일단 큰 차이는 간단한 업무의 성과를 정식 결재가 아닌 메모보고를 통하여 상급자까지 확인할 수 있는 보고기능을 사용한다는 점이었다. 또한 언론보도나 언론대응도 담당자본인이 직접 자료를 작성하여 서면보고 후 배포한다는 것이 특이했다.

"지자체에서 배운 것은 뼛속까지 다 버려야 해."

선배들이 수시로 나에게 한 말이다. 지금에 와서야 그 말에 공감하고 이해를 한다.

일단 나는 군청에서는 도로관리업무를 한 번도 해본 적이 없었다. 그저 마을안길이 전부였다. 그런데 국토관리사무소에 와서는 도로법에 근거하는 지방도가 아닌 일반국도를 관리하기 시작하였다. 홍천국토관리사무소는 9개 시·군에 산재해 있는 일반국도를 관리하는 기관이다. 강원도가 18개 시군인데 그 중 반이나 되는 시군을 관통하는 국도를 관리하는 셈이다. 군청에서도 헉헉대며 공무원 생활을 했는데 9개 시군을 관리해야 한다니. 생각만으로도 너무나 긴장되고 어디까지 배워야 하나 싶어 스스로 한심했다.

하지만 경험이 최고의 선생이라고, 1년이라는 시간이 흐르고 나니 나는 다시 국도관리업무에 적응했다. 많은 도로유지관리 건설사업관리 경험도 쌓으면서 다른 지방자치단체 및 기타 유관기관과의 업무협의를 통하여 리더십도 향상되었다.

"어, 얼굴이 왜 이러지?"

2014년 4월쯤의 일이다. 업무적인 스트레스로 인하여 왼쪽 얼굴에 안면마비가 왔다.

"정말 이러고 살아야 해?"

정말 왜 사는지에 대하여 나 자신에게 질문을 던졌다. 병을 고치기 위해 양방, 한방에 의지하였지만 쉽게 마비가 풀리지는 않았다.

그러던 중 원주지방국토관리청에서 정선국토관리사무소 근무가 가능한지 전화가 와서 5분간 생각하고 지원을 하였다. 그렇게 1년 6개월간의 홍천국토관리사무소 근무는 끝이 났다. 정말 시간이 어떻게 갔는지 모르겠고, 남은 건 안면마비 뿐이었다.

2014년도 5월에 나는 지금의 근무처인 정선국토관리사무소로 발령을 받았다. 처음으로 가족과 떨어져 생활을 하게 되었다. 건강상태가 좋지 않은 탓에 정신도 없었고 처음에는 많이 외로웠다. 다행히도 좋은 과장님과 좋은 동료들 때문에 건강도 좋아지고 쉽게 사무소 생활에 적응을 하였다.

돌이켜보면 상명하복의 공무원 생활이라지만 그 안에서 스스로의 역량을 키우고 성장한 시간들이었다. 얼마 전 대구시청 공무원이 정년퇴직하면서 대구시청에게 큰 절을 올려서 화제가 되었다. 나도 그런 심정이다. 지금 열심히 일하고 있지만 이렇게 일하고 싶어도 못하는 젊은 공시족들을 보면서 다시금 마음을 다잡는다.

4. 육아에서 배우는 자기경영

"부모가 되고 나니 육아의 어려움을 알겠네요."

부모님과의 대화에서 나온 이야기다. 나의 큰 아이 시후가 태어난 후 새로이 발령받은 홍천 사무실에 잘 적응하지 못하고, 야근과 잦은 술자리로 한때 가정에 소홀한 적이 있었다. 자정이 돼서야 집에 들어오면 아내는 그때까지 우는 아이를 달래기 일쑤였다.

"여보, 애 좀 봐줘. 나 하루 종일 안고 서 있었어."

"아, 나도 일하고 와서 피곤해."

그때마다 항상 일을 핑계로 내 방으로 곧장 들어가곤 했다. 등 뒤에서 아내의 볼멘 중얼거림이 들렸다.

"아빠라는 사람이 일찍 집에 와서 육아에 신경 좀 쓰지."

그런 식으로 야근 후 술 한잔하고 돌아오는 날엔 어김없이 아내에게 잔소리를 들었다.

아이를 키우면서 아내와 말다툼이 잦아졌다.

지금 생각해보면 그때는 정말 육아에 대해 전혀 준비되지 않은 아빠였다. 아내와 아들에게 지금까지도 많이 미안하다. 집안일도 거의 도와주지 않았다. 그야말로 후회되는 상황의 연속이었다. 그때는 나만 힘들다고 생각하여 어려운 그 순간을 회피하려고만 했다.

"그만 자고 일어나서 집안일 좀 해. 쓰레기도 좀 버려주고."

일요일 아침 10시가 넘도록 잠만 자는 나에게 아내는 화가 많이 났다. 그럼에도 손가락 하나 까딱 하고 싶지 않았고 잘해보려는 의지조차 내게는 없었다. 목욕시키기, 밥 먹이기, 기저귀 갈기, 빨래하기 등등. 아이를 키우면서 하는 일이 정말 많았지만 나는 잘 거들지 않았다.

"애를 낳아봐야 부모의 마음을 알지."

부모님의 그 말이 사실인 것이다. 아이가 아프고 울어대면 어찌할 줄 몰라서 발을 동동 구르고 가끔 새벽에 응급실에 가는 경우도 생긴다. 나는 그런 상황마다 아내와 아이 옆에 있어주지 못한 불량 아빠였다.

그렇게 아들이 3살이 되던 2014년 3월 나는 업무 스트레스, 불규칙한 식습관, 잦은 술자리 등 여러 가지 요인으로 앞서도 말했듯 오른쪽 얼굴에 신경마비가 오고 말았다. 다행히 약 한달 동안의 치료로 다시 정상적인 생활을 할 수 있었다. 나는 사람이 죄를 받을 수 있다는 것을 그때 깨달았다.

"아무래도 내가 가정에 소홀하고 남들에게 못된 짓을 많이 했나봐. 그래서 벌 받은 거야."

안면마비로 우울해 하고 있던 내가 스스로에게 한 말이다.

그러던 중 2014년 5월에 정선사무소로 발령을 받았다. 그때부터 지금까지 평일은 정선에서 근무하고 주말이 되면 아내와 큰아이가 있는 홍천으로 오는 생활이 이어지고 있다. 결혼 후 가족과 떨어져 지내는 첫 경험이다. 건강도 좋지 않은 상태에서 가족과 떨어져 지내게 되는 상황은 나에게 너무 절망적이었다.

"안녕하세요. 박철희입니다."

정선사무소로 발령을 받고 각과의 직원들에게 인사를 했다. 다행히도 직원들은 나의 발령을 환영해 주었고 그 덕에 나는 쉽게 적응할 수 있었다. 특히 나보다 두 살 많은 형 같은 직원이 있었는데 나에게 장난도 많이 걸어주었다. 그 덕에 정선이라는 오지에서 쉽게 적응할 수 있었다.

그 후 2015년 6월에는 둘째 아이가 태어났다. 다음 날 대전에 출장이 있어 하루 전날에 직접 운전해서 제천쯤 가고 있었는데 갑자기 아내에게 전화가 왔다.

"지금 양수가 터져서 춘천 산부인과로 가고 있어."

나는 대전을 향하던 차를 춘천 방향으로 급선회해 최대한의

속도로 달려 산부인과에 도착했다. 도착하자마자 수술실로 갔는데 벌써 귀여운 딸 소은이가 태어난 것이 아닌가. 나는 아내를 먼저 찾아가서 상태를 살피고 격려해 주었다.

"여보, 수고했어. 배 많이 아팠어?"

첫째 때도 아내는 제왕절개 수술을 통해서 출산을 하여 고생한 거다.

"아무래도 배가 아파서 셋째는 안 낳을 거야. 호호!"

아내는 그 와중에서도 약간의 농담으로 나를 대해 주었다.

그렇게 나는 두 아이의 아빠로 다시 태어났고, 가정을 잘 유지해야 하는 책임감은 더욱 더 커졌다. 가정에 대해 소홀했던 나의 잘못으로 인하여 최근 들어 느낀 것이 있다.

"집에서 새는 바가지는 들에 가도 샌다."

집에서 못하는 사람은 밖에 나가서도 제대로 못한다는 사실이다.

아내는 사회활동과 대인관계도 중요하지만 아이들이 어릴 때 함께 뒹굴며 노는 시간을 많이 가졌으면 하고 바란다. 나름 노력은 했지만 잘 되지는 않았다. 핑계처럼 들릴 수 있지만 나의 성향이 새로운 곳을 다니면서 낯선 사람들을 만나는 것을 좋아하기 때문이다. 그래서 주말에 집에만 있는 것이 굉장히 힘들고 답답하다. 최근까지도 주말이면 어김없이 차를 몰고 서울을 향했다. 서울에 가서 영어공부도 하고 서점에 가서 새로운 책들도 읽곤 했다.

그러다 문득 깨달은 몇 가지를 정리해 보고자 한다.

첫째, 내가 아무리 잘한다고 해도 상대가 인정하지 않으면 그건 잘하는 것이 아니다.

내 나름의 방식으로 가정과 육아에 신경을 쓰고 잘 관리한다고 생각했지만 아내와 다투는 일이 많아지면서 나는 그렇지 못하다는 걸 알게 된 거다. 이러한 상황은 직장과 친구관계에까지 영향을 미친다. 가정에서 편하지 못하게 되면 직장에서의 업무도 원활하게 해결되지 않고, 친구들을 만나서도 별로 즐겁지 않다. 이러한 일련의 과정들을 여러 번 경험하고 나서야 나는 가정에서 나의 역할과 책임이 얼마나 큰 것인지 깨달았다.

둘째, 육아와 가정 그리고 직장생활 및 사회활동을 원활하게 유지하기 위해서는 끊임없이 세심하게 노력해야 한다.

그렇게 하지 않으면 당장 육아에서부터 문제가 생긴다. 아이를 잘 기르는 것은 농사를 짓는 것과 같다. 봄이 되면 밭을 갈고 씨를 뿌리며 물을 주고 모종이 자라면서 끊임없이 잡초를 제거해주거나 약도 쳐야 한다. 이와 마찬가지로 아이를 기르면서도 영양분을 섭취하게 해주고 좋은 교육을 시켜야 하며, 항상 사랑과 관심을 가져줘야 한다. 이러한 세심한 관심은 농사나 육아뿐만 아니라 내가 경험하고 있는 건설프로젝트 관리에 이르기까지 필수적인 사항이다. 사소한 것이라고 생각하는 부분을 무심코 지나치다보면 꼭 그 부분에서 문제가 생긴다. 가정에서 육아의 경험이 회사의 경영과 전혀 다르지 않다. 나는 육아를 통해서 경영을 보게 되었다.

가정에서 나는 가장, 남편, 그리고 아빠의 역할을 한다. 이 세 가지 역할을 통해서 배우고 있는 것 중 가장 중요하게 생각하는 것이 가정을 얼마나 잘 경영하느냐 하는 것이다. 가정을 잘 경영하려면 가정의 특성에 맞는 경영전략이 필요하다. 한 마디로 가장은 CEO인 셈이다.

나는 우리 가정을 잘 경영하기 위한 방법으로 의사소통을 강조하고 있다. 육아의 어려움을 잘 알려준 아들 시후와 대화할 때 나는 성인과 거의 똑같이 대화하려 한다. 의견을 묻고, 원하는 것을 맞추고 조정하고. 물론 그 방법이 옳지 않을 수도 있으나 아이가 직접 무엇을 선택해야만 하는 경우, 아이가 직접 의사결정을 하도록 대화를 유도한다.

이른 바 눈높이교육이다. 어느 교사가 다음날 박물관에 체험학습을 하러 올 제자들을 위해 전시물 앞에 쪼그리고 앉아 아이들 눈높이에서 바라보고 교육을 준비했다는 유명한 일화에서 나온 것이 눈높이 교육이다.

물론 내가 눈높이를 낮춰서 자녀들과 대화하는 것이 처음부터 원활하지는 않았다. 그래도 기회가 될 때마다 서두르지 않고 아주 천천히 대화하려고 노력했다. 물론 자녀의 컨디션이 좋지 않을 때는 그냥 받아주는 것이 더 효과적이다. 어른과 마찬가지로 자녀들과도 소위 말하는 밀고 당기기를 잘 해야 아무런 탈 없이 잘 지낼 수 있다.

"시후, 오늘 아빠랑 어디 가고 싶어?"

"나 놀이동산."

나와 정말 친하지 않았던 큰 아이 시후와 하는 대화 장면이다.

우리 가족은 강원도 홍천군에 살고 있다. 그래서 나는 시간이 되는 대로 아내와 아이들을 데리고 사람들이 많은 곳으로 여행을 다니려 한다. 하지만 요즘은 황사, 미세먼지 등으로 바깥 야외 활동 하는 것도 쉽지 않다. 그래서 자주 가는 곳 중의 하나가 바로 실내 놀이터이다. 실내 놀이터는 아이들이 비교적 자유롭게 뛰어 놀 수 있고 간단한 간식도 먹을 수 있다.

그 와중에 나는 노트북 컴퓨터를 펼쳐 소셜 미디어를 통하여 다른 곳에 있는 사람들과 소통도 하고, 인터넷 강의도 듣고, 책도 읽으며 유익한 시간을 보낸다. 그리고 집에 와서는 유투브 영상 매체를 이용하여 아이들에게 영어노래나 영어동요를 들려주며 간접적으로 영어교육도 시키고 있다.

나는 아직도 많이 부족하지만 아이들에게 좋은 아빠, 긍정적인 아빠가 되기 위해서 끊임없이 노력하고 있다. 이렇게 최선을 다하게 된 것만으로도 나는 감사한다.

5. 힘겨웠던 나의 30대

나의 30대에는 정말 많은 일들이 벌어졌다.

31세: 결혼
34세: 큰아들 시후 탄생
36세: 둘째아이 소은 탄생

지금에 와서 생각해보니 정말 아무나 하는 것 같지만 그렇다
고 해서 누구나 하는 일은 아니다.

요즘 청년들은 많은 고민을 하기보다는 순간적인 판단으로
어떤 것을 결정하려는 경향이 큰 것 같다. 나는 결혼이라는 것을
선택할 때 나름 진지하게 고민한 후 결정을 했다. 그런데도 결혼

후 1년은 정말 힘든 시기였다.

그렇게 나의 30대 방황을 시작했다. 역설적으로 들리겠지만 나는 그 당시에도 객관적으로 보면 남부럽지 않은 상황이었다. 4년제 대학을 나오고 안정된 직장에서 일하며 결혼까지 했으니 부족함 없는 삶을 살아가는 것 아니겠는가. 그런데도 나는 그런 행복이 마음과 몸으로 체감되지 않았다.

나는 헌법에도 명시된 행복추구권을 실현하기 위해서 페이스북을 통해서 알게 된 서울에서 열리는 주말모임을 찾아 다녔다. 대부분의 모임은 전에 내가 경험해보지 않은 새로운 것을 배우는 것들이었다.

첫 번째로 참가한 것이 '페이스북 달인 되기'라는 소셜 네트워크를 배우는 캠프였다. 페이스북을 이미 사용하고 있었지만 간편하면서 상대방과 신속하게 소통하는 기능들을 배웠다. 그 모임에서 만난 새로운 사람들 가운데 일부는 아직도 연락을 서로 주고받는다. 타로(Tarot)카드에 능통하며 나의 운을 봐주는 울산에 사는 이소현 누나. 바빠서 자주 보지는 못하지만 뭐든 부탁을 하면 바로 들어주는 분이다. 내 인생에서 가장 힘든 일을 겪었을 때도 누나는 나에게 긍정적으로 상담을 많이 해주었다. 이 누나도 거기에서 만났다.

또한 글쓰기에 트라우마가 있던 나는 '글쓰기 캠프'라는 모임에도 참가하였다. 캠프의 강사였던 고정욱 작가는 앞 다리 2개가 없는 개가 테니스공을 보고 벌떡 일어나는 그림을 보여주면서

10분 동안 각자의 느낌을 페이스북에 쓰라고 했다. 나는 내가 그 개의 주인이고 사회에서 소외받는 청소년들을 위하여 제주도 바다가 보이는 곳에 20층 높이의 건물을 만든다는 내용으로 글을 올렸다. 그 순간 나는 어떤 내용을 서술할지에 대하여 집중했고 어떤 작가로부터 이게 사실이냐는 댓글도 받았다.

그런데 이런 모임은 그 감동이나 각오가 참가할 때만 강할 뿐이고, 집에 돌아오면 원점으로 돌아가 버렸다. 다시 행복하지 않은 일상의 시작이었다.

'나는 도대체 무엇을 배워야 하고, 어떻게 해야만 행복해질 수 있을까?'

의문에 늘 사로 잡혔다.

그러던 중 글쓰기 교실에 등록을 했다. 그 강사는 또 다시 고정욱 작가였다. 수업 중에 글을 써서 제출하면 고작가는 잘못된 부분을 빨간 펜으로 수정하여 돌려주었다. 나는 정말 깜짝 놀라고 창피한 상황에 직면했다.

교정 받은 종이는 피바다가 되어서 나에게 돌아오는 거였다. 직접 잘못된 부분들을 수정하고, 전체적인 것들을 가감 없이 조언해 주었다. 그것이 바로 그 유명한 고정욱의 '돌직구'멘토링이다.

겨울철 안전한 도로만들기 속 소소한 행복

나는 머릿속이 흰 백지가 되어 아무 생각도 나질 않았다. 내 인생이 송두리째 흔들리기 시작했다. 나름 기술사 공부를 해서 어느 정도 글을 쓸 줄 안다고 여겼는데 그건 혼자만의 착각이었다.

그리고는 강사가 되는 캠프에 참가를 했다. 이번에도 다시 제자리로 돌아오는 과정만 반복되었다.

'내가 할 수 있는 것이 이렇게 없었나. 나는 여태껏 무엇을 하며 살아왔나?'

사무실 일이 끝나면 집으로 바로 들어가기 싫어서 나는 동료들과 주로 저녁을 먹으러 갔다. 그러면 소주 한 병 정도를 마시고 또다시 맥주를 마셨다.

"왜 이렇게 사는 것이 재미가 없나요? 재미있는 것 없나요?"

"나도 죽지 못해 살고 있어."

"인생이 재미로 사냐?"

이런 공허한 대화로 의미 없는 시간을 보내면서 술을 마셨다. 이런 생활을 하면서 운동도 안 하니 배만 나오는, 그야말로 아저씨가 되어가는 중이었다. 사무실 일도 가정에서의 가사분담도 모든 것이 귀찮아졌고 그저 핑계거리만 늘어갔다. 내 상태가 이렇다 보니 일을 할 때도 눈치만 보고 소극적인 내가 되었다. 일에 대한 자신감은 점점 떨어지고 업무가 주어지면 피하려고만 했다.

가정에서도 마찬가지였다. 집에 돌아오면 거실에 누워 아무 생각 없이 TV만 틀어놓고 있었다. 집안일도 여전히 돕지 않았다. 아내에게 혼나기 일쑤였다. 그렇게 혼이 나는데도 아내의 눈치만 보며 어떻게 하면 집안일을 하지 않을까 빠져나갈 방법만 찾았다. 그러다 종량제 쓰레기봉투 하나 달랑 들고 집 밖을 나온다. 마음이 답답하기만 했다.

"이렇게 살려고 내가 결혼을 했나?"

생각에 젖어 몸에 좋지 않은 담배만 피웠다.

정선으로 온 뒤 사무소 내 기숙사 생활을 시작하였는데 많이 우울했다. 퇴근하고 방에 혼자서 멍하니 침대에 누워 TV만 켜놓고 시간만 보내곤 했다. 움직이는 것조차 힘이 들고 발걸음은 무거웠다. 직원들과도 친하게 지내지 못하고 사무실에 출근해서 항상 제자리였다.

"여보, 이번 주에 시후랑 정선 갈 테니까 우리 레일바이크 타러 놀러가자?"

하루는 아내에게서 전화가 왔다.

"그래, 알았어."

귀찮다는 듯 전화를 끊었다. 그냥 혼자 쉬고 싶은데 번거로워진 것이다.

약속한 날 아내가 아들을 카시트에 앉히고 정선까지 2시간 가량 직접 운전해서 왔다. 아내는 오자마자 내 방청소를 하고 이 것저것 물건들을 정리하기 시작했다. 내 방에서 하루를 보낸 뒤 다음 날 일찍 우리 가족은 레일이바이크를 타러 아우라지라는 곳 으로 갔다. 미리 예약을 안 했으면 못 탈 뻔했다. 그만치 인기가 좋았던 거다. 아내는 큰 아이를 안고 나와 같이 앞에 타면서 페달 을 밟았다.

"어머, 아주 재미있어. 시후야 신나지?"

아내는 모처럼 신선한 공기를 마시며 좋아했다. 하지만 나는 페달 밟는 것조차 힘들고 하기 싫었다. 그렇게 레일바이크를 타 고 식당에 가서 점심을 먹은 후 내 방으로 와서 잠시 휴식을 취한 뒤 아내와 아들은 홍천 집으로 돌아갔다. 나는 뭐가 그리 힘들었 는지 그뒤 침대에 누워 잠만 잤다. 저녁쯤 돼서 아내한테 잘 도착 했다는 메시지가 왔다. 지금 생각하면 나는 참 못난 남편의 전형 이었다.

아무것도 하지 않으면서 답답한 마음을 다스리기 위해 나는 주말에 서울로 토질 및 기초기술사 공부를 하러 학원에 갔다. 주 말에 집에 있는 것이 답답하기도 하고 새로운 것을 하지 않으면 미칠 것만 같았다. 그런데 공부를 해도 흥미가 생기지 않고 수업 시간이 끝나면 바로 집으로 돌아오기만 했다. 같이 공부하는 사 람들과 교류도 하고 어울리고 그래야 하는데 나는 그러고 싶은 생각이 전혀 안 들었다. 결국 한 사이클 정규강의를 듣고는 수강 중지를 했다. 그 후 나는 대학원에 진학했다. 처음에는 정말 열심히 하려고 했지만 한 학기 다니고는 또 휴학을 하고 말았다.

이런 모습을 지켜보다 못한 아내는 나에게 이런 말을 했다.

"여보, 새로운 것을 하는 것은 좋은데, 이것저것 시작만 하고 끝까지 하는 것이 없잖아. 스스로 잘 할 수 있는 것들을 찾아서 해봐."

나는 정말 아내에게 뭐라 대꾸해야 할지 몰랐다. 구구절절이 맞는 말이었기 때문이다.

이렇게 30대 중반을 어두운 암흑의 시기를 보내고 말았다. 무엇이 나를 정체되고 나태하게 만들었는지 알지 못했고, 알고 싶지도 않았다. 책임져야 할 가족이 있는데도 말이다.

나 돌아갈래
어릴 적 꿈에
나 돌아갈래 그곳으로

가수 윤도현이 부른'박하사탕'이라는 노랫말이 떠올랐다. 꼭 과거로 돌아가는 것은 아니었지만 지금이 아닌 나, 지금의 이곳이 아닌 그 어디론가 돌아가고 싶었다. 이런 감정을 느꼈던 게 2016년이었다. 그러다 9월초 쯤 이대로 불행하게 나의 30대 인생을 끝낼 수는 없다는 생각이 들었다. 나는 홍천 주변의 남산을

홀로 등반했다.

"다시 긍정적이고 활발한 박철희로 돌아가자."

이런 다짐을 하며 정상까지 올랐다. 그리고 힘을 내기 시작했다.

계기를 만들어 준 건 멘토이신 고정욱 박사님과 지금의 직장 상사 전우정 과장님이다. 고정욱 박사님은 아침마다 카톡을 보냈다.

> 박철희는 할 수 있다
> 이걸 크게 외친 뒤
> 녹음해서 보내 봐요

메시지에 따라 몇 번을 반복해서 보냈다. 그러면 잘했다면서 고박사님은 다른 톡을 보낸다.

> 철희씨 지금 포기하면
> 평생 낙오자로 살아요.
> 철희씨는 아내와 두 아이도 있어요.
> 그들이 무슨 죄가 있나요?
> 선택은 철희씨가 하는 겁니다.
> 다시 일어날지,
> 이대로 포기할지.

우울하고 목표 없이 살던 나는 갑자기 방망이로 두들겨 맞은 듯 다시 일어날 각오를 다짐하게 되었다.

지금 같이 근무하고 있는 전우정 과장님은 늘 내가 자신 없는 목소리로 말하는 걸 보고 크게 말하라며 좋은 영향력을 주었다. 과장님은 항상 자신감이 넘치는 마초 같은 스타일의 토목직 공무원이다. 항상 정보를 공유하고 가르쳐 주며 간단한 것들은 직접 손수 해내는, 추진력이 좋은 분이다. 또한 의사결정력이 빠르고 긍정적이었다. 나는 과장님의 자신감과 추진력을 따라 배우려고 노력했다. 과장님이 지시한 사항에 대하여 빠르게 대응하는 습관을 갖고 항상 상의하는 태도를 견지했다.

그렇게 3개월이 지났을까? 나는 완전히 다른 나로 태어났다. 일처리가 빨라지고 삶의 의욕이 다시금 샘솟았다.

'정말 어떤 사람을 만나는가가 이렇게 인생에 영향을 미칠 수 있구나.'

그 뒤로 고마운 멘토들에게 받은 영향력이 나를 꾸준히 변화시켰다. 많이 부족하지만 내가 활동하는 단체에서 긍정적인 영향력을 미치며 활동하게끔 되었다. 그러면서 항상 사람을 중시하는 나의 철학이 되살아났다.

이제 정말 삶은 도전할 만한 것이 되어 가고 있다. 매일 아침 눈뜨는 것이 즐겁고 출근하는 발걸음에 힘이 실린다.

2장

미래에 도전

나는 중학교 때까지
반에서 30등 정도의 수준이었다.
그런데 놀라운 일이 벌어졌다.
고등학교 1학년 처음 중간고사를 봤는데
반에서 1등을 한 것이다.

1. 난생 처음 해본 1등

1999년 3월 나는 춘천의 인문계열 고등학교 중 하나인 성수고등학교라는 곳을 입학하였다.

내가 간 학교는 그 당시 춘천에 있는 인문계 남자고등학교 중 가장 공부를 못하는 학교였다. 입학 후 반을 배정받고 새로운 친구들을 만났다.

그때 나는 많은 충격을 받았다. 중학교 때와 다르게 정말 거칠고 불량한 친구들이 많았기 때문이다. 수업 첫날에 내가 이 학교를 계속 다녀야 하나라는 생각이 들었다. 더구나 학교구조도 건물 한 가운데가 텅 비어 마치 교도소 같은 분위기였다. 그렇게 첫 수업을 마치고 집으로 돌아왔다. 그 당시 집안 사정이 좋지 않아 어머니가 늦게까지 일을 해서 집에 가도 가족들 얼굴을 제대로 보지 못했다. 그래서 점심 도시락도 아버지가 싸 주었다.

그렇게 나의 고등학교 1학년 시절이 시작되었다. 1학년 담임선생님은 화학을 가르치는 한정평 선생님이었다. 21년이 지났지만 그 선생님 이름이 잊히지 않는다. 사고로 인해 한쪽 다리가 불편했음에도 굉장히 긍정적이고 인자하셨다. 나는 중학교 때까지 반에서 30등 정도의 수준이었다.

그런데 놀라운 일이 벌어졌다. 고등학교 1학년 처음 중간고사를 봤는데 반에서 1등을 한 것이다.

'이게 정말인가?'

나는 정말 놀라워서 성적표를 두 눈으로 보고도 믿기지가 않았다. 내가 공부를 잘 한 것이 아니라 같은 반 친구들이 공부를 안 하거나 못해서 그런 결과가 나왔다. 아무튼 갑자기 내가 공부를 잘 하는 학생으로 바뀌었다.

그러자 나는 갑자기 1등 하는 학생의 풍모를 나도 모르게 갖추게 되었다. 서서히 적응하기 시작하면서 친한 친구들도 사귀고, 학교생활에 흥미를 붙였다. 어느새 1학년 1학기 기말고사 기간이 돌아왔다. 시험기간 1주일 전부터 나는 한 과목씩 정리한 노트를 다시 써보고 암기하기 시작했다. 그런데 수학은 중1때부터 포기해서 그리 썩 열심히 하지 않았다. 기말고사 시험 준비를 위해 나는 밤 12까지 공부를 했다. 지금 생각해보면 요령 없는 공부였지만 그래도 나름 열심히 하였다.

그렇게 시험기간이 시작됐다. 시험기간에도 집에 돌아오면 밥을 먹고 다음날 시험과목을 공부했다. 나름 졸지 않으려고 인스턴트 커피를 두 잔 정도 마셔가며 공부했다. 시험기간 1주일 동안 새벽까지 공부하며 준비했다. 결과는 이번에도 반에서 1등을 하였다. 전체에서도 10등 안에 들었을 뿐 아니라 종업식 때는 장학금 20만원도 받았다. 중학교 때는 반에서도 중간도 못했는데 전교에서 10등 안에 들다니. 이건 마치 지옥과 천국을 오가는 듯한 기분이었다.

기분 좋게 여름방학을 맞이했고, 부모님께도 오랜만에 칭찬이라는 것을 들었다. 그렇게 내 인생 중 우등생이라는 타이틀이 처음으로 생겼다. 한 마디로 용꼬리가 아니라 닭의 머리가 된 거다.

겨울방학이 지나가고 2학년이 되었다. 우리 반은 1학년 성적이 우수한 학생들 위주로 만든 반이었다. 그래서 반 분위기가 전반적으로 모범적이었다. 2학년 담임선생님은 독일어를 가르치시는 분이었다. 남선생님이신데 독일 분위기가 물씬 넘치셨고 하얀 얼굴이 정말 단아했다.

친구들은 점심시간에 농구를 했다. 나는 운동 신경이 없어서 농구보다는 시내구경을 주로 하였다. 학교가 춘천 명동 근처에 있어 밥 먹자마자 친구 몇 명과 명동으로 음료수를 사먹으러 나갔다. 지나가는 여학생들도 힐끔힐끔 쳐다보고 비가 오는 날이면 지하상가에 있는 분식점에 가서 떡볶이와 김밥을 먹곤 했다. 주말에는 가끔씩 다른 친구의 소개팅을 대신 나가기도 했다. 사춘기 시절에 나는 여학생에게 그다지 관심이 없었다. 그래서 소개 팅에 나가면 여학생들에게 별 말도 걸지 않고, 애프터 신청도 잘 하지 않았다.

그렇게 나의 사춘기는 정말 재미없게 지나갔다. 다른 친구들 은 고등학생이지만 여자 친구와 연애도 하고 영화도 같이 보러 다니는데 나는 그런 추억이 전혀 없다. 그래도 나는 학교생활에 집중을 했고, 단 한 번도 학교 수업을 빠진 적이 없다.

그러던 중 문제가 생겼다. 내신 성적은 1등급을 유지하였지 만 모의고사는 400점 만점에 200점 정도밖에 맞지 못하였다. 중 간고사와 모의고사는 어느 정도 암기와 필기노트만 열심히 익히 면 되었는데 모의고사는 어떻게 공부를 해야 하는지 방법을 알지 못했다. 그래서 고등학교 3년 동안 모의고사 대비 공부를 전혀 하지 않았다.

다행인 것은 영어는 포기하지 않고 정말 열심히 공부했다는 점이다. 단어도 열심히 외우고 문법공부도 열심히 했다.

공무원이 된 후 업무상 영어를 사용할 일이 많지는 않다. 그 래도 주변의 동료를 보면 영어공부를 나만큼 하는 직원들도 별로 없다. 물론 영어만 잘 한다고 좋은 대학에 진학할 수 있는 것은 아니다.

하지만 나는 그나마 흥미가 있고 잘 할 수 있는 과목은 쉬지 않고 꾸준히 공부하였다. 물론 집안 형편이 그닥 좋지 않아 학원 수업이나 과외를 받은 적도 없다. 그래서 학교 정규수업시간에 배운 영어만으로 공부를 했다. 다른 과목도 마찬가지다. 수업시간에 선생님께서 칠판에 적은 내용을 노트에 빠르게 적고 그 자료를 바탕으로만 개인 공부를 하였다. 그런 방식이 고등학생 때 나의 학습 방법이었다. 유일하게 모의고사를 준비했던 과목도 영어가 유일하였다.

지금에서야 이렇게 글을 쓰지만 고등학교 때 나의 국어 실력은 엉망이었다. 국문법, 문학 등등 토종 한국인이지만 내 국어 실력은 50점 정도였다. 글을 쓰고 있는 지금도 자신이 없다. 그저 쓰고 또 쓰고, 계속해서 쓸 뿐이다.

다른 과목을 전혀 공부를 안 한 것은 아니었다. 단지 잘하는 과목과 못하는 과목으로 구분될 뿐이다. 지금 생각나는 과목 중 내가 좋아하는 과목은 영어, 사회, 지구과학이었고 정말 못하는 과목은 국어, 수학, 국사, 그리고 나머지 과학이었다. 수학능력시험을 위한 모의고사 공부만 제대로 하지 않았을 뿐 내신 성적을 위한 중간고사, 기말고사는 누구보다도 열심히 공부하였다.

아까도 언급한 것처럼 수학은 일찍 포기했고, 국어 같은 경우는 책읽기를 싫어해서 그런지 나에게 너무나도 어려웠다. 특히 독해문제를 풀 경우 긴 지문을 읽고 나면 한국사람인지라 무슨 말인지는 이해를 하나 지식이 부족해 객관식 문제들 중 맞추는 문제는 몇 개 안 되었다. 국사 과목 같은 경우는 고려시대까지는 암기가 잘 되었는데 그 뒤로 갈수록 포기하기 시작했다. 국사의 경우 이런 수준이다 보니 공무원 시험을 준비할 때도 마찬가지였다. 다행히 노량진에서 공부할 때는 명강사 선우빈 국사선생님을 만나 근현대사까지 큰 흐름을 쉽게 이해했었다. 공교육, 사교육을 비교하고 싶지 않지만 유명학원, 유명강사를 선택하는 이유를 알게 되었다.

고등학교 2학년 때 사회선생님은 대기업에서 근무 경험이 있는 분이었다. 그 선생님 수업은 특징이 있었다. 일정 수업 분량이 끝나면 학생들에게 사회의 현실적인 문제들에 대해서 이야기를 하셨다. 가끔 육두문자도 날렸고, 신랄한 사회 비판도 있었지만 지금까지도 기억에 남는 것은 상대적인 빈곤에 관한 것이었다. 왜 사람들 모두가 행복하지 않은 것인가에 대한 수업이었다. 지금 생각해 보면 일반적인 사회 수업이 아니었다. 실제로 사회적인 문제를 다루면서 철학적인 면을 간접적으로 배우는 멋진 수업이었다.

내가 나온 성수고등학교는 사립이기 때문에 처음부터 임용고사를 보고 들어온 선생님들이 아니라 사회경력이 있으신 분들도 섞여 있었다. 사회 선생님은 그런 분들 중에 한 분이셨다.

아마도 그 선생님의 문제의식을 길러주는 사회 수업이 지금의 공무원이 된 나에게 영향을 미친 것 같다. 대중의 심리를 파악하는 능력이 생긴 건 바로 그 사회과목 덕분이다.

지구과학 같은 경우는 사실 고등학교 3학년 담임선생님 전공과목이었다. 그러다 보니 공부를 안 할 수가 없었다. 왜냐하면 평균점수가 다른 반보다 낮으면 혼났기 때문이다. 그리고 그 당시

선생님은 박사학위 과정 공부를 하고 계셔서 시험 문제도 굉장히 어려웠다. 주관식 문제도 많고 객관식 문제도 난이도가 있는 문제였다. 그래서 평균점수가 높게 나올 수가 없었다. 그래도 우리 반은 항상 평균 점수가 높은 반이었다.

고3때 담임선생님은 나의 은인이시다. 지금도 가끔 전화 드리는 유일한 은사다. 그 분은 내가 수능시험을 망쳤지만 삼척대학교 토목공학과를 나의 의견과 상관없이 원서를 작성하여 접수해주신 분이다. 지금은 모교 교감선생님으로 재직중이시다. 수학능력평가 지구과학 과목 출제위원으로도 세 번이나 들어가셨다. 물론 박사학위 취득 후였다.

그렇게 나는 운 좋게도 고등학교 시절 좋은 선생님들을 만났다. 청출어람(靑出於藍)이라 말하지 않던가. 지금은 그 스승님들처럼 나도 젊은 청춘들에게 스승과 같은 존재가 되기 위하여 많은 도전을 하고 있다. 이런 나의 도전정신은 고등학교에서 좋은 교육을 받고 스스로 우등생이라는 자존감을 살렸기 때문에 가능했던 것 같다.

2. 도전할 것인가 주저앉을 것인가

"엄마, 아빠. 드릴 말씀이 있어요."

수능도 다 보고 할 일도 별로 없던 고3 막바지의 어느 날 나는 부모님을 마주했다.

"뭔데?"

"내일 저녁 7시에 춘천문화예술회관에서 제 치어리딩 공연이 있어요. 여기 초대장요."

나는 쑥스러움을 무릅쓰고 초대장을 드렸다. 부모님은 초대장을 보더니 약속했다.

"내일 꼭 가마."

나는 A형 혈액형을 가진 굉장히 소심한 성격이다. 그런 내 성격에 큰 변화가 일어난 사건이 하나 있었다. 학교에서 자율학습을 하고 있는데 강원대학교 응원단원들이 겨울방학 응원캠프를 홍보하고 새 단원을 모집하기 위하여 학교를 방문하였다.

"후배들아. 대학 입학 전까지 응원캠프에 참가하여 마지막 남은 고등학교 생활의 좋은 추억거리를 만들면 어떻겠니?"

그거 참 멋진 생각이라 여긴 나는 주저하지 않고 참가 신청을 하였다. 이렇게 고민 없이 뭔가를 선택해보긴 처음이었다.

며칠 후 강원대학교 체육관에서 열린 오리엔테이션에 참가하였다. 춘천 시내에 있는 남녀 고등학생들 100여명이 한자리에 모였다. 다들 나와 비슷한 생각을 갖고 신청한 친구들이었다. 응원단 선배들은 2개월의 치어리딩 훈련을 통하여 춘천문화예술회관에서 불우이웃돕기 공연을 할 것이라고 설명을 하였다. 순간 내가 할 수 있을까 하는 의문이 다시금 생겼다.

하지만 나는 이번 일을 계기로 남들 앞에 서는 기회를 꼭 갖고 싶었고, 무엇보다 소심한 나의 성격도 고치고 싶었다.

오리엔테이션 다음날부터 본격적으로 치어리딩 훈련이 시작되었다. 처음에는 기초적인 응원동작을 배웠다. 2주간은 영 동작이 몸에 익숙해지지 않아 매일 계속 할까 말까 망설였다. 그렇게 2주가 지나자 30명 정도의 참가자들이 출석하지 않았다. 도중에 포기한 거였다.

그래도 나는 매일 빠지지 않고 한 달간 연속하여 연습에 참가하였다. 점점 인원이 줄어 급기야 40명 정도만 남았다. 나는 끝까지 버텨 문화예술회관 공연무대에 설 것이라고 나 자신과 거듭 약속을 했다. 집에 와서도 배운 동작을 잊지 않기 위하여 맹연습을 했다. 서서히 나는 치어리딩에 빠지기 시작하였다.

그때까지 공부도 그렇게 열심히 하지 않았는데 치어리딩은 전력을 다했다. 물론 재미도 있었고, 공연에 서고야 말겠다는 내면의 의지가 컸기 때문이었다.

그러던 중 응원단 선배들이 실제 공연을 위하여 재즈댄스를 가르쳐주기 시작하였다. 치어리딩만으로는 공연 프로그램 시간이 부족하다는 거였다.

재즈댄스! 난생처음 들어본 용어였다. 응원단 선배들이 마이클잭슨의 노래인 댄저러스(dangerous)에 맞추어 시범을 보여주었는데 그 절도와 화려함은 입이 딱 벌어지는 것이었다. 이걸 내가 할 수 있을까라는 회의까지 들었다.

그래도 나는 동작 하나하나를 까먹지 않기 위하여 열심히 따라하면서 기억하려고 노력했다. 심지어는 집에 돌아와 배운 동작을 글로 기록까지 하였다. 기록하지 않으면 쉽게 동작을 잊어버릴 것만 같았다. 그렇게 두 달 정도가 지나고 나니 최종적으로 남은 동기들은 15명이었다. 우리들은 누가 시키지 않아도 먼저 연습실에 나와 스트레칭을 하고 음악에 맞추어 연습을 했다. 그렇게 마지막 기간 동안 그 친구들과 정말 많이 친해졌다. 우리 학교에서 온 참가자는 나 하나뿐이었다. 우리 학교 대표라는 자부심에 더 열심히 했다.

그런데 위기가 왔다. 공연 사흘 전 응원단 선배들은 나를 비롯한 최종 정예의 동기들에게 군대에서와 같이 별것 아닌 일로 얼차려를 주는 것이었다. 엎드려뻗쳐를 시키니 순진한 고등학생들이던 우리들은 당황하면서도 왜 굳이 그렇게까지 했어야 하나 하는 의구심을 갖기 시작하였다.

"공연이 얼마 남지 않았으니 건강관리, 시간관리 잘 하고 긴장의 끊을 놓지 말라는 경고차원에서 얼차려를 한 거야."

얼차려가 힘들어 우는 여자애들도 있었다. 그 뒤 우리는 오기와 악으로 저녁시간까지 동작을 맞추어보고 서로를 격려해 주었다. 지금 생각해 보니 그건 일종의 전우애였다.

공연 당일 아침 나는 연습실에 일찍 도착했다. 마지막으로 친구들과 동작을 간단하게 맞춰보고 무대의상을 챙겨서 공연장으로 이동했다. 관객의 입장이 아니라 공연자가 되어 무대 위에 서는 건 생전 처음이었다. 갑자기 심장에서 큰 파동이 일어났다. 그것은 떨림이었다. 리허설에 들어간 우리는 연습실과의 느낌이 너무나 달라 점점 긴장감을 느꼈다. 점심식사를 하고 약간의 휴식을 취한 뒤 정식 응원단 복장을 갈아입었다. 뒷굽이 있는 부츠를 신어서인지 다리에 더욱 힘이 들어갔다.

마지막 리허설 시간이었다. 노래에 맞춰 실제 공연처럼 리허설을 하였는데 연습했던 것처럼 잘 되지 않는 게 아닌가. 스텝도 꼬이고 마음속이 어수선해지기 시작했다. 이제 공연시간 한 시간이 남았는데. 객석엔 부모님도 와 계실 것이니 정말 긴장이 하늘을 찌르는 것 같았다.

우리 동기들은 마지막으로 서로를 챙겨주면서 기도를 하였다. 오늘 공연 무사히 마치게 해달라고.

마침내 공연이 시작되었다. 커튼 뒤 무대에서 우리는 각자의 위치에 맞게 섰다. 커튼이 열리면서 강렬한 무대조명이 우리를 비추기 시작하였다. 음악이 시작되었고 나는 연습한 대로만 하겠다고 다짐했다. 우리는 연속되는 노래 세 곡에 맞춰 치어리딩 공연을 시작하였다. 격렬한 동작이 이어지는 고난도 공연이었다.

첫 번째 공연은 몸에 너무 힘이 들어가서인지 실수도 많고 동작도 일치되지 않았다. 하지만 두 번째 노래가 시작되면서 우리는 몸이 풀리며 연습한대로 서로서로 호흡을 맞추며 동작을 일치시켰다. 여유가 생기면서 무대를 즐기기 시작하였다. 세 번째 노래의 간주가 시작되었다. 그쯤 되자 머리부터 온몸이 땀으로 범벅이 되었다. 가수 김현정의 '그녀와의 이별'이라는 노래에 맞춰 더 이상 주저할 것도 없이 우리 동기들은 무대에서 가진 모든 것을 쏟아내었다.

열화와 같은 박수 소리와 함께 치어리딩 공연이 끝나자마자 남자들은 의상을 갈아 입고 이어질 재즈댄스 공연을 준비하였다. 남은 시간은 5분. 우리는 서둘러 다시 무대에 올랐다. 마이클 잭슨 노래 댄저러스에 맞춰 시작된 공연은 실수가 많아 아쉬움이 남았지만 최선을 다하였다. 여자 동기들은 바비걸(Barbie Girl)이라는 노래에 맞춰 귀여운 춤을 추었다. 그 다음으로 다른 대학교에서 온 응원단 공연과 강원대학교 응원단 선배들의 공연을 마지막으로 나의 생에 첫 치어리딩 공연은 그렇게 막을 내렸다.

"철희야! 잘했다. 멋있었다."

잠시 후 부모님이 찾아와 수고했다며 격려해 주셨다. 내 인생에서 평생 잊지 못할 추억을 그때 나는 만들었다.

공연이 끝나고 며칠 후에 우리는 응원단 선배들과 함께 공연수익금을 가지고 어린 아이들이 있는 춘천의 모 보육원을 찾았다.

우리는 공연에서 모은 수익금을 전달하고 보육원 아이들과 함께 밥을 먹으며 보람찬 시간을 보내고 돌아왔다. 그때 나는 누군가를 돕는다는 것이 이렇게 좋은 일이라는 사실을 처음 알게 되었다.

그렇게 1999년 2월이 지나가고 3월에 나는 삼척대학교 토목공학과에 입학을 하였다. 응원단 친구들과는 헤어지게 되었다. 1학년 1학기가 끝나고 여름방학이 시작되자 강원대학교 응원단 선배로부터 연락이 왔다.

"여름캠프를 추진할 계획인데 함께 할래?"

방학 때 용돈을 벌기 위해 아르바이트를 할까 말까 고민 했지만, 결국 여름캠프에 참가하기로 했다. 한번 무대에 선 경험이 있어서인지 두 번째 공연준비는 무척 수월했다. 더군다나 새로운 친구들이 들어와서 경험 있는 내가 도와주는 역할도 하게 되었다.

이번에는 실내 공연장에서 치어리딩을 하는 것이 아니라 춘천의 중심지 명동 한 가운데에 무대를 꾸미고 공연을 하는 것이었다. 이번에도 캠프 목적은 수익금으로 불우한 이웃을 돕는 그것.

우리 캠프 참가자들은 더운 날씨에도 정해진 시간에 연습실에 도착하여 몸을 풀고 선배들로부터 새로운 동작을 배웠다. 연습이 끝나면 부족한 친구들끼리 남아서 개인연습을 하곤 했다. 그러고도 시간이 되는 친구들과 저녁밥도 같이 먹고 차도 마시며 담소를 나눠 좋은 추억을 만들어 갔다. 그렇게 한 달 후에 우리 동기들은 뜨거운 태양 아래에서 춘천 명동 한복판에 무대를 만들고 공연을 하였다.

2000년 7월 춘천 명동에서 청소년 문화캠프 썸머 치어 페스티벌

관객들은 명동을 지나가는 행인들이었다. 그래도 사촌 큰아버님이 명동 번영회장이어서 우리 행사에 신경을 많이 써 주었

다. 반응이 생각보다 좋아 길거리 공연 수익금도 적지 않게 거두어 들였다. 공연을 마치고 나니 온몸이 땀으로 흠뻑 젖었지만 하늘을 나는 느낌이 들었다.

바람과 성과는 이런 거다. 천천히 걸어가도 목적지에 도달할수 있다고 생각하는 건 오산이다.

걸음 하나하나가 가치가 있어야 한다. 큰 성과는 가치 있는작은 일들이 모여 이루어지는 것이기 때문이다. 성과를 얻으려면작은 걸음 하나하나가 충실해야 한다.

그렇게 두 번의 공연을 성공적으로 경험하고 나니 완벽하게변한 것은 아니었지만 소심한 성격의 박철희가 남들 앞에 설 줄아는 박철희로 조금씩 바뀌기 시작하였다. 그때 나는 문득 이런생각을 했다.

'여태까지 왜 나는 늘 수동적이었나? 왜 학교가 끝나면 곧장집으로 와서 아무것도 하지 않는 생활을 반복하였던가?'

정말 나 자신의 어리석음에 쥐구멍이라도 있으면 숨고 싶었다. 17년이 지난 지금도 나는 그 두 번의 공연 경험이 잊히질 않는다. 그때의 경험이 지금의 나에게 많은 영향을 미쳐 항상 새로운 것에 도전하게 만들고 있다. 도전에 두려움이 없는 나를 완성시키고 있다.

"도전할 것인가? 아니면 멈출 것인가?"

나 스스로에게 물어보는 질문이지만 동시에 이 시대 젊은이들에게 던지고 싶은 질문이다.

3. 말년휴가를 아르바이트로 보내고

"이 건물 인사부서는 몇 층에 있어요?"

인사부서를 찾아가기 위하여 63빌딩 엘리베이터에서 낯선 사람에게 물었다. 그는 나에게 어디어디로 가라고 일러주었다.

나는 전역하기 2주 전에 5박 6일 마지막 휴가를 받았다. 전역 후 대학교에 복학할 때까지 등록금을 벌기 위하여 군복을 입은 채 포천의 부대에서 나오자마다 63빌딩 인사부서를 무작정 찾아간 거다. 군대에서 받은 기운이 나를 그렇게 잠시 강하게 만들었다.

"제가 곧 전역하는데 혹시 아르바이트 자리가 있나요?"

나는 조심스럽게 담당자에게 물었다.

"이 건물 안에서는 빌딩 내 식당에서 음식을 나르는 일밖에 없는데 그거라도 하겠어요?"

그 당시 서빙일은 썩 마음에 들지 않았다. 결국 허탕치고 빈손으로 집으로 돌아가기 위해 동서울터미널에 도착하여 춘천행 시외버스에 몸을 실었다.

"아, 전역하면 뭘 하지?"

집에 오는 내내 버스에서 계속 전역 후 무슨 일을 할지에 대해서만 생각했다. 1시간이 30분이 금방 흘러 버스는 어느새 춘천에 도착했고, 터덜터덜 걸어서 집으로 갔다. 군 생활 동안 마지막 휴가를 남자들 사이에서는 말년휴가라고 한다. 그동안 받았던 휴가의 종결판인 셈이다. 그래서 그런지 부모님들의 반응 역시 또 왔구나 하는 시큰둥한 분위기였다. 그래도 늘 느끼는 거지만 집은 정말 포근하다. 나는 옷을 갈아입고 목욕탕을 다녀온 후 바로 잠자리에 들었다. 머릿속은 전역 후 무슨 일을 할까 하는 생각으로만 가득 찼다. 그때 문득 든 생각.

"그래, 내일 아침에 인력사무소에 가보자."

한마디로 나는 일용잡급 일이라도 하겠다고 작정한 거다.

다음날 새벽 6시쯤 건설현장 막노동 일자리를 찾아 집 근처 건설인력사무소에 갔다. 건물 2층에 있는 사무소에 올라가 보니 그날의 일을 기다리는 날품팔이 아저씨들이 제법 많았다. 집안의 가장으로 생계를 위하여 새벽부터 막노동 일을 기다리는 거였다. 그들의 모습을 보고 마음 한 구석이 뜨거워졌다. 이런 감정을 느끼기 위해 간 것은 아닌데 삶의 무게 앞에서 숙연해지는 감정을 가져 본 것 역시 소중한 경험이었다. 그때 사무소 직원이 날 지목했다.

"학생! 내려가서 차에 타. 자리가 났어."

서둘러 1층으로 내려갔더니 하얀색 더블캡 트럭이 날 기다리고 있었다. 나는 처음 보는 아저씨와 함께 그 차를 타고 어디론가 한없이 달려갔다. 도착하고 나서 보니 춘천교육대학교 기숙사 건축 현장이었다. 말년 휴가기간에 이렇게 일할 것이라고 꿈에도 생각을 안 했는데 기숙사 건축공사 현장에서 땀흘리게 된 것이다.

그곳에서 나에게 주어진 일은 건축물에 쓰이고 버려진 건설용 폐자재들을 한곳에 모으는 거였다. 못이 박혀 있으니 조심하라는 반장님 말씀에 최대한 조심스럽게 폐자재를 한곳으로 날랐다. 한 2시간쯤 지나서일까.

"학생, 오전 참 먹고 해."

반장님 지시에 같이 일하던 노무자들과 식당으로 향했다. 칼국수를 먹는데 어찌나 꿀맛이었는지 지금도 그 맛을 잊지 못한다. 아마 처음 해보는 막노동에 에너지 소모가 심했던 것 같다.

"보니까 학생 같은데 공부하지 왜 여기 와서 일해?"

참을 먹으면서 노무자들이 나에게 물었다. 군인이라서 마지막 휴가를 나왔다고는 차마 말도 못하고 그냥 웃고만 말았다.

한 시간 일하고, 15분 정도 쉬기를 두 번 반복하니 어느덧 점심시간이 돌아왔다. 같이 작업하던 노무자들과 식당에서 점심을 먹고 우리들은 공사장 뒤쪽 그늘에서 스티로폼을 깔고 30분 정도 낮잠을 잤다. 군대에서도 힘든 작업을 제법 해본 나지만 정말 돈 버는 것이 쉽지 않다는 생각이 확 들었다. 점심시간 후 달콤한 휴식을 마치고 나는 다시 폐자재들을 계속 옮기기 시작했다. 일을 하면 할수록 점점 아무 생각 없이 그저 나르기만 했다. 오후 5시 40분쯤 되어 마무리를 하니 건축현장 작업반장이 불렀다.

"학생, 간조 받으러 와."

간조는 일본식 용어로 급료다. 인력사무소 수수료 5천원을 떼고 일당 4만 5천원을 내 손에 쥐어 주었다. 그러고는 나에게 당부했다.

"학생, 내일부터는 이곳으로 바로 와. 당분간 꾸준히 일할 수 있으니까."

나는 깊이 생각도 하지 않고 얼떨결에 대답했다.

"네."

"학생, 저녁이나 먹으러 가자."

같이 일한 노무자 두 사람이 나를 끌고 식당이 아닌 실내 포장마차로 이끌었다. 가자마자 밥은 안 시키고 안주에 소주부터 시키는 게 아닌가. 그리고는 미처 안주가 나오기 전에 세 사람이 기본 반찬에 소주 한 병을 다 마셨다. 엉겁결에 따라간 나는 소주 몇 잔을 기울인 후 분위기에 동화되고 말았다. 이런저런 넋두리를 나누다보니 시간은 금방 9시를 향해 갔다.

"내일 또 일찍 가야 해서 이만 들어가 보겠습니다."

오랜만에 술을 마신 나는 약간 취했지만 더 이상 술을 마시는 것은 다음날 공사현장에 나가는데 지장이 있을 것 같아 먼저 일 어나 내가 먹은 술값은 계산하고 나왔다. 그 노무자들을 보면서 이런저런 생각이 들었다. 힘든 일을 하니까 한 잔의 술로 피로가 풀릴 수는 있겠지만 그날 하루 일당을 술값으로 써버리는 것은 이해하기 힘들었다.

다음날 나는 또다시 건설현장으로 출근 아닌 출근을 해서 신 분을 속이고 열심히 자재를 옮기기 시작했다. 전날 본 노무자들 은 없었고, 새로운 사람들과 일을 하고 참을 먹고 하루의 일과를 마친 뒤 일당을 받아 집으로 돌아왔다.

남아의 끓는 피 조국에 바쳐
충성을 다하리라 다짐했노라
눈보라 몰아치는 참호 속에서
한목숨 바칠 것을 다짐했노라
전우여 이제는 승리만이
우리의 사명이요
갈 길이다

4만 5천원을 받아 집으로 걸어오는 길에 어느새 마음속에선 군가를 부르고 있었다. 지금 생각하면 그때는 정말 무슨 깡이 있 어서 건설현장에 가서 군인 신분까지 숨기고 돈을 벌려고 했는지 모르겠다.

그래도 닷새 동안 일해서 번 돈으로 내가 사고 싶었던 최신 음악 플레이어를 사서 제대 후 듣고 싶었던 노래를 신나게 들었다. 이어폰을 끼고 거리를 활보하면 마치 세상의 모든 것을 다 가진 사람이 된 듯했다.

그런 시간이 흐르고 부대로 복귀한 몇 주 후에 전역을 했다. 2002년 4월 21일 육군병장 박철희가 제대한 역사적인 날이다.

"아싸, 이제 끝이다."

전역 동기들과 부대 정문을 나오자마자 경기도 포천 일동 시내에서 삼겹살에 소주 한 잔을 마시며 서로를 격려하고 이별의 시간을 가졌다. 육군 보병 2년 2개월의 군대 생활 동안 정말 많은 것을 경험했다. 1,500km 이상의 도보훈련, 야전에서의 텐트 생활, 계급사회 등등. 20대 초반에 겪은 새로운 경험은 새로운 감정들을 느끼게 했다.

"어디서 그런 자신감을 배웠어?"

군복무를 마치고 주변 친구나 지인들로부터 내가 많이 들었던 말이다. 정말 당시에는 모든 것을 다 할 수 있을 것 같았고, 어디서 그런 자신감이 나왔는지 알 수 없었다.

하지만 내가 제대한 때는 바로 대학에 복학할 수 없는 시기였다. 이미 새 학기가 시작되었기 때문이다. 다음해인 2003년 1학기에 복학하기로 마음을 먹고 나는 파트타임 일자리를 구하기 시작했다. 그 중 내 눈에 띈 것은 바로 춘천에 하나밖에 없는 백화점이었다. 백화점 지하 식품매장에서 과일과 야채를 파는 곳에 아르바이트 지원을 했더니 인사부서에서 연락이 와서 일을 시작하였다.

내가 하는 일은 오전 8시 30분까지 지하 식품매장으로 출근하여 냉장창고에 있는 과일과 야채를 영업시간 전까지 진열하고 판매하는 일이었다. 야채는 그냥 진열대에 올려놓으면 되지만 과일의 경우, 플라스틱 사각형 바구니에 담겨진 채로 냉동 창고에 보관된 것을 꺼내와 진열대 바닥부터 일렬로 차곡차곡 쌓아야 했다. 마치 절에서 돌탑을 쌓는 기분이었다. 한 달 동안 익숙하지 않아 애를 먹었다. 진열하던 중에 오렌지와 사과가 미끄러져 바닥에 쏟아지는 일도 몇 번 있었다. 그 후 나는 과일과 야채를 백화점에 오는 손님들에게 판매하는 일도 겸하게 되었다.

"철희씨, 이제 업무시간에 판매를 해봐요."

매니저가 오랫동안 날 관찰한 뒤 지시했다. 처음에 무척 어색하고 어떻게 팔아야 하는지 몰라 정신이 없었다.

두 달 정도의 시간이 지났을까. 나는 비로소 진열하는 방법을 터득하고 과일과 야채의 신선도를 구별할 줄 알게 되었다. 점점 말솜씨도 좋아지고, 손님들에게 먼저 다가가기 시작했다. 제법 세일즈맨의 기질이 나오는 거였다. 비록 아르바이트지만 나는 정식 직원 못지않게 열심히 매상을 올렸다.

일한 지 3개월이 지났을 때 갑자기 이런 생각이 들었다.

"열심히 하나 대충 하나, 받는 돈은 똑같네."

일도 재미있고 많은 사람들을 만나는 것도 흥미로웠지만 아르바이트 일자리의 한계에 부딪혔다. 열정을 갖고 해도 내가 받는 돈은 정해져 있다는 생각이 들어 일을 그만두기로 결심했다. 짧은 시간이었지만 내게는 새롭고 소중한 3개월이었다. 처음 경험한 아르바이트가 공부를 해야겠다는 마음을 먹게 한 요인이 되었다. 한 마디로 아르바이트에는 미래가 없었다.

"저 이제 아르바이트 그만 둬야겠어요."

매니저에게 갑자기 말을 꺼내자 같이 일하던 한 아줌마가 왜 그러냐고 물었다.

"이제 공부하려고요. 그동안 감사했어요."

그 아줌마는 가끔씩 손님이 뜸한 오후 시간에 간식도 만들어 주시고 어머니처럼 잘 대해 주신 분이었다. 아르바이트 마지막 날에 직접 음식을 만들어 주어서 잘 먹었던 기억이 새록새록 난다. 그때 나는 타인으로부터 느끼는 정을 처음으로 경험했다.

그렇지만 배는 부두에 정박하기 위해 만든 물건이 아니고 비행기는 격납고에 보관하는 운송수단이 아니다. 비록 위험과 앞날을 예측할 수 없는 두려움이 있어도 대양과 창공으로 온몸을 던져야 하는 것이다. 나의 그 시기가 바로 새로운 삶을 향해 전력투구를 해야 할 때였다.

63빌딩을 무작정 찾아갔던 용기에서 시작한 아르바이트는 백화점 지하에서 마무리되었다. 다시 그 아줌마를 만난다면 그때 정말 고마웠고 즐거웠다고 제대로 감사 인사를 드리고 싶다.

4. 영어가 내 인생을 바꾸다.

"박철희씨, 1차 서류 합격했으니 면접 보러 오세요."

어느 날 한국산업인력공단에서 주최한 호주 호텔 인턴십 프로그램 서류심사 합격전화가 걸려왔다. 나는 뛸 듯이 기뻤다. 내가 영어 현지 적응 프로그램에 합격을 하다니.

대학교 졸업 후 불확실한 미래에 대하여 고민하던 중 우연히 산업인력공단 홈페이지 게시판에 올라온 공지사항을 보자마자 이거다 싶어 신청했다. 그리고 2주쯤 되었을까. 공단에서 면접보라는 연락이 왔다. 나는 얼떨결에 알았다고 대답하고 전화를 끊었다. 그 순간 내 뇌리에는 영어에 대한 열정의 여정이 주마등처럼 흘러갔다.

"I my me. You your yours. He his him."

중학교 입학 전 입시학원 영어시간에 내가 크게 소리치며 선생님을 따라 암기했던 격변화표였다. 한 마디로 영어 선행학습을 한 거다.

나는 그때 처음으로 영어 알파벳을 알게 되었고 기초 영문법도 배우기 시작했다. 그때 분명히 다른 과목도 고르게 배운 것 같은데 별로 그런 지식은 남아 있지 않다. 그래도 아직까지도 내 인생에서 포기하지 않고 꾸준히 공부하는 과목은 바로 영어다. 그 영어가 바로 나의 인생을 바꾼 거다.

나는 어릴 적부터 책 읽는 것을 정말 싫어했다. 그 결과 초등학교부터 대학교까지 읽은 책이 거의 없다. 국어과목에도 흥미가 없었고, 교과서에 있는 엄선된 글들도 제대로 읽은 적이 없다. 그러니 성적은 안 봐도 뻔했다. 그렇다고 수학을 잘했느냐 하면 그것도 아니다. 수학은 중학교 1학년에 포기했다. 이랬던 내가 유일하게 흥미를 느끼고 아직까지도 학습하고 있는 과목이 영어다.

"철희 씨 영어 잘 한다며? 암튼 대단해."

동시 통역사들이나 본토에서 수학한 사람처럼 능숙한 영어를 구사하는 것도 아닌데 이런 말을 들을 때마다 머쓱해 하곤 한다. 직장에 들어와 보니 영어에 관심이 있거나, 잘하는 사람들은 그리 많지 않았다. 그러다 보니 영어를 어느 정도 한다는 것이 나의 장점이 되었다.

최근에 해외여행을 갈 때마다 영어 때문에 불편함을 느꼈던 직장 상사 한 사람이 기초영어를 배우고 싶어 해서 동영상 강의를 신청해 주었다. 사실 직장 내에서는 직접적으로 영어를 사용할 일이 별로 없다. 그렇지만 직급이 올라가고 업무 영역이 확장되면서 컨퍼런스, 엑스포, 포럼 등 국제 행사에 참여하는 기회가 많아졌다. 이럴 때마다 나는 외국인들과 자연스럽게 대화하고 명함을 나누는 정도는 의사소통에 크게 불편을 느끼지 못했다. 그걸 본 동료들이 선망의 눈초리로 나를 바라보곤 했다.

"너는 어떻게 국어보다 영어점수가 높니?"

고등학교 시절 담임선생님께서 모의고사 성적 결과를 보고 한 말이다.

아무리 공부를 못한다 해도 한국 사람이 120점 만점의 국어시험은 60점, 80점 만점의 영어시험은 65점을 받은 것이다. 지금 생각해봐도 정말 어이가 없긴 하다. 이 얼마나 창피한 사실이가. 아마 그때 내 국어성적이 형편없었기에 지금 내가 이렇게 글을 쓰고 있는지도 모른다.

다른 과목은 몰라도 영어노트 정리, 특히 단어장 정리만큼은 정말 이 한 목숨 바쳐서 했다고 해도 과언은 아니다. 이러다 보니 국어점수보다 영어점수가 더 잘 나오는 것은 당연한 결과였다.

대학교 2학년으로 복학한 2004년. 나는 기숙사에서 2인실을 사용하게 되었다. 나의 룸메이트는 서울에서 온 1학년 신입생 민수라는 친구였다.

"철희형, 제가 듣고 있는 영어회화 과목 교수님이 미국서 살다온 여자 분이세요."

영어에 미쳐 있는데 미국인이 있다고 하니 당연히 호기심이 생겼다. 그 말을 듣고 민수와 함께 다음 수업에 청강을 해보기로 했다.

"킴벌리 교수님, 저 교수님 수업 무료 수강해도 되요?"

학칙상 안 되는 줄 알지만 나는 킴벌리 교수에게 당당히 물었다.

"네, 그냥 와서 들으세요."

처음 만난 나에게 흔쾌히 청강을 허락하는 모습에 나는 그만 푹 빠지고 말았다. 얼마나 쿨하던지. 더 좋은 건 수업시간에 거의 영어만 사용한다는 점이었다. 나는 정말 교수님의 팬이 되고 말았다. 비록 시간강사이긴 했지만 나는 교수님을 진심으로 따랐고, 민수가 수업에 빠지는 날에도 열심히 참여했다.

결국 나는 다음 학기에 교수님의 영어회화 강의에 정식으로 수강신청을 했다. 적극적으로 활동해서 나는 수업시간에 반장도 했고, 성적도 A+를 받았다. 아는 만큼 보이고 원하는 만큼 얻는 것이 인생사였다.

내가 다니던 삼척대학교에서 2학년 1학기를 마치고 나니 나는 문득 수도권에 위치한 대학에서 공부하고 싶다는 생각이 들었다. 대학과 대학 간의 교류도 부러웠고, 서울에 가까워 첨단 문화를 접할 수도 있을 것 같았다. 한 마디로 수도권 대학은 나의 선망의 대상이 되었다. 그 결과 방학 동안 서울의 편입학원을 다니기로 결심했다.

"어느 학교를 목표로 하고 있나요?"

"Y대에서 공부하고 싶은데 방법이 있을까요?"

춘천에 있는 편입학원에 가서 나는 진지하게 상담을 받았다.

"쉽지 않아요. 정상급 대학이 요구하는 스펙이 상당합니다."

상담결과는 한 마디로 부정적이었다. 소위 명문대학에 편입하기 위해서는 갖추어야 할 조건이 무척이나 까다로웠다. 수학, 과학과 영어까지 준비하여 1차 필기시험에 통과 후 2차 면접까지 합격해야 최종 입학을 할 수 있었던 거다. 그 과정은 기초수학 능력이 부족한 나에게 너무나 먼 길이었다. 나는 바로 포기하고 다른 방법을 모색했다.

"플랜 B는 없나요?"

"보통 다른 대학들은 영어시험만 보면 입학할 수 있어요."

어쩔 수 없이 나는 영어시험만 합격하면 편입할 수 있는 대학을 선택했다. 이건 전적으로 고등학교까지 공부를 안 한 내 탓이었다. 학교를 옮기고 싶은 나의 목표를 만족시키기 위한 선택은 단 하나, 영어에 올인 해서 그 성적으로 좀 더 기회가 많은 대학으로 옮기는 거였다. 주사위는 던져졌다.

나는 두 달 남짓한 여름방학에 아침 10시부터 저녁 5시까지 편입에 필요한 영어 학원수업을 들었다. 학원수업이 끝난 후 같이 편입시험을 준비한 후배와 저녁식사를 하고 나서 강원대학교 중앙도서관에서 편입영어 모의고사 문제를 풀었다. 남의 학교에서 공부해서 그런지 눈치도 보였지만, 그만큼 집중하여 공부했던 것이 기억난다.

그 결과 지원한 4개 대학 중 3곳에 합격하였다. 이제 고를 수 있는 입장이 된 거다. 결국 나는 춘천 집 근처에 위치한 강원대학교를 선택했다. 비록 수도권에 위치한 대학은 아니지만 부모님도 가깝다고 좋아하셨고, 학비도 저렴했다.

나는 이렇게 대학 편입에 성공했고 새로운 환경에서 대학생활을 시작하였다.

'도대체 어떻게 하면 영어가 들리나?'

산 넘어 산이라고 새로운 고민이 시작되었다. 편입시험이 끝나고 한 고비 넘겼다고 생각했는데 영어듣기가 걸렸다. 나름 영어공부를 했다고 생각하고 공인영어 시험인 토익시험을 치렀다. 읽기 부분은 그럭저럭 보았는데 듣기 부분의 시험을 볼 때 마치 청각장애인이 된 듯 영어가 전혀 들리지가 않았다. 영어듣기를 향상시키기 위해 토익수업을 들었으나 향상되지 않았다.

'이래서야 영어를 잘 한다고 할 수 있나.'

난 정신적 혼란이 생겼으며 영어 듣기에 도움이 되는 수업을 찾아다녔다.

그러던 중 영화를 이용하여 듣기수업을 하는 강의를 찾아냈다. 강남 어학원에서 만난 S선생님의 수업을 듣기로 한 거다. 그 수업은 영화 한편을 골라 많이 쓰는 300여개의 표현을 외워서 한

달에 두 번 말하기 시험을 보는 방식이었다. 나는 학원이 끝나고 집으로 돌아오는 내내 이어폰을 귀에 꽂고 지하철과 시외버스에서 수업시간에 배운 내용이 입에서 자연스럽게 나오도록 몇 십번씩이고 반복적으로 따라했다.

연습은 천재를 만들고, 우공이 산을 옮긴다고 했던가. 그렇게 3개월이 지났을 즈음 나는 영어가 들리기 시작했다. 정말 경이로웠다. 귀가 트인 것이다. 토익 듣기부문의 점수도 무려 200점이나 오르는 것을 경험했다.

"선생님의 학습법이 옳은 것 같습니다. 제가 리스닝이 됩니다."

나는 S 선생님께 감사의 인사를 올렸다. 춘천에 사는 지역적 특성상 이런 공부를 오래 지속할 수는 없었다. 3개월의 수업을 끝으로 춘천으로 돌아왔고, 주말특강 등을 이용해 선생님의 수업에 적극 참여하였다.

14년 전에 외웠던 유익한 문장이 아직도 내 기억 속에 남아 있다.

"Tell me a little bit about yourself." (자기소개 간단히 해주세요.)
"Works like a charm." (효과 좋아요.)

위의 같은 문장은 툭 치면 입에서 줄줄 나올 정도이다. 그때 영어에 미쳤던 것이 지금 이렇게 많은 기회를 갖게 할 줄은 몰랐다. 누구든지 일단 뭐든지 배우고 익혀 놓으면 저도 모르게 준비가 된다. 그러면 새로운 기회가 왔을 때 도전할 수 있는 가능성이 커지는 것이다. 나는 영어를 공부한 후 이러한 기회를 여러 번 경험했다.

인턴십 면접 확정 소식을 듣고 촌놈이던 나는 서울 마포에 있는 한국산업인력공단 본사에 도착했다.

도착해 보니 다른 사람들은 정장을 입고 왔는데 나만 반바지에 티셔츠를 입고 간 것이 아닌가. 연락이 왔을 때 면접 복장에 대하여 말해준 적은 없었다. 난감했다. 그래도 어쩔 것인가. 복장 때문에 포기할 수는 없었다.

"박철희씨, 다음 순서니 앞에서 대기하세요."

면접 안내원이 친절하게 순서를 말해주었다.

잠시 후 나는 면접실에 들어갔다. 면접관은 호주사람이었다. 물론 면접도 영어로 진행되었다. 영어면접은 처음이라 말이 많이 꼬였지만 다행히 무슨 질문을 하는지는 알아들었다.

"전공이 농업토목이라 농업현장에서 일할 수 있어요?"

내게 면접관이 영어로 한 마지막 질문이었다.

"네(Yes)."

지금 같았으면 좀 더 부연 설명을 영어로 했겠지만 그때의 나는 간단한 답변 한 마디로 면접을 마치고 나왔다.

'호텔 인턴십 프로그램인데 나같이 허접한 복장을 하고 간 놈은 안 뽑을 거야.'

나는 당연히 안 될 거라 생각했다. 그런데 며칠 뒤 공단에서 합격했다고 전화 연락이 왔다.

"엄마, 나 호주로 가서 인턴십 할래."

어머니의 반응은 의외였다.

"철희야. 그 먼 곳에 안정되지 않은 일을 하러 갈 필요가 뭐 있어? 인생 허비하는 거야. 차라리 한국에서 공무원을 해. 공무원 도 할 일이 많아. 남의 나라 가서 돕지 말고 우리나라를 도와라."

어머니의 말도 맞는 것이었다. 결국 나는 인턴십 프로그램 참여 대신 노량진에 가서 공무원 시험을 준비하기로 결정했다. 물론 나는 공무원 시험을 준비했을 때도 영어공부는 따로 하지 않아도 되었다. 그 결과 공무원 시험 조기 합격의 길이 열렸다.

이렇게 나는 영어를 통해 많은 기회와 내 자신에 대하여 자신감을 얻었다, 지금도 영어공부를 계속하여 유학이라는 목표에 도전하고 있다. 영어를 익히며 배운 격언이 날 늘 사로잡고 있다.

"소년이여 야망을 가져라!(Boys Be Ambitious!)"

5. 보고서에 발목잡힐 뻔하다

"7월 19일에 임명장 받으러 오세요."

원주지방국토관리청 인사부서에서 국토교통부 임명장을 받으러 오라고 연락이 왔다. 가슴이 마구 뛰기 시작했다. 홍천군청에서의 5년 10개월 지방공무원 생활이 끝나고 국토교통부, 중앙부처 공무원으로 새로운 도전이 시작된 거다. 그간 나는 토목직 공무원으로서 국가기반시설 구축을 위한 건설사업 관리업무를 수행해 왔다. 그러나 뭔가가 늘 허전했다.

임상심리학자 매슬로우(A. H. Maslow)가 임상경험을 바탕으로 한 연구가 있다. 1943년에 발표한 이론은 인간의 욕구는 가장 기본적인 생리적 욕구에서부터 최고 차원인 자아실현의 욕구까지 5단계의 계층을 이루고 있다는 거다. 다 알겠지만 그 1단계는 생리적 욕구, 2단계는 안전과 안정의 욕구, 3단계는 사회적 욕구, 4단계는 존경의 욕구이다. 그리고 마지막 5단계가 자아실현의 욕구인 것이다.

나는 보다 높은 단계의 욕구를 갖게 되었다. 그건 기술적인 부분을 비롯하여 보다 전문적인 소양을 갖추고 싶다는 거다. 그래서 국가직 공무원에 지원했고 하늘이 도와 순조롭게 전환할 수 있었다. 그때 나는 이미 가정을 꾸린 상태였고 아내는 큰 아이를 임신한 상황이라 직장을 옮기고 부서를 옮겨 새로운 환경에 적응하는 건 결코 쉽지 않은 선택이었다.

그렇게 되어서 나는 새로이 도전하는 마음으로 국토교통부 홍천국토관리사무소에서 근무하게 되었다. 이곳에서 하는 일은 도로관리였다. 공무원 경력 6년차 즈음에 처음으로 일반국도라는 것을 관리하게 되었다.

"지자체에서 배운 것은 모두 버리세요."

"네? 그게 무슨 말씀이세요?"

"차차 알게 될 겁니다."

2012년 7월 17일자로 홍천국토관리사무소라는 도로관리기관에 첫 출근을 했고, 출근하자마자 처음 만난 계장님이 내게 하신 말씀이다. 처음에는 무슨 말을 하는지 이해하기 어려웠다. 나름대로 공무원으로 잔뼈가 굵으면서 그동안 배운 것들인데 어떻게 버리라는 것인지 말이다.

그러나 근무 시작한지 일주일 정도 지나서 계장님 말씀을 이해하기 시작했다. 업무를 할 수 없을 정도의 폭발적인 민원전화, 갑작스럽게 제출해야 하는 요구 자료로 가득 찬 전자메일……일거리가 쏟아져 들어왔다.

"이거 무슨 전쟁터가 따로 없네."

나보다 어리지만 처음부터 국토교통부에서 근무한 직원에게 내가 푸념하며 한 말이다.

하지만 하늘이 무너져도 솟아날 구멍은 있는 법이었다. 나에게 멘토가 생겼기 때문이다. 현재 세종 본부에서 근무하는 B주무관이 나의 첫 멘토였다. 그는 나보다 나이는 어리지만 굉장히 침착하고 업무를 잘 처리하는, 배울 점이 많은 사람이었다. 나는 그에게 민원 회신, 건설사업관리, 보도자료 작성 등 지자체에서 해본 적 없는 신선한 업무들을 배우기 시작했다.

'좋아. 해보는 거야. 뭐 별 거 있겠어?'

처음 시작했을 때는 자신감이 충만했으나 시간이 지날수록 업무처리 과정에서 실수하는 부분들이 많아졌다. 자연스럽게 스트레스를 받았다.

특히 쾌적하고 안전한 도로를 유지하기 위해 시행하는 건설공사를 관리하는 업무부터가 전혀 새로웠다.

"공사 감독은 어떻게 해야 하나요?"

"박주무관. 여기서는 감독이라는 표현을 쓰지 않아요. 지원업무수행자나 공사관리관이라고 부르지."

담당계장님과의 대화내용이다. 나는 얼굴이 붉어졌다. 지자체에서는 직접 건설공사를 감독하였는데 국토부에서는 주로 건설 사업을 관리하는 전문회사에 감독업무를 맡기는 시스템이었던 걸 몰랐다. 내가 비록 기술직 공무원이기는 하나 건설현장에 상주하지는 않았다. 주로 공사와 관련된 행정업무를 지원하는 것이 중앙 공무원으로서의 내 일이었다. 그래서 건설현장을 전문적으로 관리하는 회사에게 현장관리 업무를 맡기고 계속하여 중요시 되는 안전관리부터 현장의 전반적인 사항을 점검하고 관리하는 거였다.

이건 지자체에서는 전혀 경험하지 못한 제도였다. 나는 쉽게 적응하지 못하였다. 하지만 새로운 도전을 시작한다는 마음에서 어깨에 힘이 들어갔다.

"박 주무관님, 감리단장 아무개입니다."

어느 날 나보다 20년 이상 연세가 많아 보이는 사람이 나한테 인사를 했다. 내가 근무를 시작한 보수과 건설사업관리단장이 인사발령 소식을 듣고 찾아와 안면을 트는 거였다. 새로운 환경에 낯선 사람이 먼저 인사를 건네는 것이 무척이나 어색했지만 기분은 나쁘지 않았다. 공사와 관련된 모든 업무를 대행하여 주는 회사의 총괄 책임기술자였다.

"아, 잘 부탁드립니다. 부족한 게 많습니다."

나는 최대한 예의를 갖추어 인사를 나눴다. 새로운 환경에 그렇게 조금씩 적응해 나가고 있었다.

"철희 씨 노선에 포트홀 관련 기사가 났으니 보고해 주세요."

팀장님이 급하게 업무 지시를 했다. 내가 관리하는 도로에 파손이 생겨 지방 신문에 보도가 된 거였다. 이렇게 신문이나 방송에 기사가 나서 업무적으로 대응하거나 해명하는 일은 그 전에 한 번도 해본 적이 없었다.

'이걸 어떻게 하라는 거지?'

그 뒤 자세히 살펴보니 도로관리상의 하자 부분이나 교통사고에 대하여 언론에 보도되는 일은 내가 생각했던 것보다 훨씬 많았다. 한 마디로 도로결함은 언론의 단골 보도거리였던 것이다. 이럴 경우는 보도내용의 정확성을 먼저 확인한다. 그리고 개선해야 할 부분이 있으면 조치계획을 정식으로 언론사에 회신하게 된다. 그와 반대로 보도내용과 사실이 다를 경우에는 이에 대하여 해명하기 위한 보도 자료를 언론사에 배포하여 대응한다. 이러한 업무흐름은 예전부터 있었지만 현장 위주로 근무한 나는 국가직 공무원이 되고서야 처음 경험하였다.

"아, 보고서 쓰는 거 되게 어렵네."

생전 써보지 않은 보고서 때문에 정말 글 쓰느라 힘들 때마다 속으로 되뇐 말이다.

아무튼 국가직 공무원이 되고 보니 보고서를 왜 잘 써야 하는지 이해가 갔다. 업무를 하면서 다양한 상황에 직면하는 일이 정말 많았기 때문이다. 앞서 언급한 도로파손, 교통사고, 사업관련 의사결정 등등. 상황에 맞게 바로바로 보고서를 작성하여 상급자에게 보고해야 한다.

지금은 이렇게 나의 이야기를 책으로 낼 정도로 성장했지만 처음에는 보고서라는 말만 들으면 두려움을 느낄 정도로 스트레스를 받았다. 그래서 나는 다양한 종류의 샘플자료를 모아두고 하나하나 참고하면서 보고서를 작성하기 시작했다. 그러다 보니 보고서엔 일정한 형태가 있다는 것을 알게 되었다. 그걸 터득하고 나니 조금씩 보고서 작성에 자신감이 생기기 시작했다.

보고서란 한 마디로 주장하고자 하는 의견을 한 줄로 요약해서 상급자에게 서면으로 알리는 것이다. 상급자들은 다양하고도 수많은 보고를 매일 받는다. 그렇기에 그들에게 올라가는 보고서는 가급적 짧아야 한다. 한 장의 보고서에 모든 내용이 다 들어가야 한다. 그래서 많은 양의 내용을 한 장의 보고서에 표현하는 능력이 무엇보다 중요하다.

3장

공직의 길

작별의 인사를 하던 중에 그녀가
내게 노란색 편지봉투를 건네주었다.
여자한테 처음 편지를 받아본 나로서는
묘한 감정을 느끼지 않을 수 없었다.

1. 사랑의 아픔을 배우다

"철희 씨는 첫사랑을 언제 해봤어?"

식사 마치고 차 한 잔 마시는데 직장 상사가 무심히 물었다. 심심파적이리라.

그러나 그 순간 나에게도 사랑이 있었던가 하는 의문이 나를 과거로 되돌렸다.

나의 첫사랑은 앞서도 언급한 치어리딩때 다가왔다. 그때 나는 응원이라는 것도 난생 처음 배우지만 여학생들과 함께 활동하는 것도 처음 경험했다.

"성수고등학교 박철희입니다. 이 캠프에는 내성적인 성격을 바꾸기 위해서 참가했습니다."

캠프 첫날 오리엔테이션 시간에 내 소개를 이런 식으로 했다. 캠프활동을 열심히 하면서 한 여학생과 친하게 지내기 시작했다. 여학생과 대화하고 함께 지내며 살갑게 지내는 것은 좋았는데 나에게는 그간 몰랐던 단점이 있었다. 대화할 때마다 그녀의 사소한 허물을 직접적으로 지적하곤 했던 것이다. 나의 외모는 생각하지 않고 그녀만 보면 뚱뚱하다, 다이어트해라……. 나는 이 사실을 인지하지 못한 채 3개월간의 응원 캠프활동이 끝났다.

"얘들아, 설날 끝나고 우리 집 와서 만둣국 먹을래?"

그녀는 친하게 지냈던 친구 몇 명을 자기 집으로 초대하여 음식을 대접했다. 어린 나이지만 그녀는 나와 친구들을 위해 손수 맛있는 음식을 준비했다. 우리는 맛있는 음식을 먹고 각자 헤어졌지만 나는 남아서 그녀와 공지천 주변을 산책했다. 산책하며 이런저런 이야기로 대화를 나누었고, 날이 어두워져서야 나는 그녀를 집까지 바래다주었다.

"그럼 어서 들어가."

작별의 인사를 하던 중에 그녀가 내게 노란색 편지봉투를 건네주었다. 여자한테 처음 편지를 받아본 나로서는 묘한 감정을 느끼지 않을 수 없었다. 집에 와서 편지를 읽는데 처음에는 무슨 말인지 이해하지 못했다. 여자들 편지 특유의 감성이 덕지덕지 묻은 표현들이 본질을 파악하기 힘들게 했다. 몇 번을 거듭 읽고서야 그게 호감을 고백하는 편지라는 사실을 알아챘다. 지금 생각해도 여자의 마음을 제대로 읽지 못했던 것 같아 참으로 창피하기만 하다. 몇 번 만나 데이트도 했지만 우리는 대학을 가야 했고, 캠프가 끝나면서 더 이상의 인연을 이어가지는 못했다. 풋사랑이었던 것이다.

그 다음 사랑은 한참 뒤에 다가왔다.

"늦게 오셨네요."

어학원 접수처에 혼자 서 있는 여학생에게 말을 걸었다. 그런데 그녀는 냉담하게 아무런 반응도 보이지 않았다.

2005년 9월 캐나다 앨버타 대학교 어학원에서 처음 만난 한국인 여학생의 냉담한 반응에 마음속으로 혼잣말을 했다.

'어우, 재수없어.'

그 당시 내 나이 25세! 지금 생각하면 그때 나의 인격은 정말 형편이 없었다. 그런데 나중에 알고 보니 그 여학생과 내가 어학원 같은 반으로 배정받은 것이다. 그렇게 나는 그녀와 같은 반에서 수업을 듣게 되었고, 수업이 끝나면 다른 한국 친구들과 함께 여기저기 놀러 다녔다. 그렇게 6주가 흐르자 첫 번째 방학이 시작되었다.

"얘들아, 우리 로키산맥으로 여행가자."

나와 그녀, 그리고 다른 남학생 한 명, 여학생 한 명 총 4명의 의견이었다. 이러한 기회를 대비하여 나는 한국에서 국제운전면허증을 만들어서 캐나다에 가져갔다. 한국에서 직접 운전을 한 경험은 적었지만 내가 직접 렌터카를 운전하기로 했다.

로키산맥까지의 거리는 앨버타에서 약 600km. 일직선으로 쭉

뻗어 있는 고속도로는 끝이 보이지 않았다. 정말 캐나다라는 나라의 어마어마한 크기를 실감했다. 5시간 정도 지나고 어둑어둑해질 무렵 우리는 캐나다 로키산맥 근처 밴프(Banff)라는 조그만 도시에 도착해서 미리 예약해둔 통나무 펜션으로 바로 이동했다.

"우리 빨리 밥해서 먹자."

어학원 부근의 한국 식료품가게에서 여행 기간 동안 먹을 식재료를 준비해왔다. 우리는 맛있는 한국음식을 만들어 먹고 휴식을 취했다. 다음날 에메랄드 빛깔이 비치는 레이크 루이스 호수에 도착했다. 우리 일행은 차안에서 호수를 바라보며 아침에 준비해 온 김밥과 인근 카페에서 뜨거운 물을 얻어와 끓인 컵라면을 함께 먹었다. 그렇게 즐거운 여행이 시작되었다.

"우리 호수 따라 산책하자."

2005년 10월 캐나다 여행중

나는 그녀와 에메랄드빛 호수 길을 따라 걷기 시작했다. 각자의 삶에 대해 이야기하며 산책을 했고 서로의 지난 날을 조금씩 알게 되었다. 나는 나대로 그녀는 그녀대로의 같이 공부하며 서로에게 상처 주었던 표현이나 태도에 대하여 사과하며 더욱 친해지게 되었다. 나는 그렇게 5박 6일간의 로키산맥 여행을 마치고 에드먼튼으로 돌아왔다.

1주일의 방학이 끝나고 나의 두 번째 수업이 시작되었다. 나는 그녀와 같은 반에서 함께 공부를 했고 수업이 끝나면 시내 이곳저곳을 다니며 맛집이라는 식당을 방문했다. 점점 그녀와 함께하는 시간이 많아졌고 우리는 자연스럽게 사귀게 되었다. 한국이 아닌 타국에서 연애를 시작하게 될 줄은 정말 몰랐다.

나와 그녀는 각자 캐나다인 가정에서 홈스테이(Homestay) 생활을 했다. 내가 사는 홈스테이 집과 그녀가 사는 집은 시내버스로 대략 1시간 정도 걸렸다.

"주말에 웨스트 에드먼튼 몰에 갈까?"

나는 그녀에게 쇼핑몰에 놀러가자고 제안했다. 그녀는 나의 제안에 동의했다. 웨스트 에드먼튼 몰(West Edmonton Mall)은 북미에서 가장 큰 쇼핑몰로 1층에는 한국의 롯데월드와 같이 실내 스케이트장도 있고 의류매장, 전자제품 매장부터 식당까지 없는 것이 없다. 특히 기억에 남는 곳은 한 개 층 정도 규모의 중국 식당이었다. 마치 차이나타운에 온 것 같은 느낌이었다. 중국 사람은 물론 캐나다 사람도 즐겨 찾는 곳이었다. 정말 엄청난 인파로 쇼핑몰 안은 정신이 없을 정도였다. 우리는 특별히 쇼핑은 하지 않고 어린아이처럼 새로운 것들을 보며 '우와 우와'감탄하며 돌아다녔다. 고작 그게 우리의 데이트였다.

"너는 이번 학기 끝나면 어떻게 할 거야?"

수업이 얼마 남지 않은 시점에서 그녀의 계획을 물어봤다. 나는 두 번째 코스만 마치면 한국으로 돌아가 졸업할 예정이라 조심스럽게 그녀의 의견을 물어본 것이다. 그녀는 나와 함께 수강한 영어 수업을 마치면 밴쿠버에 가서 다른 어학수업을 시작할 예정이었다. 두 번째 코스를 마치고 나와 함께 어학연수를 간 같은 과 친구와 캐나다에서의 마지막 여행을 토론토로 떠났다. 에드먼튼에서 기차를 타고 1박 2일이 걸려 토론토에 도착한 후 캐나다 동부에 위치한 여러 도시를 2주 동안 함께 여행했다. 남자 둘 여자 둘이라 각자 방을 하나씩 쓰니 쓸데없는 오해나 신경을 쓸 일도 없었다. 토론토를 여행하던 중 에드먼튼에서 함께 공부했던 친구들을 우연히 만난 적도 있었다.

2주간의 여행을 마치고 한국으로 출국하기 위해 에드먼튼으로 돌아왔다. 그리고 나는 그녀와 이별한 뒤 택시를 타고 에드먼튼 국제공항을 향했다. 이게 우리의 마지막 갈림길이었다. 애초에 정해진 거여서 무덤덤했다.

공항에 도착한 후 출국을 위하여 수속절차를 마치고 비행기에 탔다. 옆자리에 누가 앉을지 전혀 알 수 없는 채 이륙을 위해 안전벨트를 맸다. 그런데 그 자리의 주인이 나타났다. 나와 사귀었던 그녀가 바로 내 옆 자리에 앉는 것이 아닌가?

"어쩐 일이야? 밴쿠버 가는 거야?"

나는 그녀를 보자마자 반갑게 물어보았다.

"아니, 나 한국 가는데."

여행 전 그녀는 분명히 내게 밴쿠버에 간다고 했었다.

"너 나 따라서 한국 가는 거지?"

"응."

그녀도 한국을 가는 거였다. 14시간 동안 비행기 안에서 그녀
와 별 다른 대화를 나누지 않았다. 인천국제공항 도착 3시간 전
쯤 나는 그녀에게 한 가지 질문을 했다.

"한국 가면 나랑 연락하고 지낼 거야?"

나는 나에 대한 그녀의 마음을 확인하기 위하여 위와 같은 질
문을 했다.

"……."

그녀는 아무 말도 없었다. 그렇게 우리는 인천국제공항에 도
착했고 각자의 집으로 가는 시외버스를 타면서 자연스럽게 헤어
졌다. 그걸로 우리는 친구에서 연인으로 발전하려다 끝난 거다.

나는 춘천 집에 도착해서 부모님께 큰 절을 올리며 잘 다녀왔
다는 인사를 드렸다. 졸업까지 약 2개월 정도 시간이 남았던 그
때 나는 미래에 대하여 고민하기 시작했다. 동시에 공항에서 아
무런 말없이 헤어진 그녀가 문득 생각났다.

"편지 왔어요."

어느날 집에 있는데 우체국 집배원 아저씨로부터 편지를 받았다. 잊으려 했던 그녀가 편지를 보냈다. 편지에는 그녀가 그 당시 한국에 와서 개통한 휴대전화 번호가 적혀 있었다. 나는 다음 날 전화를 했다.

"내가 사는 곳으로 한번 올래?"

며칠 후 나는 그녀를 만나기 위하여 아침 일찍 터미널에 가서 시외버스를 탔다. 두 시간 정도 후에 그녀가 사는 도시의 터미널에 도착했다. 그녀는 승강장 앞에 기다리고 있었다. 무척 반가웠다.

"잘 지냈어?"

"응, 너는?"

우리는 서로의 안부를 먼저 물었다. 나는 그녀와 근처 카페에 가서 따뜻한 차를 마시며 각자 미래에 대한 이야기를 나누고 헤어졌다. 그렇게 우리는 조금씩 연락을 하면서 지인으로 지냈다. 졸업 후 나는 공무원시험을 준비하기 위하여 서울 노량진에 머무르게 되었다. 그녀 또한 노량진에서 같은 수험생 신분으로 만날 수 있었다. 나는 2006년 7월 강원도 시험에 합격했고, 그녀는 합격하지 못했다. 그해 12월 춘천 어느 경양식 식당에서 그녀가 내게 이별통보를 하는 것이었다. 아마 둘의 거리가 돌이킬 수 없이 멀어졌다고 생각한 듯했다.

그렇게 나는 두 번째 이별의 아픔을 경험했다. 그때는 마음이 너무 아파, 이별의 상처를 견뎌내는데 두 달간의 시간이 걸렸다.

그때까지만 해도 인연이라는 것을 썩 믿지는 않았다. 그러다 지금의 아내를 만났다. 인연은 멀리 있는 것이 아니라 가까이에 있다는 사실을 비로소 깨닫게 되었다.

나는 청년들에게 종종 말한다.

"많은 여자를 만나고 많은 남자를 만나봐."

좋은 사람, 나에게 맞는 사람을 선별하기 위해서는 많은 사람을 만나는 길밖에 없다. 명심하라. 연애는 책을 보고하는 것이 아니다. 실제상황이며 직접 겪어보지 않고는 알 수 없는 것이다. 때로 행복해하고 때로 슬퍼하면서 삶의 진리는 깨닫게 된다.

2. 인맥의 시작은 인사였다

"철희씨, 고등학교 어디 나왔어? 대학은 어디 나왔고?"

공무원 생활을 시작한 이후 만나는 분들에게 이런 질문을 많이 받아봤다. 우리 사회가 학연으로 얽혀 있고, 학벌 중심의 사회라고는 하지만 이토록 자주 이런 질문을 받아야 하나 싶을 때가 많았다.

26세에 공무원이라는 다소 보수적인 조직에 뛰어들면서 나는 소위 말하는 학연, 지연이라는 것을 알게 되었다. 만나는 사람마다 관심을 보이거나 묻기 때문이다. 업무와 전혀 상관없는 상황에서도 자꾸 물어보니 솔직히 불편한 적이 많았다. 외국 같았으면 개인의 프라이버시라 물어보면 큰 실례다.

학연 지연을 따지는 행위는 일종의 공통체 의식을 형성하려고 마구 던지는 그물망 같은 것이다. 한 코라도 걸리면 우리는 하나라는 연대감을 갖기 쉬운 까닭이다. 나는 대학에서도 토목과 관련된 학부에서 공부를 하여 다른 학부 학생들이 느끼기에 거부감이 드는 단합, 결속력, 이런 분위기에 익숙했다.

"하나 되는 농공학과를 위하여!"

고작 이것이 내가 나온 학부의 외침이었다. 회식을 하거나 술자리에서 술을 마시거나 운동을 해도 이런 구호를 외쳐댔다.

대학에서는 비교적 자유로운 분위기지만, 나는 그러한 분위기에 썩 잘 적응하지 못했다. 더구나 내성적인 성격의 나 아니던가. 그렇지만 개성을 존중하는 대학이라는 분위기 때문에 점점 거부감이 없이 학과 활동에 참여했다. 대학교 때부터 소속감이라는 것을 느끼고 공직생활을 시작하였지만 도무지 이해할 수 없는 것들도 많았다. 바람직한 인간관계란 게 뭔지, 그리고 어떻게 하면 잘하는 것인지는 쉽게 감이 안 잡혔다. 물론 한국사회는 혈연, 학연, 지연이 중요하다지만 막상 내가 그것을 경험하니 정말 힘들었다. 하나라도 엮이면 아주 가까워지고 이질적이면 상대 안하는 조직의 습성. 그렇게 나의 인생에서 인간관계라는 것이 중요한 문제로 대두되었다.

"철희야, 항상 어딜 가나 빠릿빠릿하게 눈치껏 행동해야 한다."

어머니는 어릴 적부터 항상 남들보다 신속하게 행동하고 남들 눈치를 살펴가며 생활하라는 말을 많이 했다. 어머니가 왜 이러한 말을 내게 했는지 지금은 이해가 간다. 당시엔 몰랐지만 어머니는 굉장히 현실적인 분이다. 아버지를 14세 어린 나이에 잃고 어머니와 동생 다섯을 위해 서울의 공장에서 몇 년간 고되게 일을 했다. 다시 시골로 돌아와서도 집안일을 하면서 동생들을 돌보았다. 그리고 20대 초반에는 기관장의 관사에서 파출부로 몇 년간 돈을 벌기 위하여 막일을 사양하지 않았다. 이런 환경에서 살아와서인지 어머니는 나에게 일처리를 빨리 하고 분위기 파악을 잘 하라고 늘 당부했다.

"어른을 보면 먼저 인사를 해라."

이 말은 내가 가장 존경하는 아버지가 항상 나에게 강조한 것이다.

어릴 적 우리 식구는 춘천에 있는 OO초등학교 관사에서 살았다. 경제적인 사정이 심히 좋지 않아 아버지는 집이 딸려 있는 학교에서 소사로 잡일을 했다. 그런 영향 때문인지 아버지는 항상 어른들에게 인사 잘 할 것을 강조했다.

그렇게 인사에 대한 교육을 어릴 적부터 받았으나 나는 남에게 인사하는 것을 굉장히 어색하게 생각했다. 첫 직장에서도 선배들이나 상급자들에게 인사를 잘 하지 않았던 것 같다. 그 때문인지 먼저 남에게 다가가는 것을 무척이나 두려워했다.

하지만 이런 습성은 사회생활에서 마이너스 요인으로 작용한다. 사람은 나이가 들면 철이 들어야 한다는 어른들의 말씀이 틀린 게 아니었다. 인사에 대해 인색했던 나는 세월이 흐르고 한 가정의 가장이 되고 난 뒤에야 나이에 상관없이 먼저 상대방에게 다가가 인사하는 사람으로 바뀌었다.

외국에서나 우리나라에서나 원만한 인간관계를 형성하는데 있어서 인사를 잘하고 자기소개를 임팩트 있게 하는 것이 정말 중요하다. 어찌 보면 그것이 인간관계의 전부라고 말해도 과언이 아니다.

"오늘 저녁은 내가 쏠게요."

"2차는 내가 살게요."

이런 말을 하는 사람은 언제 어디서나 환영받는다.

조직생활을 시작하면서 정말 많은 회식자리가 있다는 것을 알았다. 어차피 저녁을 먹어야 하는 상황이라 다른 약속이 없으면 나는 가급적 모든 회식에 참석했다. 같은 공간에서 함께 음식을 먹으며 사무실에서 있던 일, 가정생활, 재테크 등등 많은 이야기를 나누는 시간이었다.

그러다 어느 정도 시간이 지나고 회식이 반복되면서 더 이상 새로운 것들에 대한 이야기나 화제가 없어졌다. 자연스럽게 모임에 대한 흥미도 많이 떨어졌다. 그때부터는 꼭 가야 하는 모임만 참석하고 나머지 시간은 나 자신을 위하여 사용했다. 그래서 나는 모임이라는 것을 다음과 같이 생각한다.

참석하고 즐기는 것은 자유지만 그 모임에 참여하는 시간동안 즐거움이 있어야 한다. 그 즐거움이 자기에게 어떤 영향을 미치는지 생각하고 느끼면서 활동하라.

젊은 후배들에게 꼭 해주고픈 이야기다. 한 마디로 만남은 잘 가려서 해야 한다는 뜻이다.

나는 직업적인 사회생활 이외에 지역사회에 봉사하기 위하여 한국청년회의소 홍천지구에 회원으로 가입을 하였다. 이곳은 청년지도자를 양성하고 많은 사회봉사를 하는 국제 비영리 단체로 회원들 대부분이 젊은 기업가들이다. 그래서 내가 홍천지구에 가입할 때 논란도 있었다. 가장 큰 화제는 공무원이 과연 기업인들처럼 자유롭게 시간을 내서 활동할 수 있는지의 여부였다.

하지만 나는 공무원에게 주어지는 23일이라는 법정 휴가 시간을 잘 활용했다, 업무시간외의 월례회의나 봉사활동은 꼭 참여하였다. 그렇게 적극적으로 활동하면서 많은 사람들을 알게 되었고, 보람 있는 시간도 보냈다. 처음엔 닥치는 대로 사람들을 다 내 인맥으로 만들고 싶었다.

그러다 어느 순간 깨달은 것이 있다. 모든 사람과 다 친해질 수는 없는 노릇이었다. 소위 말하는 코드가 맞는 사람들과 더 친밀감이 생긴다는 사실을 알게 된 것이다.

한번은 체육분과 담당이사를 맡아 500명 규모의 어르신 게이트볼 체육행사를 개최하였다. 그때 처음으로 담당하여 준비하는 행사라 친한 선배 한 분에게 도움을 요청하였는데 기꺼이 도와

주었다. 그때 그 도움이 없었더라면 나 혼자 그 큰일을 감당할 수 없었을 것이다.

이런 경험을 통해 인간관계에 대하여 배운 것은 다음과 같다.

첫째, 내가 도움이 필요할 때 도와줄 사람이 한 사람이라도 있어야 한다.

둘째, 내가 받은 도움을 생각하고 도움이 필요한 사람에게 환원할 줄 알아야 한다.

"명함도 안 가지고 다녀요? 그래서 인맥을 어떻게 넓히려고."

SNS를 기반으로 한 지식생태계 관련 모임에서 처음 만나는 분들과 교류시간에 들었던 말이다. 지식생태계란 다음과 같이 정의된다.

정보통신기술의 발달과 더불어 정보 및 지식의 가치가 물질적인 재화의 가치보다 중요시되고 있으며, 이러한 조직 환경의 변화에 신속히 대응하고 조직 및 국가의 생산성 및 경쟁력 강화를 위해 지식관리의 중요성이 증대하고 있다. 지식생태계란 다양한 지식의 창출, 활용, 유통 및 확산과정을 포괄하는 지식의 장이며, 지식생태계 내에 참여하는 사람, 집단들 간의 협력적 경쟁관계 등 상호작용에 영향을 미치는 지식실천의 장이다.

이렇듯 자연의 생태계 개념을 바탕으로 한 지식생태계 이론의 핵심 원리는 다음과 같다. 첫째, 지식생태계는 우선 지식의 순환과정에서 참여하는 사람들과 조직들 간의 사회적 네트워크, 즉, 상호작용에 중점을 둔다. 둘째, 지식생태계 이론은 지식의 다양성을 중요시한다. 셋째, 지식생태계는 가치 있는 지식을 선별하고 필요로 하는 적합한 지식을 적용시키는 것을 중요시한다.(원문 http://lugenzhe.blog.me/90134023787)

나는 지식생태계를 알게 된 이후로 '선한 영향력'에 대하여 관심을 갖기 시작했다. 선한 영향력에 관심을 둔 후로 나는 자연스럽게 인문학이든 경영학이든 다양한 분야의 좋은 강의를 찾아다니며 듣기 시작했다.

대부분의 강의는 서울에서 진행되기 때문에 주말에 하루는 꼭 서울을 방문했다. 단순히 강의만 듣고 끝나는 것이 아니라 강의를 들으러 온 다양한 분야의 인사들과 명함을 교환하며 인간관계를 넓혀가기 시작했다.

그간 나는 인맥이라는 것을 어떻게 넓혀가야 할지에 대하여 별 관심이 없었다. 그것에 대하여 고민한 적도 없었다. 지금 생각하면 참 어리석었다. 나는 34세에 비로소 인맥의 중요성을 깨달았다. 그때까지만 해도 내가 먼저 남에게 다가가 내 명함을 전달하고 내 소개를 하는 것은 정말 어려운 일이었다. 그래도 나는 계속해서 강의를 듣기 위해 주말이면 아침에 일찍 일어나서 차를 끌고 서울을 향했다.

"강원도에서 서울까지 오시는 거 보면 열정이 대단하시네요."

강의를 듣고 난 후 참석자들끼리의 교류시간에 자주 듣는 말이다.

나는 새로운 것을 찾고 나의 영향력을 향상시키기 위해 강의에 참석한 것이지, 인맥을 쌓기 위해서 강의에 참석한 것은 아니었다. 그런데 자연생태계와 마찬가지로 강의라는 지식생태계를 통해서 다양한 분야에서 일하는 새로운 사람들을 만나게 되었고, 소통이라는 것에 익숙해졌다. 그렇게 나는 지식생태계에 눈을 뜨게 되어 글쓰기모임, 강사모임, 포럼, 기부단체 등 사회에 선한 영향력을 미칠 수 있는 단체의 활동에 적극적으로 참여하였다.

"도대체 그렇게 유명한 분들은 어떻게 알고 지내는 거야?"

소셜네트워크를 시작한 이후 주변 사람들로부터 듣는 말이다. 나는 페이스북(Facebook)이라는 매체를 통하여 다양한 분야의 전문가들과 소통을 하며 지낸다. 물론 온라인을 통해서 알게 되는 사람들이라 인적네트워크의 한계가 있었다. 그래도 이 책의 독자들이 친구 신청을 내게 하는 것은 언제든지 환영이다.

그래서 나는 온라인에서 진솔하게 소통하는 분들을 현실세계에서도 만나고 있다.

"이것이 어떻게 가능하냐구요?"

평상시라면 실제로 만날 수 없는 각 분야의 전문가들을 페이스북이라는 온라인 매체를 통하여 진솔하게 소통을 하고 있다. 나는 이러한 방식에 적응한 이후 온라인에서 알게 된 다양한 모임에 직접 참여하여 기존 온라인 매체에서 소통했던 분들을 직접 만나고 있다.

다양한 매체를 통하여 여러 분야의 전문가들과 접촉하여 내업무 분야와 그들의 분야를 비교도 해보고 서로 어떠한 상관관계가 있는지 분석도 해보며 넓은 세상을 알게 되었다. 비로소 내가 하고 있는 행정업무가 얼마나 중요한 것인지도 깨달았다.

그 후로 내가 하는 업무에 대하여 보람을 느끼기 시작하였다. 업무적이든 비업무적이든 만나는 분들과 적극적으로 소통을 했다. 이건 국가직 공무원으로 도전한 후 가장 재미있고, 내 인생에 긍정적인 영향을 미치는 활동이다.

"내가 아는 것이 다가 아니구나!"

이러한 활동을 하면서 나 자신이 경험하고 느낀 결론이었다. 나는 이러한 활동들을 하면서 느끼고 경험한 것들을 페이스북에 기록하고 그에 대한 댓글들을 보며 나의 잘못된 생각이나 행동들을 다시 반성할 수 있었다. 물론 이 과정에서조차 나는 실패를 경험했고, 시간낭비도 했다. 그러한 실패와 시간낭비에도 불구하고 계속적인 도전을 실천하며 지금의 나를 만들었다.

"너무 빡세게 사는 거 아니야?"

선배들이 간혹 나를 보고 하는 말이다. 물론 국가직 공무원이 되어서 이렇게 다른 인생을 살고 있는 것 같지는 않다. 내 눈앞에

110

닥친 일들, 그리고 그 일을 완성해 나가는 과정, 그로 인해서 느끼는 보람. 이런 모든 것들을 마음속으로 인지하며 살아가게 된 시발점은 바로 내가 하고 있는 구체적인 노력들이다.

물론 이러한 노력을 하지 않아도 잘 살 수는 있을 것 같다. 그러나 절대적으로 행복하지는 않을 듯하다. 그래서 나는 매일매일 행복함을 인식하며 살기 위해 조금은 다르게 생각하려 하고, 있는 그대로를 보려 한다. 100세, 120세의 수명을 말하는 요즘, 행복하게 사는 것은 정말 중요하다

"제발 그냥 보이는 대로 보세요."

인문학자 강신주 박사가 인터넷 강의를 통하여 한 말이다. 세상이든 물건이든 그 어떤 것에 대하여 색안경을 쓰고 바라보는 이에게 해주고 싶은 말이다. 그냥 있는 그대로 보면 다 보이는 것을 어떤 사람들은 가만히 있는 자기 생각을 비뚤어지게 작동시켜 세상을 왜곡되게 보려 한다.

"스탑 스타핑(Stop, stoping)."

최근 페이스북을 통해서 개인적으로 알게 된 머니투데이 H 이사님이 한 말이다. 요즘 힘들어 하는 대한민국 청년들에게 내가 해주고 싶은 말이기도 하다. 아무것도 하지 않고 가만히 있는 것을 멈추라는 말이다. 요즘 소위 3포, 5포, 심지어 N포 세대라는 말까지 나왔다. 포기는 또 다른 포기를 낳을 수밖에 없는지라 그러한 포기를 멈추라고 말해주고 싶다.

포기하는 것이 일상이 되다보면 정작 포기해야 할 상황이나 때를 모르고 살게 된다. 그 포기를 하지 않기 위해서는 자기 자신을 돌아보는 능력이 있어야 한다.

갑자기 돌아보는 것이 아니라 매일매일 돌아보면 포기가 도전으로 바뀐다.

"공무원이 너무 힘들게 사는 거 아니에요?"

모임에 갈 때마다 이런 질문을 듣는 경우가 잦아졌다.

그동안 나는 세상 모든 것에 대하여 진지하게 생각해 본 적이 없었다. 세상의 모든 것이 쉽게 이루어졌다고, 또는 이루어진다고 생각하며 살아왔다. 그런 생각으로 인생을 살다보니 쉽게 나태해지고 교만해지기 쉬웠다.

기술사 공부를 시작한 후 서울기술사학원 S원장님께서 아래와 같은 말씀을 하셨다.

"철희야, 항상 사람이 중심이다."

나는 솔직히 처음에 그게 무슨 말인지 이해하지 못했다. 기술사를 취득하는 과정에서도 그 말의 의미에 대해서 알아차리지 못하다가 기술사를 취득한 후에 비로소 어렴풋하게 알 것 같았다. 내가 하는 공공의 일을 가만히 살펴보니 결국엔 그 모든 것이 사람들을 위해서 하는 일이었다. 사람들을 위해서 일하는 그 과정에서 정말 많은 사람을 만났다. 그 사람들과의 관계를 원활하게 한다는 것은 어찌 보면 당연한 것이었다.

공무원이 된 후 10년이 되어서야 알게 된 사실이다.

나는 정말 우물 안 개구리처럼 살았다. 나도 일개 사람인데 사람들끼리의 관계를 인식하지 못하고 살았다는 것이 정말 씁쓸하고 내 자신이 한심스럽게만 느껴졌다.

하지만 나는 거기서 멈추지 않고 그 순간부터 다시 시작했다.

멈추는 것을 멈추라는 것이다. 적극적으로 여러 가지 활동에 참여하고 그 속에서 인간관계를 넓혀가는 내가 공감하는 표현이었다.

나는 앞으로도 멈추지 않고 죽을 때까지 도전하고 인간관계를 인식하며 살겠다. 누군가가 나에게 출신학교와 지역을 물으면 이렇게 대답할 것이다.

"아, 저 춘천에 있는 강원대학교 나왔고, 고향도 춘천입니다. 춘천 잘 아시죠? 언제 한번 오세요. 제가 막국수와 닭갈비 푸짐하게 쏘겠습니다."

3. 처가에서 울어버린 새 신랑

날짜가 정확히 기억나지는 않지만 2008년 4월쯤이었다.

나는 그날따라 너무 피곤해서 퇴근하자마자 바로 잠자리로 들었다. 그런데 너무 일찍 잔 탓인지 저녁 9시쯤 깨고 말았다. 나는 일어나자마자 습관적으로 휴대전화를 확인했다.

> 뭐 하고 있어요?

저장되지 않은 전화번호로 문자가 온 것이다. 나는 궁금해서 바로 상대방에게 전화를 했다. 전화를 걸어 확인하니 상대방은 같은 부서에 근무하는 아가씨였다. 그냥 궁금해서 문자 보냈다는 거다.

"언제 밥이나 한번 먹어요."

자다 일어나 한 통화라 형식적으로 마무리했다. 그녀와 나는 아무리 같은 부서라지만 전화번호를 저장할 정도로 가까운 사이는 아니었다.

그렇게 내 운명의 요동이 일어났다. 문자를 받고 처음 전화 통화한 그 주 토요일, 그녀와 밥을 먹으러 서울 코엑스까지 갔다. 서울로 가는 버스 안에서 우리는 마치 오래된 연인처럼 자연스럽게 대화를 나누느라 목적지까지 가는 시간이 하나도 지루하지 않았다. 서울에서도 우리 둘은 자연스럽게 손을 잡고 여기저기 돌아다녔다. 이것이 지금 아내와의 첫 데이트였고, 한 달 후 나는 그녀에게 사귀자고 프러포즈를 했다. 그렇게 1년 4개월 정도 연애를 하고 내 운명의 동반자라 생각하여 결혼을 결심했다.

2010년 10월 9일 그녀와 연애한 지 1년 6개월 만에 결혼에 성공했다. 결혼식은 내 고향 강원도 춘천시 나의 부모님이 사시는 집 근처에 위치한 결혼식장에서 했다. 식장에 발 디딜 틈 없이 정말로 많은 손님들이 찾아와 주셨다. 결혼식 후 폐백까지 끝이 나고 식당으로 가서 손님들께 인사를 드리는데 손님들이 500명 이상 오셨다. 10월 9일은 좋은 날이라고 해서 다른 결혼식도 많았다. 심지어 내 대학교 친구도 같은 날에 결혼을 했을 정도다. 그런데도 많은 하객이 와준 거였다.

결혼 행사가 모두 끝나고 우리는 신혼여행을 가기 위해 인천 국제공항으로 출발했다. 공항까지의 운전은 이스트 소프트에서 근무하는 나의 고등학교 친구 기범이가 수고해줬다. 우리 커플은 이탈리아와 스위스로 신혼여행을 갔다.

밤 12시 비행기를 타고 출발해서 이탈리아 로마에 낮 1시 30분쯤 도착하였다. 도착하자마자 우리는 12시간 이상 긴 비행을 한 여독을 미처 풀지도 못하고 바로 여행을 시작하였다. 허니문 여행 패키지 상품을 이용해서 우리와 같은 날에 결혼한 전국의 커플들과 함께 여행을 했다. 관광버스에 몸을 싣고 가는 도중 창문을 통해 보이는 건물들, 현지인들은 처음에 낯설었지만 시간이 지나면서 도시 한 가운데 문화유적들이 널려 있는 것을 보고 감탄하기도 했다.

관광지 몇 곳을 구경한 후 우리는 저녁 식사를 하러 식당에 도착했다. 저녁 메뉴는 오징어 먹물 스파게티와 이태리피자였다. 시커먼 국수를 무슨 맛으로 먹는지 궁금했는데 먹다보니까 약간 싱거운 자장라면 생각이 났다. 배가 고파서 그런지 나는 한 접시를 뚝딱 비웠고 피자도 세 조각 정도 먹었다.

특이한 것은 이탈리아는 식당에서 물을 모두 사먹어야 한다는 점이다. 난 속으로 물을 사먹느니 차라리 맥주를 먹고 싶었다. 한국에서 밥을 먹으러 갔는데 물을 사 먹어야 하는 식당이 있으면 아마도 망하지 않을까?

신혼여행 첫날은 너무나 피곤해서 호텔에 도착하자마자 씻고 바로 꿈나라 여행을 했다.

다음날 아침 우리 커플은 눈도 채 뜨지 못한 채 아침을 꼭 챙겨먹는 아내와 함께 호텔 식당으로 갔다. 로마에 있는 호텔인지라 건물 내부 인테리어가 오래 되었지만 고풍스러운 느낌이 물씬 느껴졌다.

그날 역시 유명한 관광명소들 위주로 구경을 했다. 이제는 제법 다른 커플들과 친해지던 중 강원도 강릉에 사는 커플을 알게 되었다. 같은 강원도 출신이라 이것저것 궁금한 것들을 물어보고 대답하며 재미있는 시간을 보냈다.

그날 저녁 우리는 스위스 융프라우로 기차를 타고 이동했다. 이동시간이 꽤 걸려 기차에서 밤을 보냈다. 새벽 12쯤 우리는 스위스 융프라우에 도착했고 호텔로 이동 후 숙박을 했다. 다음날 드디어 내가 가보고 싶은 융프라우 산을 올랐다. 기압이 올라가서 귀가 멍멍해지고 약간 어지러웠지만 하늘과 맞닿아 있다는 느낌이 들어 나는 듯한 기분이 들었다. 더군다나 정상부 매점에서 파는 한국 컵라면과 호텔 식당에서 가져온 삶은 계란을 아름다운 경치를 감상하며 맛있게 먹었던 기억이 난다.

스위스 융푸라우 매점에서

2010. 10. 스위스 융푸라우 신혼여행 중

그렇게 우리 부부는 신혼여행을 마치고 한국으로 돌아왔다. 지금 생각해보면 조금은 힘든 일정이었지만 유럽여행을 부부 단둘이 갈 기회는 앞으로 힘들 것 같아 내린 결정이었다. 아내와 유럽여행을 언제쯤 다시 갈 수 있을지는 미지수다.

귀국하여 홍천 처가를 먼저 방문했다. 부모님들께 큰 절을 올리고 신혼여행에서 있었던 일을 이것저것 말씀드렸다. 그리고 우리 부부는 아내가 쓰던 방에서 하루를 지냈다. 새벽 3시쯤 잠에서 깨니 갑자기 어머니가 생각났다.

혼자서 빈 집을 지키고 있을 외로운 어머니. 얼마나 슬플까. 얼마나 허전할까. 나는 어머니가 갑자기 보고 싶어 울기 시작했다. 지금 생각해봐도 왜 그랬는지는 의문이다. 계속 울어 눈물이 그치지 않자 결국 아내가 깨서 왜 우냐고 물어보는데도 계속 흐느끼며 아무 말도 하지 못했다.

감동적인 드라마를 보면서 눈물을 흘린 적은 있어도 여태껏 어머니 얼굴이 보고 싶어 혼자 눈물을 흘린 적은 없었다. 그렇게 약 한 시간은 이불 속에서 어머니 생각을 하며 운 것 같았다.

그 다음날 아침에 눈이 퉁퉁 부어서 창피하기도 했지만 그것에 대하여 아내는 지금까지도 물어보지 않는다. 아마도 어머니의 사랑을 너무 받았지만 의식하지 못하다가 서른 한 살의 나이에 가장이 되고 보니 비로소 그 사랑을 깨달았던 것 같다.

그렇게 해서 춘천 집에 가서 인사를 하고 새롭게 보금자리를 꾸렸다. 우리 부부의 신혼집은 강원도 홍천에 있는 21평의 작은 아파트다. 그렇지만 지금까지도 아이 둘을 키우며 별 문제없이 잘 살고 있다. 나는 조금 좁다고 생각하는데 아내가 아직 아이들이 어려서인지 그런 생각을 하지 않는 것 같다.

"여보, 한 살이라도 젊었을 때 마당이 있는 집에서 살았으면 좋겠어. 아이들이 마당에서 뛰놀고 야채도 직접 길러서 먹고, 개도 한 마리 기르고……."

나는 아내의 바람을 이루어주고 싶어 시간 날 때마다 부동산 사무실에 들러 직접 토지를 알아보고 있다. 집의 전체적인 콘셉이나 구성은 직접 설계를 해서 건축설계사에게 맡길 것이며 건축시공도 각 공정별 기능공을 섭외하여 직접 관리감독할 것이다. 토목시공기술사인 내가 남편으로서 그 정도 선물은 아내에게 충분히 해 줄 자신이 있다. 어서 그 날이 왔으면 좋겠다.

우리 부부는 서로 성향이나 취미가 너무나 다르다. 아내의 경우 결혼 전부터 책을 많이 읽고 손수 가방을 만들어 가지고 다니는 개성 있는 사람이다. 육아에 대한 방식이나 아이들에 대한 교육철학도 나와는 조금 다르다. 특히 교육의 경우 나는 우리 아이들을 굳이 한국에서 가르치고 싶지는 않다. 좀 더 넓은 곳에 가서 견문도 넓히고 토론위주의 학습이 이루어지는 환경에서 교육을 시키고 싶다. 그런데 아내는 최소한 중학교까지는 한국에서 나와야 한다는 주장이다.

또한 아내는 쓰레기 분리수거를 철저하게 하는 사람이다. 결혼 후 나는 철저히 분리하는 아내가 이해가 가지 않아 말다툼도

심했다. 남들이 다 섞어 버리는데 왜 의미 없이 혼자만 유난을 떠는가 싶었다. 조금씩 시간이 흘러 나도 아내의 습관이 옳다는 것을 인정하였고 분리를 해 놓은 것들은 주말에 내가 수거장에 가져다 버린다.

30년 이상을 따로 살아온 사람이 같은 집에서 함께 산다는 것은 쉬운 일이 아니었다. 그렇다고 무턱대고 어느 한쪽이 일방적으로 희생만 할 수는 없는 것이다. 어떻게 보면 결혼은 행복함을 받는 기회가 아니다. 작은 사회를 만들어 구성원을 형성하고 그 구성원들끼리 협력하여 그 가정에서만 느낄 수 있는 행복의 방법을 찾아가는 과정이다. 그래서 나는 우리 가정에서 세 가지 역할을 한다. 집안의 가장, 남편, 그리고 부모. 어떻게 보면 부담스럽게 느껴질 수도 있지만 또 다른 한편에서는 굉장히 신나는 일이기도 하다.

가장은 회사의 사장과도 같은 역할을 한다. 한 해가 바뀌면 그 해의 목표를 세우고 그것에 대한 세부계획을 임직원들과 논의한 후 업무계획이라는 것을 만든다. 가정도 이와 마찬가지다. 2017년에 각 가정에서 해야 할 큰 목표를 세우고 그 목표를 이루기 위한 실천사항과 문제발생에 대비하기 위한 대책까지도 어느 정도는 있어야 한다. 그래야 그 가정에 위기가 찾아와도 잘 극복할 수 있다. 이런 일련의 과정을 진행하고 경영하는 사람이 가정에서는 가장의 역할이다. 나는 단순하게 내가 우리 집의 대통령이라고 생각한다. 한 나라를 통치하듯 우리 가정을 내가 통치하고 있다.

앞으로 우리 가정의 목표는 나의 개인적인 목표와 일치시키려 노력할 것이다. 머지않아 미국으로 가족을 데리고 유학을 갈 계획이다. 한국에서 석사과정을 마치고 미국이라는 새로운 환경에서 보다 새로운 경험을 살리고 싶다. 2년 뒤 가을 학기를 마치고 유학휴직을 받아 가족들과 함께 떠나려 한다. 박사학위를 받을 동안 아내도 어학공부와 아이들 육아를 병행할 예정이다. 물론 자녀들에게 새로운 기회가 될 것이고, 영어교육을 별도로 시킬 필요도 없다. 동시에 한국에서 사교육비 걱정을 할 필요도 없을 것이다. 그 계획이 당장 올해 이루어지지 않더라도 다른 목표가 있기에 걱정하지 않는다.

이런 목표를 이루기 위하여 나는 주말마다 서울로 영어공부를 하러 다니고 있다. 사람은 죽을 때까지 공부를 해야만 한다. 물론 여기서의 공부가 꼭 학문을 연구하는 것만은 아니다. 새로운 것을 말하는 것이다. 그런데 영어는 나에게 생명수와 같은 것이기에 정말 죽을 때까지 손을 떼지 않을 것이다.

6살 아들, 3살 딸을 가진 아빠지만 나는 아이들보다 나의 아내를 더 챙기고 싶다. 우리 아이들도 아내가 없었으면 이 세상에 태어나지 못했을 것 아닌가. 가정을 이루는 것이 꼭 이유만으로 설명할 수 없는 부분이 많다. 아이들이 태어날 때도 아이보다 아내의 건강을 먼저 걱정했고, 아이들보다 아내가 아플 때를 더 많이 걱정을 하는 나다.

아까 말했듯이 아내와 나의 철학은 많이 다르다. 하지만 난 아내를 선택한 이유와 명분이 확실하다. 본인만의 뚜렷한 가치관, 논리에 의한 판단력. 나에게 없는 것을 지금의 아내는 예전부터 갖추고 있었다. 아내는 나를 믿고 나와 결혼을 해 주었다. 그렇기 때문에 아내를 행복하고 기쁘게 해주고 싶다.

아내를 행복하게 해주고 싶은 나의 확신을 입증하고 싶다. 나와 같이 사는 한 평생 내 능력 범위 안에서 아내에게 그렇게 해줄 것이다. 그런 모습을 아이들에게 보여주면 아이들도 보고 배울 것이며, 다른 사람을 따뜻하게 대할 것 같다는 생각이 든다.

나와 결혼해 준 아내를 위해서 정말 내 삶을 잘 경영해 아내에게 그 영광을 바칠 것이다.

4. 주말과 맞바꾼 기술사 자격증

"나도 10년 후면 15년차 평범한 토목직 공무원이 되어 있겠지?"

2011년도 하반기에 나는 문득 이런 생각이 들었다. 그러자 왠지 모르게 내 가슴은 답답해지고 희망이 보이질 않았다. 그러던 중 한 공무원 선배가 조언을 했다.

"기술사 공부 시작하지 그래?"

그래서 나는 기술사 공부를 하는 것에 대해서 고민해 보기 시작하였다. 그때는 결혼한 지도 1년 정도 되었고, 여러 가지 상황이 안정되어 가고 있어서 나에게는 새로운 것이 필요할 때였다. 실제로 홍천군청에서 관리하던 건설공사들은 대부분 소규모였고, 직접 관리하다보니 업무적으로 새로운 토목공학 관련 지식을 습득하는데 어려움이 있을 시기였다.

나는 9급때 군청에서 수자원분야인 하천업무를 봤었다. 그 영향으로 전문기술사인 수자원기술사 공부를 시작했다. 그러나 내용도 정말 어렵고 어떻게 공부를 해야 하는지 전혀 감이 오지 않았다. 그러던 중 우연히 춘천에서 서울기술사 신경수 원장님을 모임에서 처음 만났다. 내가 겪고 있는 상황에 대하여 정확하게 조언해 주시는 것이다.

"스페셜리스트(Specialist)도 좋지만 제너럴리스트(Generalist)가 먼저 된 후에 스페셜리스트가 되는 것도 좋은 방법이야."

그때의 말씀을 잊을 수가 없다. 이후 얼마간 시간이 흐르고 2012년 2월에 선배 소개로 서울 충정로에 위치한 서울기술사 학원에 가서 토목시공기술사 과목 수강을 신청하였다. 그 후로 나는 토요일 6시간, 일요일 3시간을 기술사 공부에 투자하기 시작했다.

그때 아내가 큰 아이를 임신했다. 하지만 아내는 선뜻 공부를 시작하라고 했다. 주말에 집에 함께 있어 주지 못한 미안함은 있었지만 아내 덕에 나는 주말마다 서울로 학원을 다니면서 기술사 공부에 빠져들기 시작하였다. 먼저 기술사 자격증을 취득한 선배들이 학원을 방문하여 답안지가 피바다처럼 되도록 첨삭을 해주었다. 그러던 중 우연히 송영준 기술사 선배를 학원 근처 찜질방에서 만났다.

"답안지 작성한 거 있어요? 한번 봅시다."

송영준 기술사가 보자마자 나에게 한 첫 질문이었다.

그때는 내가 공부를 시작한 지 한 달 밖에 안 된 시점이어서 답안지에 대제목도 작성이 안 되는 상태였다. 그래도 봐준다니 용기를 내 나의 어설픈 답안을 내밀었다. 답안지에 대한 멘토링은 굉장히 강력했다.

"대제목도 작성하지 못하고 정말 기본조차 안 되었네."

그때 꼭 기술사를 따야겠다는 오기가 생겼다. 이렇게 다짐했다.

'어떤 건설현장이든지 책임기술자 또는 관리자로서 어떤 문제 상황이든 해결해 갈 수 있게 하겠다.'

그렇게 치열한 공부 시작 3개월이 지나고 첫 번째 시험을 보았다. 시험 장소는 서울시 송파구 오금중학교.

9시 30분 시험시작을 알리는 방송으로 시험이 시작되었다. 처음 보는 시험이라 답안지만 메운다는 목표였기 때문에 1교시부터 4교시까지 열심히 답안지를 채워나갔다.

저녁 5시 30분쯤 종료를 알리는 방송이 스피커에서 울렸다. 9시간의 시험을 마치고 시험장을 나오는 순간 약간 현기증이 났고 필기구를 붙잡고 있었던 오른팔에는 힘이 하나도 없었다.

무슨 내용을 서술하였는지 제대로 생각도 나지는 않았지만 일단 작성을 다한 것에 대해서 만족하였다.

126

'고등학교 때 이렇게 공부했으면 서울대 갔을 텐데.'

시험이 끝나고 홍천 집으로 내려오는 동안 든 생각이었다.

첫 번째 시험이 끝난 후 그 다음 주말부터 새로운 학원 강의가 시작되었다. 감회가 새로웠다. 일단 한번 시험을 경험하였기에 어떻게 해서든 강의내용을 이해하려고 노력했고 일요일 문제풀이 시간에는 답안지에 빈틈이 없도록 다 채워나갈 수 있었다. 물론 내용적으로 틀린 것들은 많았다. 또한 기술사 선배들에게 따끔한 지적을 받는 것은 똑같았다. 나는 잘 썼다고 생각했으나 내 연습답안을 본 선배님들은 나의 답안 여기저기를 빨간색 펜으로 수정해 고쳐주셨다.

"오 박철희. 이제 답안지 채우기 시작했어."

내 연습 답안지를 봐준 기술사 선배의 말이었다.

나는 세 페이지를 작성해야 하는 서술형 문제에도 두 페이지 반 이상을 채워나갈 수 있었다. 새로운 문제를 봤을 때도 당황하지 않고 바로바로 대 제목을 작성하는 요령이 생겼다. 한 마디로 기술사 공부에 흥미를 갖기 시작한 거다.

나는 예전에 없던 습관이 생겼다. 업무와 관련된 출장 중에도 도로, 교량, 터널 등의 시설물을 보면 항상 기술사 문제와 연관시켜보는 것이다. 모든 사물이 기술사 문제처럼 보여 내가 스스로 문제를 만들고 그 답을 서술하는 습관이 몸에 배어 버렸다.

출장복명서를 기술사 답안이라 생각하고 작성하니 사소하게만 생각했던 현장에서의 문제점에 대한 보고서도 문제점, 원인,

대책 등의 순서로 작성하였다. 특히 대책 부분을 작성할 때는 구조적 대책, 비구조적 대책 또는 자연적 대책, 인위적 대책 등 학원에서 배운 분류기법을 활용하였다. 공공시설물을 관리하면서 현장민원을 직면할 경우 그것을 해결하기 위해 사무실 내부적으로 의사결정을 해야만 하는 경우가 많다. 이러한 의사결정에 필요한 방안을 구상할 때에도 분류식으로 접근하고 그것이 적용되지 않으면 의사결정 흐름도(Flow)를 작성했다. 이런 시간을 보내며 또 3개월이 지났다.

드디어 두 번째 기술사시험이 3주 후로 다가왔다.

"이번에 포커스 캠프 참여할 거야?"

학원에서 같이 공부하는 분이 여쭈었다.

포커스 캠프는 시험 바로 전 주에 4일간 학원에서 오전, 오후 실전과 같은 모의시험을 보고 답안의 해설을 듣는 것이다. 한마디로 단기간에 집중적으로 다양한 문제를 접해보고 실제 시험장에 가게 되는 것이다. 나는 고민도 하지 않고 포커스 캠프에 참여하기로 했다. 3일간의 여름휴가까지도 서울기술사 학원에서 보내기로 한 것이다.

"합격 김밥 드세요."

포커스 캠프에 참여한 수강생에게 제공되는 아침식사를 사람들이 내게 권했다. 나는 김밥 한 봉지와 커피 한잔을 들고 학원 옥상으로 올라갔다. 옥상은 수강생들끼리 기술사 시험에 대하여 자유롭게 토론하고 이야기할 수 있는 아름다운 공간이다. 옥상에서 내려와 포커스 캠프 프로그램에 참여하였다. 오전, 오후 각각 같은 방식으로 진행되었다. 모의고사를 보고 김재권 교수의 답안 해설을 듣는 것이다. 서서히 답안 작성에 자신감이 생겼고 나름 여유도 생기기 시작했다.

"문제에 좀 더 집중하세요. 답안지는 채점자에게 보내는 러브레터입니다."

기술사 선배들이 방문하여 답안지를 봐주는 시간에 받은 지적이었다. 전에도 신경수 원장님께 들었던 말이지만 나에게는 정말 감동적이었다. 채점자에게 보내는 러브레터.

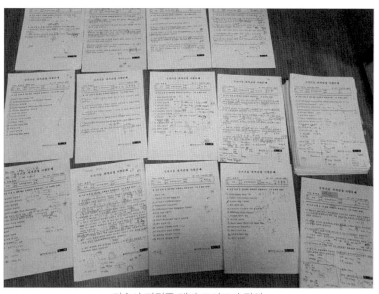

기술사 자격증 대비 모의고사 답안

마치 국가대표가 선수촌에 입성하여 지도를 받는 느낌이 들었다. 국가대표는 금메달을 따기 위해 4년간 피와 땀을 흘리지 않는가? 나도 돌이켜 생각해보면 6개월간 주말에 놀지도 않고 홍천에서 서울을 오가며 나름 열심히 했다. 오로지 기술사 자격증을 손에 쥐기 위해서였다.

나는 두 번째 시험도 전의 일차 시험 장소였던 서울 오금중학교에서 봤다. 두 번째 방문이라 그런지 시험 장소에 익숙했다. 더구나 포커스 캠프에서 적응한 새로운 문제들과 집중력을 떠올렸다. 시험 시작과 동시에 나는 문제를 검토한 후 러브레터를 써 내려가기 시작했다. 그 당시 토목과 관련된 가장 큰 이슈가 4대강 사업이라 그랬는지 하천분야에서 두 문제나 출제가 되었다. 예상하고 있었다.

"오 내가 좋아하는 하천이다."

나는 문제지를 받자마자 속으로 기분이 좋았다.

토목시공기술사를 준비하면서 만난 분들은 대부분 하천분야 문제를 꺼렸다. 그런데 나는 자신 있는 분야이기 때문에 두 개의 문제에 대해서는 답안지 세 페이지를 꽉 채웠다. 쓸 수 있을 만큼 최대한 답안지에 나의 생각을 녹이고 나왔다. 정말 후회 없었다.

그리고 나는 다시 학원에 가서 공부를 하던 중 합격자 발표날이 다가왔다. 산업인력공단 홈페이지에 접속하고 합격자 발표를 조회하였다.

> 필기시험 합격입니다.

합격자 문구를 보자마자 그 동안의 고생은 다 잊혀졌다. 공무원 합격 이후 6년 만에 다시 느낀 합격의 감동이었다. 그리고 난 이후 나는 기술사 준비를 통해서 만났던 많은 토목선배들과의 인연을 아직까지도 유지하고 있다.

토목시공기술사는 끝이 아니라 토목이라는 거대한 분야를 조금 알게 만드는 입문과정이다. 앞으로 건설 업무들을 추진할 때에도 기술사를 처음 준비했을 때의 초심을 결코 잊지 않을 것이다.

5. 시골 이장의 백숙 한 그릇

"박주사. 토지사용승낙서 다 받아왔어. 이제 농로포장 해줘."

내가 면사무소에서 근무할 때 마을 이장님이 내게 와서 하는 말이었다.

"이장님. 다른 마을의 신청서도 받아보고 결정해야 하는 거 아시잖아요."

면사무소에서는 매년 11월 말쯤 되면 다음연도 지역개발사업 대상지를 각 마을별로 신청 받는다. 이장님들은 다른 마을보다 자기 마을에 조금이라도 사업을 더 해주기 바라는 마음을 갖는다. 그렇다 하더라도 정해진 사업비 내에서 결정해야 하므로 마을별 신청서를 받아본 후 검토를 하고 우선순위를 정해야 한다.

물론 면사무소에서 시행하는 사업의 대부분은 토지보상을 주지 않고 토지소유자의 승낙서를 받아서 시행하는 경우가 대부분이다. 앞서의 대화처럼 마을 이장들은 지역개발사업에 편입되는 토지의 소유자로부터 토지사용동의서를 받아 사업대상지를 면사무소에 신청해야만 검토를 한다.

나는 이런 농촌마을의 보상을 하지 않고 시행하는 소규모 지역개발사업을 하면서 많은 분쟁과 민원을 경험해 보았다. 이런 과정 중에 원래 주민이 새로 귀농하거나 이사를 오는 사람들을 적대시하는 문제도 발생하곤 한다.

난 농촌에 남아서 농사를 짓는 내 부모님 같은 노인들과 친하게 지내는 법을 알게 되었다. 내 나이 서른 살 때였다. 면사무소에서는 농로포장, 배수로정비, 소규모 교량 등을 자체적으로 설계하고 감독업무를 수행한다. 그러다보니 측량기계를 갖고 직접 현장에 가서 측량을 한다. 그러면 보통 마을 이장이 사업대상지에 함께 입회해서 측량하는 것을 도와주거나, 돕지 않더라도 끝날 때까지 입회한다.

"박 주사 측량 끝났어? 우리 집에 갑시다."

업무가 종료되면 이렇게 이장은 자기 집으로 초대를 한다. 집으로 가면 닭백숙이나 닭볶음탕 등 시골의 토속음식을 준비해 놓고 기다리고 있다. 처음에는 이런 상황에 잘 적응이 되지 않았다.

"이장님, 전 그저 제 일을 한 것인데 뭐 이런 걸 다 준비하셨어요."

이장은 막무가내로 수고했다면서 냉장고에서 막걸리를 꺼내서 한 잔 부어준다. 비록 근무시간이지만 나보다 나이가 많으신 어른이 주는 거라 맛있게 마셔야 했다. 이런 과정에서 이런 저런 대화를 많이 나눴다. 농사이야기, 자식이야기 등. 내가 알지 못하는 소소한 농촌 소식에 관한 것이었다. 그러면서 본인들은 정작 제대로 먹지도 못하고 넉넉하게 쓰지 않고 한푼 두푼 모아 대학교 학비를 마련하여 자식 대학 졸업시킨 이야기를 자랑스럽게 한다. 그런 이야기를 들으면 내 부모님이 생각나기 시작했다. 아버지, 어머니 두 분 모두 초등학교만 졸업을 하셔서 나와 형은 두 분의 한을 풀기 위해서라도 꼭 대학을 나와야만 했다. 그렇게 노인분들의 이야기를 들으면 공무원이 된 보람도 있다.

이렇게 나는 면사무소 토목직 공무원으로서 주민들과 만나 이야기를 하고 그 분들의 의견을 경청하면서 소통이라는 것을 배우기 시작했다. 농촌에 사는 어른들과 소통을 하면서 내가 하는 소규모 지역개발사업 업무추진에 자신감이 생겼다.

주민들이 소망하는 개발 사업이 이루어질 수 있도록 건의서를 대신 받아 군청에 건의하기도 했다. 그러한 일련의 과정으로 사업이 채택되어 주민들의 삶이 편리하게 바뀐 경험을 많이 하였다. 지금 내가 하고 있는 공직생활이 보람 있는 일이라고 처음 느꼈던 순간이 바로 농촌 어르신들과 소통하며 수고했다고 맛있는 식사 대접을 받았을 때였다. 가끔 이런 생각도 해봤다.

'부정청탁과 관련한 일명 김영란법이 시행되었는데 내가 훗

날 다시 면사무소에서 근무할 기회가 생기면 이장님들과 맛있는 밥을 함께 먹으면서 진짜 소통을 할 수 있을까?'

나는 개인적으로든 업무적으로든 많은 사람들과 만나서 대화를 하는 걸 좋아한다. 공사 및 민원처리를 위하여 상대방을 설득하고 이해를 시키기 시작하면서 대중들의 심리를 알게 되었다. 처음에는 경험과 기술이 부족하여 민원인들과 다투기도 하고 화를 낸 적도 있었다. 완벽하지는 않지만 과거의 그러한 미숙한 경험이 지금의 능숙하고 논리적인 대화기술을 향상시킨 원동력이 되었다.

"박철희씨는 공무원보다는 마케팅회사에서 일해야 될 것 같아."

최근에 직장 상급자들이 그런 나에게 칭찬을 하곤 한다. 상대방에 대한 이해와 소통에 대하여 관심을 가지게 된 이유와 동기는 업무적으로 많은 사람들을 만나고 이야기를 나누어야 하기 때문이다. 그런 과정 중에 나는 대화와 소통에 에너지 소모가 많다는 것을 깨달았다. 그러다보니 쉽게 피곤해지고 신경이 날카롭게 곤두서곤 했다. 어떻게 하면 상대방의 마음을 쉽게 이해하고 그들과의 소통이 잘 되는지는 큰 고민거리였다.

그러던 중 나는 멘토를 만났다. 글쓰기 스승인 고정욱 작가의 멘토링을 계기로 매일 매일 아침마다 그날 할 일을 다이어리에 순서대로 적고, 퇴근 전에 내가 한 일을 밑줄 치며 점검하였다. 별거 아닌 듯한데 이러한 과정이 반복되다 보니 내 스스로가 계획 없이 되는대로 살았다는 사실을 깨달았다. 동시에 일상생활의 소중함도 알게 되었다. 내가 무슨 일을 해야 하는지, 그리고 그 일이 나의 오늘 하루를 어떻게 빛나게 하는지를 전부 이해한 것이다.

"아, 나조차도 나를 이해하려는 노력 없이 살았구나."

상대방을 먼저 이해하려고 노력하다 보니 자연스럽게 타인과의 소통능력 좋아지기 시작했다. 그렇게 타인과의 소통이 원활해지면서 자연스럽게 전문가들도 만나게 되었고, 그들에게 좋은 가르침을 받아 새로운 것에 도전하기 시작했다. 내 SNS 친구들은 거의 다 자기의 전문분야에서 열심히 활동하는 사람들이다. 나와 전혀 다른 분야의 전문가들과 소통을 통해서 내가 알지 못한 것들을 이해하게 되었다. 그들의 전문적인 지식이나 노하우를 나의 업무에 조금씩 적용하는 습관이 생겼고 이러한 습관이 항상 사람을 먼저 생각하며 업무를 해야 한다는 당위성을 알게 했다.

깨닫고 나서야 별 것 아니라는 생각이 들지만 목적 없이 지금까지 살아온 내 인생을 긍정적인 자세로 대중들과 교감하고 소통하는 인생으로 바꾸었다.

물론 이렇게 바뀌는 건 결코 쉽지가 않았다. 공무원으로서 실수도 많았고, 그로 인해 인생의 바닥을 경험하기도 했다. 9급 공무원 때 처음 맡았던 공사감독 수행 중 현장을 제대로 확인하지 않아 실정보고 결재를 받지 못했다. 그로 인한 걱정과 고민으로 한 달간 겪은 불면증은 지금 생각해도 끔찍하다. 8급 공무원 때 건설업체에게 부당한 지시를 했다는 불법하도급 업체의 투서가

들어오기도 했다. 그러한 시련도 나는 다 견뎌내 극복하고 지금의 나로 새롭게 태어난 것이다.

"어두운 터널을 통과한 기분이 어떤지 아세요?"

힘든 일을 겪었거나 지금 힘들어하는 사람들에게 하고 싶은 질문이다. 내 자신에게 누군가가 질문한다면 나는 이렇게 대답할 것이다.

"다시 태어난 것 같아요. 하지만 겪을 만한 가치는 있어요."

아직도 많이 부족하지만 새롭게 태어난 후 업무적으로 대중들에게 대응하는 나의 태도는 180도 변했다. 내 입장에서 그들을 설득하기보다는 먼저 충분히 그들에게 귀를 기울여 그들의 심리상태를 알아차리는 것이 중요하다. 그러고 난 후 대중의 심리상태에 맞추어 내 입장을 설명하고 이해시키려 한다. 그래도 불만을 표출하거나 화를 내면 그 상황에서 얻은 것들을 정리하여 일단 복귀한다. 그 후 바로 보고서를 작성하여 최종 결재권자에게 보고한다. 대중들 각자의 생각과 심리도 각기 다르고, 직장 상사들의 생각도 다르기 때문에 사소한 것까지 놓치지 않고 보고하는 것이다. 그러면 그 상사는 자신의 경험과 노하우로 멋진 해결책을 내놓기도 한다.

나는 건설현장 감독업무를 하면서 이런 경험을 많이 하였다. 현장에서 여건이 변동되어 건설업체에서 공법변경 요청보고가 들어온 것이다. 공무원으로서 새로운 공법을 결정하기는 쉬운 일이 아니다. 그래서 나는 토목직 선배 공무원과 함께 현장을 본 후 적절한 방안을 찾아내서 민원도 해결하고 공사도 원활하게 진행케 한 경험이 있다.

앞으로도 나는 이러한 과정이나 단계를 계속 겪게 될 것이다. 그게 공무원의 업무니까. 누군가를 설득하고 이해시키고 협의하고 중재하고… 그래도 합의가 이루어지지 않으면 소송으로 가는 과정의 연속이다. 어떻게 보면 참 복잡하고 힘든 일이지만 어차피 누군가는 해야 할 일이다. 이런 과정의 업무는 피할 수 없다. 피할 수 없으면 즐겨야 한다. 대중의 심리를 이해하고 능통한 소통능력을 가져보는 거다. 스트레스만 쌓을 게 아니라 문제를 해결하는 나 자신을 만들어 보는 거다.

사람은 업무 이외에도 살면서 여러 가지 어려운 상황에 직면해야 한다. 친구들 간의 문제, 가족 간의 갈등, 부부의 대화부족, 자녀들의 반항 등. 그러한 여러 가지 상황 속에서 선택도 하고 결정도 해야만 한다.

문제를 회피하는 게 아니라 문제의 핵심에 온몸을 던져 해결하는 과정을 즐기는 건 어떤가. 그 과정에서 겪는 보람을 느낄 수도 있고 스트레스를 나의 성장 계기로 삼을 수도 있다.

이왕이면 다홍치마라는 말이 있지 않은가. 현명한 선택을 하여 스트레스 받지 않으면서 보람 있게 일하는 내가 되려 한다. 어쩌면 보상은 시골 이장의 백숙 한 그릇 정도일지 몰라도 이 세상 어디에서도 받을 수 없는 큰 보람이며 감동적인 선물이 될 것이다.

4장

아픈 만큼 성숙해지고

수능성적이 발표가 된 다음날부터
나는 학교에 가지 않았다.
지금 돌이켜 보면 부끄럽다.
누가 잘못하고 누구에게 화풀이란 말인가.

1. 늘 준비하고 도전하는 삶

"저는 동대문시장에 가서 신발가게에 취직할 거예요."

고교 졸업시 응원동아리 활동을 마칠 무렵 받아든 대학수학
능력시험 성적표를 보고 실망하여 어머니에게 내가 한 말이다.
정확하게 기억이 나지는 않지만 나는 400점 만점에 195점 정도
의 수능점수를 맞았다. 평균 50점도 안 되는 셈이다. 내신은 좋았
지만 수능을 죽쑨 거였다. 성적표를 보고 나서는 대학에 갈 수 없
다는 사실을 뼈아프게 깨달았다. 혹여나 대학에 진학한다 하더라
도 대학생활이 순탄치 않을 거라고 생각했다. 그래서 나는 어머
니에게 분명히 말했다. 내 주제를 파악한 거다. 그러나 어머니의
반응은 예상 밖이었다.

"눈에 흙이 들어오더라도 대학은 꼭 가야 한다."

"이 성적으로 갈 곳이 없어요."

"찾아보면 있어. 꼭 가야 해."

나의 대학진학에 대한 어머니의 집념은 누구도 막을 수가 없었다.

어머니 아버지는 초등학교 밖에 다니질 못해 자녀의 교육에 대한 열정이 그 어떤 부모보다 강했다. 그런 어머니의 심정을 어느 정도는 이해했지만 나는 장사를 배워서 일찍 세상에 눈을 뜨고 싶었다. 그리고 부모님처럼 가난으로 힘들게 살지 않고 경제적으로 남들보다 여유롭게 살고 싶었다.

나의 고등학교 시절 어머니는 새벽에 일을 나가면서도 내가 잘못된 길을 가지 않게 하기 위하여 매달 어머니회에 참석하셨다. 나의 진로와 미래에 대하여 끊임없이 관리하고 관심을 가져 준 거다.

"아무튼 나 학교 안 갈 거야."

수능성적이 발표가 된 다음날부터 나는 학교에 가지 않았다. 지금 돌이켜 보면 부끄럽다. 누가 잘못하고 누구에게 화풀이란 말인가. 가출을 하지는 않았지만 방에 누워만 있었다. 물론 밥도 거의 먹지 않았다.

의외로 어머니는 나의 행동을 의연하게 바라보고 여느 때처럼 아침 일찍 일을 갔다. 나는 밥을 챙겨먹고 방에서 아무런 생각도 하지 않은 채 누워 텔레비전만 보았다. 지금 생각해보면 나는 공부를 열심히 하지도 않은 채 초라한 성적만으로 자존심이 상했던 것 같다. 이 세상에 공짜가 없는 법인데 노력도 하지 않고 어떻게 되겠지 하는 요행수를 바라다 냉혹한 현실 앞에서 무기력해진 거였다. 대학 안 간다는 건 일종의 치기어린 반항일 뿐이었다.

그렇게 일주일이 지난 후 집에만 있는 게 재미도 없고 해서 친구들을 만나기 위해서 학교에 갔다.

"박철희, 교무실로 와!"

담임인 주국영 선생님은 그런 나를 보자마자 교무실로 부르시는 것이었다. 교무실로 간 나는 선생님에게 무단결석에 대해 추궁 당했다.

"너 왜 학교 안 오는 거야? 유종의 미를 거둬야 할 것 아냐?"

"선생님, 저 대학 가기 싫습니다."

나는 선생님께 크게 혼이 났지만 내 의견을 말씀드렸다.

"삼척대학교 토목공학과 지원해 놨으니까 일단 두고 보자."

선생님은 나의 의견과는 상관없이 대학교 지원원서를 작성하여 지원까지 해놓았다.

"아이, 대학 안 간다는데 왜 그러세요?"

그때는 왜 선생님이 그러셨는지 미처 깨닫지 못했다. 그런데 군대를 제대한 후 조금씩 선생님을 이해할 수 있었다. 선생님은 나의 미래를 예측한 것이었다. 아니 정확히 말하면 내 인생의 길을 뚫어준 거다. 입학 가능한 대학에 가서 공부하고 그 후 2학년을 마치고 편입하여 더 좋은 대학에서 공부하는 방법을 택할 수 있게 했으니. 이 사실은 훗날 군 제대 후 2002년 스승의 날 선생님께 찾아갔을 때 알게 되었다. 아무튼 당시 선생님께서 로드맵을 말해 주셨고 나는 그 방법을 선택해서 실행하였다.

"강원도에서 공무원이나 공사에 취업할 거면 강원대학교에 지원해라."

나는 영어공부에 매진한 결과 세 곳의 대학교 편입시험을 합격하였다. 하지만 어느 대학에 가서 공부해야 하는지를 고민하던 중 주국영 선생님께 연락을 드렸더니 강원대학교를 추천하셨다.

"어설프게 서울에 가서 돈쓰고, 학과에서 1등 못할 거면 집근처에 있는 대학을 선택해."

나는 아무런 고민 없이 선생님의 의견을 따랐다. 그리고 강원대학교에서 3학년 1학기를 제외하고는 계속 학과에서 수석을 지켰다. 비로소 예전에 담임선생님의 말씀이 생각났다.

"용의 머리가 되지 못할 거면 뱀의 머리가 되는 게 낫다."

솔직히 당시엔 그 말을 듣고도 무슨 뜻인지 이해가 되지 않았다.

강원대학교로 편입하고 나서 보니 나는 전에 다니던 학교에서 공부한 것 가운데 70학점 밖에 인정받지 못하여 수강할 수 있는 최대한의 수업을 신청해야만 했다. 그것도 모자라 여름방학, 겨울방학에도 계절학기 수업을 들었다. 게다가 주말이면 영어를 배우러 서울 강남의 어학원을 다녔다. 특별한 목표는 없었지만 나름 열심히 대학생활을 했고, 학업성적이 좋았다. 지금 생각해

보면 열심히 공부하는 그 자체를 목표로 두었던 것 같다. 그 결과 나는 4학년 1학기를 마치면서 미래에 대한 불안으로 방황하여 캐나다 앨버타대학교 교환학생 프로그램에 지원하여 마지막 학기를 캐나다에서 보내게 된 거다. 하지만 그때까지도 담임선생님의 로드맵은 이해하지 못했다.

"엄마, 나 대학원 가도 되요?"

캐나다에서 복귀 후 취업에 대한 불안으로 어머니에게 물었다.

"대학원 나온다고 취업 잘 되는 거 아니야. 취업한 후 돈 벌어서 다녀."

역시 어머니는 나에게 현실적인 부분을 콕 집어서 말했다. 어머니야말로 걸크러쉬의 대표적인 사람이다. 그렇지만 그때는 그말이 많이 서러웠다. 아들이 불안해하는데 조금도 망설임 없이 단호하게 잘라버리다니.

실제로 취업한 후에라도 공부하고 싶은 의지가 있으면 대학원은 얼마든 갈 수 있다. 내가 그런 말을 한 것은 취업에 대한 불안감 때문이었다.

한 학기를 캐나다에서 실컷 놀다가 한국에 돌아와 보니 취업에 대한 준비가 전혀 안 된 상황이었다. 이것저것 시도는 했지만 역시 준비되지 않은 나에게 희망이란 없었다. 몇 번 작은 회사에 이력서를 내고 면접을 봤지만 역시 결과는 좋지 않았다. 정말 기회는 준비된 사람에게만 오는 것이었다. 나는 대학교 졸업 전 마지막 방학을 미래에 대해 고민으로 방황하며 보냈다. 찌질한 모습을 고3 때처럼 또 보인 것이다.

"다른 생각하지 말고 공무원시험 준비해."

미래에 대하여 방황하는 나를 보고 어머니가 내린 엄명이었다. 정말 돌파구는 보이지 않았다. 그것만이 유일한 대안이라 생각하니 오기가 샘솟기 시작했다.

'그래, 박철희. 여기서 주저앉을 수는 없어. 다시 한 번 해보는 거야.'

이번에는 다른 생각하지 않고 어머니의 말을 그대로 따랐다. 노량진 학원가로 진출해 공부에 매진한 거다. 나중에 알게 된 사실이지만 어머니는 나의 합격을 위해서 새벽과 밤에 절에 가서 기도를 열심히 했다고 했다. 단양의 구인사에도 가서 치성을 드렸다고 한다. 그 덕분인지 공무원 시험에 단번에 붙는 좋은 결과가 나왔다. 사춘기에도 방황이라는 것을 모른 채 넘어갔던 내가 대학진학과 취업을 거치면서 많은 방황을 했다. 그러나 이런 방황의 경험이 인생에 이토록 큰 영향을 미칠지는 몰랐었다.

사는 동안 좋을 때가 있으면 안 좋을 때가 있는 법이다. 나는 고등학교 3학년까지 부모님이라는 시원한 그늘 아래에서 정말 편하게 지내며 하고 싶은 것들을 다 하며 살아왔다. 그런 시간을 보내는 동안 그 어느 하나에도 열심히 하지 않고 내 자신에 대하여 진지하게 생각한 적이 없었다. 한 마디로 나 자신을 자동차라고 여긴다면 가속페달을 끝까지 밟아본 적이 없는 거다. 그렇게 편한 인생을 살았으니 정작 최선을 다해 밟아야 할 대학진학이나 취업에서 겁에 질려 머뭇거린 것이 당연하다. 그 결과 원하지 않는 대학에 입학하였고, 급기야 편입시험까지 준비하게 되었다.

그리 긴 인생을 산 것은 아니지만 이런 일련의 과정을 통해서 한 가지 깨달은 것이 있다. 과거의 잘못된 행동들과 습관들이 쌓여서 앞으로 일어날 중요한 일들에 얼마나 크게 발목을 잡는지 말이다. 나는 그 단순한 원리조차 알아차리지 못하고 여태껏 인생을 나태하고 교만하게 살아왔다.

> 그땐 아주 오랜 옛날이었지
> 난 작고 어리석은 아이였고
> 열병처럼 사랑에 취해 버리고
> 심술궂게 그 맘을 내팽개쳤지
> 내가 버린 건 어떠한 사랑인지
> 생애 한번 뜨거운 설렘인지
> 두 번 다시 또 오지 않는 건지
> 그땐 미처 알지 못했지

그 원리를 알아차린 순간에 이적의 노래 '그땐 미처 알지 못했지'가 생각난다. 알지 못했던 것을 깨닫고 알아차리는 과정을 경험하고 나서야 앞으로 살아갈 인생의 방향을 찾은 것이다. 많이 아프고 상처는 받았지만 그것들은 나에게 더 성장하기 위한 자양분이 되었다. 자동차를 타고 어두운 터널을 들어가면 언젠가는 다시 밖으로 나올 수밖에 없다. 그 터널 속에 있는 동안은 불안하고 시간도 느리게 간다.

내가 경험한 대학진학과 취업을 통한 갈등 상황은 이 땅의 많은 청년들이 나처럼 겪어야 할 과정이다. 나처럼 아프지 말고, 상처받지 말고, 차근차근 꾸준히 준비해서 편안하게 넘어가길 바라는 마음이다.

"너는 안정된 직장을 가져서 좋겠네."

공무원이 되고 난 뒤 친구나 지인들이 간혹 내게 하는 말이다. 하지만 사회생활을 시작하니 더 큰 고난과 해결해야 할 고민들이 많아졌다. 산다는 것은 끊임없는 노력과 자기계발을 해야만 큰 고난을 이겨 낼 수 있다는 뜻이기도 하다. 학교에서든 직장에서든 항상 긴장하고 흐트러지지 않기 위하여 끊임없이 노력해야 한다. 이러한 것들을 깨닫고 나니 나의 인생이 앞으로 어떻게 펼쳐질지 알 수는 없지만 새로운 도전을 즐기게 되었고 도전을 즐기다보면 새로운 기회가 올 것이라는 확신을 가지게 되었다. 이것이 바로 많은 고민과 방황이 나에게 준 선물이다.

동대문 시장에 가서 장사를 하는 것도 결코 쉬운 일은 아니었을 것임을 알기에 직업에 귀천이 없고 편하고 행복한 인생 없다는 걸 다시금 절감한다.

"어느 곳에서 무슨 일을 하든 늘 준비하고 늘 도전하자."

아침에 출근할 때면 늘 내가 나에게 해주는 말이다.

2. 프로의 삶 VS 아마추어의 삶

"프로와 아마추어의 차이가 무엇인지 아니?"

내 스스로에게 물어본 질문이다. 물론 프로와 아마추어를 객관적으로 구분하는 것은 어떤 테스트나 수준 등을 고려해야 할 것이다. 하지만 나는 좀 다르게 생각한다.

프로와 아마추어를 구분하고 어떤 삶을 살 것인지를 결정하는 것은 바로 자기 자신이다. 스스로가 프로라고 시작하면 그때부터 프로의 삶을 사는 것이고, 아마추어라고 시작하면 그때부터 아마추어의 삶을 사는 것이다. 내가 여기서 말하고 싶은 것은 생각의 차이다.

"너 요즘 옷 이렇게 입고 출근해?"

하루는 내 친구가 내가 입은 옷을 보며 묻는 상황이었다. 난 그저 공무원들이 편히 입는 점퍼가 아닌 재킷을 입었고, 일반 면 바지가 아닌 정장바지를 입었기 때문이다. 나도 편한 차림으로 청바지를 입고 출근한 적도 있었다. 하지만 그렇게 편한 삶만 좇다 보니 나는 늘 나태해지기 쉬웠고 그런 습관은 나를 나락으로 떨어뜨렸다. 나는 이걸 아마추어의 삶이라고 본다. 내가 경험한 아마추어의 삶은 당장은 편하나 이 편안함이 사람을 나태하게 만들고 그 나태함은 결국 실패의 도가니에 기름을 붓는 것이다.

"너 진급하더니 옷도 깔끔하게 입는 거니?"

사무실에서 이와 같은 말을 많이 들었다. 어떻게 들으면 진급을 하고 나서야 옷을 깔끔하게 입기 시작했다고 느낄 것이다. 하지만 나는 진급하기 오래 전부터 옷을 깔끔하게 입으려 노력했다. 옷을 깔끔하게 입는 것이 프로의 삶과 직접적으로 상관관계가 있는지는 모르겠다. 그래도 옷을 단정하게 입으면 행동에도 영향을 받아 남들한테 함부로 대하지 않는 것 같다. 옷을 어떻게 입는지만 봐도 프로의 삶과 아마추어의 삶을 구별할 수 있다.

꼭 비싼 옷을 말하는 것은 아니다. 자기 자신을 돋보이게 하는 의상을 입으라는 것이다. 더구나 요즘은 개인의 이미지를 찾아주는 이미지 메이킹에 관련한 책, 상담자 및 그와 관련된 교육 사업자들도 많다. 그런 걸 관심 가지고 공부하면 된다.

"취업준비생인데 어떻게 하면 회사에서 저를 뽑아줄까요?"

소위 말하는 취준생들로부터 많이 받는 질문이다. 나는 그들에게 아래와 같이 말해준다.

"회사에서 당신을 뽑아야 하는 이유가 무엇인지 자신에게 먼저 질문해 봐요."

나는 취업준비생에게 질문 같은 대답을 해주었다. 취업은 내가 하는 것이 아니라 그들이 하는 것이기에 그들 스스로가 그 답을 찾아내길 원한다. 내가 여기서 취업이야기를 꺼낸 것은 취업준비생은 반드시 취업에 성공한다는 프로의식을 갖고 취업준비에 임했으면 하는 나의 바람이다.

"공무원을 어떻게 4개월 만에 합격했어요?"

2006년 7월 강원도 지방공무원 시험에 처음으로 응시했는데 합격하였다.

나는 공무원시험을 위하여 노량진에 입성했다. 그리고 고시원에서 잠을 자고 독서실을 따로 잡아 공무원시험 공부를 했다. 처음 노량진 고시원에서 잠을 자고 수험생들로 즐비한 식당에서 밥을 먹던 중 아래와 같은 생각이 들었다.

'여기 오래 있으면 안 되겠구나!'

수험생들과의 경쟁의식을 강하게 느낀 것도 아니지만 왠지 모르게 오랫동안 있을 곳은 아니라는 직감이 들었다. 거리를 떠도는 그들을 보니 최선을 다하지도 않으면서 시간을 보내는 모습도 있었기 때문이다. 살길은 최선의 집중으로 빨리 탈출하는 것뿐이었다.

9급 공무원은 국어, 국사, 영어, 그리고 전공과목 2과목을 공부해야 했다. 학원 수업을 마치고 독서실에 와서 한 과목당 2시간씩 공부를 하였다. 독서실에서 총 10시간을 기본으로 공부하였고 나머지 모자란 과목에 1시간씩 공부를 했다. 공무원 시험 합격을 위하여 24시간 중 12시간을 집중한 거다. 그 결과 4개월 만에 강원도 지방공무원시험에 합격할 수 있었다.

"자기 업무에 대해서는 프로가 되어야 해요."

주변의 선배들이 해준 말이다. 하지만 사회생활 초창기에는 프로라는 말이 잘 와 닿지 않았다. 하루하루 출근하는 것이 힘들기만 했다. 특히 9급 공무원으로 근무할 때는 업무 자체가 손에 잡히지 않아 어떤 일부터 먼저 해야 하는지, 어느 시점에 결재를 받아야 하는지 등을 알지 못했다. 근무시간 내내 한숨만 쉬곤 했다. 그렇게 하루를 보내다보니 인생의 의미를 찾을 수가 없었다. 정말 나의 멘탈이 붕괴되어 사는 것이 재미가 없었다. 20대 후반의 내 인생은 정말 암울하고 우울하기만 하였다. 사람이 왜 우울증이라는 것이 생기는지 처음 느꼈다. 그렇게 나는 바닥으로 떨어지는 아마추어의 삶을 살고 있었다.

"내 머릿속에 지우개가 있는 것 같아."

그 무렵 술자리에서 친구들이나 동기들한테 이런 말을 하곤 했다. 나의 회사생활이나 개인생활에 대하여 자신감도 없고 의욕도 없었던 그때는 친구들이나 회사 동기들을 만나도 항상 풀이 죽어 있었다.

다행히 그 친구들이나 회사 동기들도 비슷한 처지에 있는지라 의지가 되고 서로를 격려해가며 소주 한잔을 기울이곤 했다. 지금에 와서야 이렇게 말하지만 30대 초반까지의 내 삶은 정말 상상하기조차 싫었던 아마추어의 삶이었다.

"시작은 미미하나 끝은 창대하리."

내가 생각한 사회생활의 시작은 미미했으나 나중은 좋아질 거라는 혼자만의 생각을 안간힘처럼 붙들고 있었다. 그런데 그게 그렇게 금방 좋아지는 것이 아니었다. 프로의 삶으로 바뀌는 데 정확히 11년의 세월이 걸렸다. 처음엔 나도 오래 걸렸다고 생각하였지만 평생 프로의 삶을 경험하지 못하는 사람들도 많다는 것을 알았다. 11년간 내가 살았던 아마추어의 삶은 그저 나태하고 편안하게 거만해지려고만 노력했던 삶이다. 그렇게 살았던 결과 몸은 망가졌고 사람들과의 관계는 소원해졌으며 행복과는 멀어지기만 했다.

"당신 인생인데 왜 그 안에 당신은 없죠?"

나의 영원한 멘토 신경수 원장님께서 해주신 말씀이다. 내가 기술사 준비를 할 때 원장님께서 본인의 인생에 주인공은 본인인데 주변 사람을 보면 주인공의 삶을 살고 있는 사람들은 그리 많지 않다고 말씀해 주셨다.

"주인공의 삶을 사세요. 껍데기의 인생 말고."

내 인생 중에 정말 힘겨워 했던 35세 때 알게 된 강신주 철학박사가 한 비슷한 말이다. 작은 실수가 크게 번져 공무원으로서의 기세등등하던 삶에 제동이 걸렸다. 그로 인해 불면증에 시달린 적이 있었다.

고통 받던 어느 날 새벽에 나는 팟 캐스트로 강신주 박사의 철학 강의를 들었다. 그 강의 중에 '다상담'이라는 코너가 있었다. 청중들이 직접 강의에 참여하여 개개인의 고민을 강신주 박사와 공유하고 상담하는 것을 방송한 내용이었다. 고민에 대한 상담 내용을 1주일간 밤을 새며 들었다. 나는 그때 정말 엄청난 고민에 시달리는 사람들의 이야기를 들으며 비로소 깨달았다.

"아! 내 고민은 정말 고민도 아니구나."

정말 힘들고 지치고 사람들에게 상처받은 사람들이 이 세상엔 상상할 수 없을 만큼 많다는 것을 처음 깨달았다. 내가 여기서 이렇게 무너질 상황이 아니었다.

나는 내가 들었던 그 청중들의 고민에 비하면 정말 소위 말하는 금수저의 삶을 살고 있었다. 거기서 나는 아마추어의 삶을 정리하고 진짜 프로의 삶을 살기로 결심했다. 게다가 나에게는 가정이 있었고, 그 가정에 아내와 토끼 같은 자녀가 있지 않은가.

'내가 고인 물처럼 있으면 썩어 버리겠구나.'

가족들을 생각하니 이대로 멈추면 안 된다는 생각을 했다. 그 이후로 나는 새벽 6시에 일어났고 9시부터 근무 시작이라는 생각을 버리고 7시에 출근을 했다. 그것을 지시한 사람은 바로 나 자신이었다. 주인 된 삶을 산다는 것을 실천하고 있다.

그 이후로 내 삶이 아주 조금씩 변하기 시작했다. 그 첫 번째로 바뀐 것은 하루하루 시간에 의존해가며 살았던 내 삶이 시간을 앞서가는 삶으로 변할 것이다. 그날의 계획을 전날에 미리 세워놓고 다음날에 그 계획대로 했는지 안 했는지를 매일매일 점검하며 살고 있다. 그것을 매일매일 실천하니 두 달 후에 내 삶이 실제 프로의 삶으로 변하기 시작했다.

두 번째로는 남과의 비교 대신 매일매일 내 자신과의 비교를 하는 것이다. 내가 제대로 살고 있는지. 흐트러지지 않고 있는지. 교만해지고 있지는 않은지. 등등 타인이 아닌 내 자신에 대하여 굉장히 냉철하게 비교하고 평가하고 있다.

"남들과 비교해봐야 아무 소용없다."

내 스스로 생각하고 강연 기회가 있을 때 강조하는 내용이다.

세 번째로는 머리는 남극바다의 빙하보다 차갑게, 마음은 용광로보다 더 뜨겁게 인생을 사는 것이다. 예전의 나는 머리는 흐리멍덩하고 마음은 정말 차가웠다. 참 왜 그렇게 살았는지 모르겠다. 하지만 지금의 나는 판단은 명쾌하게, 다른 사람에게는 따뜻하게 대하려고 엄청나게 노력중이며 실천중이다.

그렇게 산다지만 아직 내 삶은 세미프로 정도이다. 진정한 프로의 길은 죽을 때까지 노력하는 그것이다.

3. 제2의 사춘기를 붙잡아준 어머니

2005년 나는 강원대학교 농업생명과학대학 내 지역기반공학과 4학년 재학생이었다.

4학년 1학기에 토익 890점, 토목기사, 및 학점 4.5 만점에 4.12를 받는 모범적인 대학생이었다. 다목적댐, 광역상수도 등 대한민국의 수자원을 관리하는 전문기관인 국토교통부 산하기관인 한국수자원공사 입사를 목표로 하였다. 1학기가 끝나고 여름방학을 맞이했다. 그때 남은 졸업학점은 고작 7학점이었다. 4학년 2학기에는 2과목 정도만 수강하면 졸업하는데 별 문제는 없었다.

여름방학을 시작되고 나는 늘 하던 대로 아침 일찍 강원대학교 중앙도서관을 향하여 집에서 출발하였다. 도서관에 도착하여

자리를 잡고 영어공부를 시작했다. 그러다 갑자기 내 머릿속에 이런 질문이 떠올랐다.

'내가 무엇을 위하여 이렇게 열심히 공부하고 노력하지?'

습관화한 공부를 아무 생각 없이 하는 것이라는 생각이 머리에 가득 들어찼다. 견딜 수가 없었다. 갑자기 회의가 들었던 것이다. 나는 아무런 생각도 나지 않고 도서관에 도저히 있을 수 없어 허겁지겁 가방을 꾸려 밖으로 나왔다.

마음속 한구석이 답답하고 막막하여 어디로 가야 하나 고민하면서도 도서관 계단을 내려가지 못하였다. 나는 그렇게 한 20분 정도 구체적인 목적 없이 달려온 내 모습을 돌이켜 보았다.

군 제대 후 이렇게 쉬지 않고 3년을 열심히 달려 왔는데 남는 것이라곤 허탈함과 무의미함이었다. 이대로 타성에 젖은 공부를 이어가는 건 무리였다.

"엄마. 남은 1학기는 휴학할래요. 공부가 머리에 전혀 안 들어와요."

"휴학은 절대로 하지 마. 안돼. 네 말을 들어보니 이유도 별로 없어."

어머니와 평행선을 그으며 그렇게 며칠을 방황하고 아무 생각 없이 시간을 보내던 중 강원대학교 홈페이지 공지사항에 캐나다 앨버타주립대학교 교환학생과정 모집 공고가 떴다.

'캐나다? 이거 좋겠는데?'

다짜고짜 나는 대학본부를 찾아갔다. 알아보니 이 과정은 정식 교환학생 제도는 아니지만 어학코스를 수강하고 완료하면 학점을 인정하여 주는 코스였다. 나에게 딱 맞는 과정이었다. 어떤 고민도 하지 않고 어머니에게 들이댔다.

"교환학생 과정에 참여하여 남은 4학년 2학기를 캐나다 앨버타대학교에서 보내기로 했어요. 그러면 휴학도 아니잖아요."

그건 좋다고 어머니가 허락해 주었다. 그렇게 나의 제2의 사춘기가 시작되었다.

2005년 8월 초에 캐나다에 지역기반공학과 친구인 조병진과 같이 출국하였다. 우리는 목적지인 앨버타로 가기 전 브리티시컬럼비아(British Columbia)주 수도인 밴쿠버에 도착했다. 낮에 도착해서 점심을 먹기 위하여 식당을 찾아 방황하기 시작했다. 샌드위치 가게에 들어갔는데 안경을 반쯤 내려 쓴 인도인 점원이 우리를 무시하듯 흘겨보았다. 우리는 그 카리스마에 어떤 주문도 못하고 나오고 말았다.

정말 배에서 꼬르륵 소리가 났다. 그렇게 30분 정도 방황하다 맥도널드 햄버거 가게를 찾았다. 우리는 바로 들어가서 햄버거 세트 주문에 도전했다. 결과는 성공이었다. 고작 한 일은 그림을 보고 손가락질 한 거다.

"나는 2번을 원한다(I Want Number 2)"

이게 다였다. 거스름돈은 점원이 알아서 챙겨주었다. 햄버거를 먹고 나서야 우리는 평정심을 찾았고 그 후 숙소에 도착했다.

숙소는 저렴한 2층침대 3개가 비치된 6인용 유스호스텔이

158

었다.

　그 뒤로 우리는 서서히 캐나다 생활에 적응해 대학교 옆에 위치한 누드비치도 가보고 한국에서 온 한살 많은 누나와 의기투합해 당일치기 여행을 하는 등 2주 동안 빡빡한 캐나다 맛보기 여행을 했다. 그때 하루 동안 여행을 같이 한 누나가 어떻게 사는지 궁금하다. 이름은 오주영. 문득 보고 싶다. 이밖에도 동계올림픽 도시 휘슬러에도 가보고 정말 짧은 시간에 다양하고 새로운 곳을 여행했다.

2005. 8월 벤쿠버 여행중 만난 주영 누나와 함께

　적응 여행을 마치고 나와 친구는 캐나다 중부에 위치한 앨버타(Albert)주 수도인 에드먼턴(Admonition)에 도착하였다. 교환학생 과정 중 숙박은 홈스테이 가정에서 하는 걸로 사전에 정해져 있었다. 학기 시작 1주일 전에 도착하여 우리는 밴쿠버와 마찬가지로 비용을 아끼기 위하여 유스호스텔을 1주일간 예약했다. 정말 다양한 나라에서 다양한 직업을 가진 사람들과 만났다. 의사소통에 한계가 있어서 깊은 이야기를 나누지는 못했지만 기억에 남는 두 사람이 있다. 요리사를 하다가 지쳐서 토목현장 인부로 일하는 유쾌한 캐나다 형님, 영국에서 수자원공학 석사를 마치고 앨버타대학교 토목공학과에서 수자원분야 박사학위를 위하여 온 인도 누나. 두 사람 모두 이름은 기억이 나지 않는다.

이렇게 3주간 캐나다 생활이 끝나고 새로운 학기가 시작되었다. 두근두근 뛰는 가슴으로 나는 빨간색 등산 점퍼, 청바지. 그리고 국내 브랜드 등산화를 신고 어학원 1층에 도착했다. 에드먼턴에는 연수 온 한국학생들이 많지 않다고 들었다. 대신 중국 학생들 투성이라더니 듣던 대로 중국학생들이 정말로 많았다. 그 다음이 한국학생들이었다. 나를 포함한 강원대학교 학생들이 가세하면서 한국학생 비율이 약간 늘었다. 그래도 아직은 캐나다 밴쿠버나 토론토 같은 대도시처럼 그리 많지는 않았다.

나는 105, 110, 115 ~ 145까지 5단위로 수준이 차이나는 클래스 중 처음부터 120반에 입학하였다. 비록 잠시 방황한 나이지만 3년간 영어에 미쳤던 것이 효과가 있긴 했다.

다른 건 몰라도 대학편입 준비할 때 33,000단어를 암기했던 적이 있어서 120반에서 4주 만에 '걸어 다니는 사전(Walking

어느 날 완도 출신의 한살 어린 친구가 나를 찾아왔다. 나는 처음 그 친구가 나보다 나이가 많은 줄 알았다. 첫인상이 무척 험했기 때문이다.

"어떻게 단어를 그렇게 많이 아세요?"

"편입준비 때 단어 많이 암기했어요."

아마도 앞 수업 중에 선생님이 GMO(Genetically Modified Organism)의 뜻을 물어봤을 때 내가 단번에 맞추었기 때문인 듯했다. 그 친구가 그걸 보고 놀랐던 것 같다. 그 친구는 자존심이 많이 강한 친구였다. 그런데도 같은 토목공학을 전공한다는 사실만으로도 금방 친해졌다. 지금은 대기업 건설회사에 다니고 있는 그 친구도 보고 싶다.

이렇게 나는 캐나다 학교생활에 적응해 가고 있었지만 영어공부는 안 하고 신나게 돌아다니고 주말마다 여행을 많이 했다. 그렇게 6주 후 한 과정이 끝나고 나를 포함한 4명의 한국친구들은 로키산맥으로 1주일 여행을 떠나게 되었다. 장롱면허였던 내가 한국에서 국제운전면허증을 교환해 가서 에드먼턴에서 550km 떨어진 재스퍼(Jasper), 밴프(Banff) 등 로키산맥 주변의 관광명소까지 렌터카를 빌려 가기로 했다.

운전해서 가며 보니 정말 국토 면적이 한국과는 비교가 되지 않았다. 말 그대로 스케일이 달랐다. 한국에서는 서울에서 부산만 가도 멀다고 느껴졌는데. 답답했던 내 기분은 청소기로 청소한 듯 뻥 뚫리는 듯했다. 엄청난 스케일의 산맥, 끝이 보이지 않는 호수, 서울 하늘과 비교되는 수정과 같은 파란 하늘

동행한 친구들과 여행 둘째 날 밴프 숙소에서 바베큐 그릴을 이용하여 삼겹살을 구워 먹고 다음날 아침에 된장찌개를 끓여먹었다. 또한 점심에는 아침에 만든 김밥을 먹었다. 그림 같은 로키산맥을 보고 있으니 갑자기 뜨거운 라면을 먹고 싶었다.

"뜨거운 물이 있으면 컵라면을 먹을 수 있는데."

일행의 이야기에 내가 순간 반응을 보였다.

"물을 내가 사올게."

갑자기 용기가 나서 김밥에 컵라면 국물을 곁들여 먹기 위해 카페에 가서 뜨거운 물을 팔라고 했다.

"물을 좀 파세요. 사고 싶어요."

"물은 팔 수 없어요."

"왜요? 돈 내면 되지 왜 안 되나요?"

"큰 컵 두 개는 줄 수 있어요."

그러면서 뜨거운 물을 받아 주는 게 아닌가. 정말 고마웠다. 덕분에 우리는 로키산맥을 바라보면서 컵라면에 김밥을 먹는 추억을 만들었다.

그렇게 여행은 끝나고 에드먼턴으로 복귀하니 125반 두 번째 코스가 시작되었다. 120반에서 같이 올라간 친구들도 있었다. 그중 연세대학교를 다니던 '김지혜'라는 여자 후배가 있었다. 지금도 연락을 하며 지내는 동생이다. 정말 나보다 어리지만 배울 점

이 많았다. 자기관리가 잘되고 성실했다. 명문대는 그냥 가는 게 아닌가보다. 그 친구 때문에 연세대, 한양대, 일본 와세다대에서 온 교환학생들의 주말 프로그램에 우연히 참가하게 되어 로키산맥을 또 다녀왔다.

나는 그때까지도 영어공부에는 관심이 없었고, 견문 넓히는 것과 새로운 곳을 여행하는 것에만 계속적으로 초점을 맞추었다. 그러던 중 마음에 드는 일본 여학생이 있어 사귀자고 한 적도 있었다. 한국에서 4학년 2학기를 다녔다면 이렇게 영어공부도 하고 자유롭게 여행을 다니지는 못했을 것이다. 이력서, 자기소개서, 면접 준비 등 여러 가지 준비들만 하며 또 그렇게 진짜 내가 아닌 취업준비생 박철희로 살았을 것이다.

5개월 동안의 에드먼턴 생활을 끝으로 밴쿠버를 함께 여행하였던 친구 조병진과 캐나다 생활을 정리하고 기념하는 토론토 2주 여행을 떠났다. 그리고 2006년 1월에 친구 조병진, 그때 알게 된 여학생과 나, 이렇게 세 명이 같은 비행기를 타고 한국으로 돌아왔다.

남은 건 2월에 있을 대학교 졸업뿐이었다. 한국에서 나는 준비된 것이 없는 쓸모없는 졸업예정자였다. 역시나 걱정했던 대로 졸업을 걱정하며 나는 예전의 못된 습관대로 무기력한 방황을 시작했다. 대학원 진학이나 호주 인턴십 프로그램 등으로 인생의 시간을 낭비할까봐 어머니는 걱정을 많이 했다.

"철희야, 몇 번을 말하니. 너는 공무원이 제격이야."

나는 결국 고민 끝에 어머니의 현실적인 방안을 선택했다.

그렇게 해서 노량진을 3월에 입성하여 7월 강원도 지방직 공무원시험에 응시하여 합격을 한 거다. 돌아보면 꿈만 같고 지금의 여건에서 보면 기적과도 같은 일이다.

제2의 사춘기를 잘 극복하게 해주신 어머니께 감사드린다. 어머니가 없었으면 오늘의 나도 없다.

그래서 어머니에게 받은 사랑을 나는 평생 다른 이들에게 나눠줄 것이다. 비겁하게 현실을 회피하고 방황이나 하던 내가 아닌 현실과 맞닥뜨려 돌파하는 내가 될 것이다.

4. 소위 성공한 삶에서 느끼는 빈곤함

"좋은 교육을 받고 안정된 직장에서 일하며 결혼한 것은 크게 성공한 것입니다."

나의 멘토 고정욱 박사가 한 말이다.

나는 4년제 국립 대학을 졸업했고 요즘 사람들이 부러워하는 공무원이 되고 거기에 지혜로운 여자와 결혼도 했다. 이 세 가지만 해도 요즘은 성공했다고 말할 수 있다.

그런데 이 세 가지를 다 이루었음에도 나는 행복하지 않았다. 아니 나는 행복해지는 방법을 몰랐는지도 모른다.

"계속 배고파라. 계속 어리석어라(Stay hungry. Stay foolish)."

내가 대학교 때 영어공부를 하면서 배운 내용 중 아직도 가장 좋아하는 말이다. 내가 좋아하는 애플의 전 회장인 스티브 잡스가 살아 있을 때 미국 스탠포드 대학교 졸업식 축사 때 한 말이다. 새로움에 대하여 갈망하라는 내용의 메시지로 나한테 꼭 필요한 조언이었다. 나름의 성공한 삶을 살고 있었지만 행복함을 느끼지 못하는 나는 새로움에 대한 갈증을 느꼈지만 정작 새로운 것 자체를 찾는 것이 어려웠다.

결혼 이듬해인 2011년도는 정말 운이 없었다. 내 돈을 가지고 사고 싶은 차도 살 수가 없었다. 나는 연비가 좋은 자동차를 갖고 싶었다. 하지만 차를 인계받을 때까지 6개월 이상 기다려야 한다고 영업사원에게 통보받았다. 결국 다른 차를 사고야 말았다.

게다가 아내와 말다툼 후 아파트 1층에 심어진 가로수를 홧김에 발로 걷어찼다. 발목 인대가 늘어나 한 달 이상 고생했다. 회식 후 너무 늦게 귀가를 했다. 아내는 속상했는데 나는 그 늦은 상황을 자세하게 설명하지 않았다. 그래서 아내의 질책에 그만 소리를 지르고 말았던 것이다.

그리고 결혼 후 처음으로 해외여행을 갔다. 대만의 국립박물관을 방문하였는데 날씨가 정말 더워서 그만 열사병에 걸리고 말았다.

이런 식으로 2011년도는 아직도 잊을 수 없는 운이 없는 해였다. 하루하루가 힘들었고 사소한 것 하나조차 마음대로 되지 않은 해였다.

"뭘 그렇게 빡세게 살아. 그냥 대충 살지."

이런 말을 들을 때 마다 도대체 빡세게 사는 것이 어떻게 사는 것인지에 대하여 의문이 들었고 인생을 대충 적당히 살라고 하는 사람들의 머릿속엔 도대체 무엇이 들어 있나 궁금했다. 새로운 것에 대하여 갈망하고 노력하는 것이 인생을 빡세게 사는 것이라면 새벽시장에서 일하는 사람들이나 소상공인들을 보면 도대체 내가 사는 방법은 어떤 것이란 말인가. 가족들과 본인의 생계를 위하여 새벽부터 밤늦게까지 손발이 부르트도록 일하는 사람도 많다. 대충 적당히 살라고 하는 사람들에게 이렇게 말하고 싶다.

"본인들 인생이나 대충 사세요."

그냥 자기 인생 아니니까 또는 마치 자기가 모든 것을 다 이해한다고 착각하는 사람들이 세상에는 많이 존재한다.

나 또한 삼십년 이상의 내 인생을 허비하며 산 것 같아 후회하며 내 자신을 자책하곤 했다. 가장 늦었다고 생각할 때가 가장 빠른 때라는 말이 나에게는 위안으로 들리지 않았다. 무언가 계속 늦어지고 있다고 생각했다.

그래도 새로운 것을 찾기 위해 싸돌아다녀야 한다는 생각으로 주말마다 버스에 몸을 싣고 서울로 향했다. 주말이면 집에서 차분하게 가사도 거들고 가정에 집중을 해야 한다는 생각도 했으나 이런 나의 답답함을 채워주지는 못했다.

뭐가 그리 힘드니

내가 너를 힘들게 하니

그럼 편안히 내 곁을 떠나

이해 할 수 없지만

.....

힘들지만 기다릴게

편히 지내왔었던

지난 시간을 기억하며

편히 지내왔었던

지난 시간을 기억하며

　　그때마다 나는 내가 좋아하는 가수 김민종의 '비원'이라는 노래에 빠지곤 했다. 내 자신을 힘들게 하는 것이 무엇인지 항상 고민에 빠졌지만 그것은 그 누구도 아닌 바로 나 자신이었다. 새로운 사람들을 만나고 이제껏 해보지 않은 것들을 배우는 순간은 좋았지만 그 이후에도 나는 답답한 기분이 가시지 않았다. 무엇이 문제인지 무엇이 그렇게 답답한지 누구에게 물어볼 수도 없고 그저 흘러가는 시간만 탓하곤 했다.

　　그러다 보니 직장에서 업무를 수행할 때에도 인간관계에서도 적극적이지 못하여 갈팡질팡하는 자신을 보아가며 하루하루 의미 없는 시간만 보냈다. 지금 생각해 보면 죄를 짓거나 나쁜 짓을 한 것도 아닌데 왜 그랬는지 안타까운 생각이 든다.

그때마다 아내가 곁에서 따끔한 조언을 해 주었다.

"여보, 당신이 무엇을 찾는지 모르겠지만 스스로 할 수 있는 것을 시작해봐."

주말마다 그저 시계추처럼 서울에 갔다 집으로 돌아오는 내 모습을 본 아내가 했던 말이다.

7년째 나와 함께 아이들을 키우며 살고 있는 아내는 나와 성향이 많이 다르고 굉장히 현실적이며 누군가에게 의지하지 않는 삶을 살아가는 강한 여자다. 내가 일상에 힘들어하고 의지가 많이 약해졌을 때마다 옆에서 힘이 되어주고 지켜봐 준 그런 존재다. 나보다 나이는 세 살 어리지만 침착하고 나보다 더 성숙하다.

결혼 후 내가 갈팡질팡하는 시간에도 아내는 질책이나 나를 무시하는 언행을 절대 하지 않았다. 내가 여기까지 올 수 있었던 과정에서 아내의 역할은 이루 말할 수가 없다. 항상 고마운 사람이고 늘 존경하는 반려자다.

이렇게 힘든 과정을 겪는 동안 다행히도 나에게 현실적으로 약간의 결과물이 있었다. 그것은 바로 엔지니어들의 꽃인 기술자 자격증이었다. 일곱 번의 면접을 통해서 얻은 자격증이라 더욱이 값진 결과물이었다. 지금도 그렇고 나이가 들어서도 내 인생의 중요한 돌파구로 생각될 것 같다. 지금은 별거 아니라고 말하지만 자격증이 손에 들어올 때까지의 과정은 정말 긴 장대터널을 지나온 것 같다. 그래서 그런지 기술사 자격증은 나에게 정말 중요한 역할을 했다. 물론 지금도 그러하다.

아, 그러고 보니 위기의 순간도 있었다.

"눈이 감기지 않고 입이 움직이지 않아요."

기술사 시험을 앞두고 나의 얼굴 근육이 마비되었다. 병원과 한의원을 수차례 오가며 하소연했다. 나의 얼굴이 소통 아닌 불통이 되었던 것이다. 또 다른 위기가 온 것이다.

호사다마라고 하는 사람도 있겠지만 4차 기술사 면접날 아침에 목욕탕에서 그런 일을 겪어 정말 당황스러웠다. 다행히 치료를 잘 받아 지금까지 별 다른 문제없이 잘 지내고 있다. 3명의 면접관 앞에서 앉아 있는 것도 떨리는데 심적으로 너무 우울하여 질문에 거의 답변하지 못했다. 그저 빨리 나오고만 싶었다.

이런 위기를 겪으면서 깨달은 점 하나는 정신이 육체를 지배한다는 것이었다. 마음이 병들어 있었기에 몸이 고장이 나는 메커니즘을 직접 경험했다. 정말 사람으로 살아간다는 것은 끊임없는 고통의 연속인 것 같다. 하지만 그것은 고통일 수도 있고 행복으로 가는 과정일 수도 있다.

닫아 두었던 나의 마음속 문이 벽을 만들었고 그 벽은 물속에서 헤엄을 치지 못하게 만들었으며 그러한 고통으로부터 자유로울 수 있는 방법을 깨달았다.

나는 6살 큰아들, 3살 딸아이의 아빠로서 행복한 가정을 만들기 위해서 노력하고 있다. 힘든 시간들을 아내와 아이들이 있어서 이겨낼 수 있었다. 앞으로도 시련과 고난의 시기가 또다시 찾아 올 것이다.

"위기가 기회다."

이런 문구는 많이 들어 봤을 것이다. 위기가 기회가 된다는 것을 직접 체험한 나로서는 이러한 메커니즘과 미치는 영향들의 관계를 하나하나 정리하여 공유할 것이다. 물론 어렵고 지루한 이론은 아닐 것이다. 취업이니 창업이니 준비로 인하여 세상에 진출하기 힘들어하는 청년들에게 도움이 되는 일을 하고 싶을 뿐이다. 이제야 내 인생에서 무엇이 중요한지에 대하여 고민하고 그 우선순위를 정하는 확고한 결정력이 생겼다.

공유경제를 말하는 요즘 이런 나의 경험을 젊은 청년들에게 알려주고 싶다. 그것이 내 남은 인생에서 할 수 있는 것이라고 믿고 있다. 그런 일이야말로 나를 행복으로 이끄는 일이다.

"나에게 실패와 두려움은 과분한 것이야."

감히 내 스스로에게 말한다. 이제 실패하고 두려워할 시간조차 나에게는 사치라고. 그럴 시간이 있으면 차라리 사회의 약자들을 위하여 봉사활동을 할 것이다. 시간이 더 있다면 내 자신이 발전할 수 있도록 공부하고 내 가정을 위하여 노력하리라.

어려움을 이겨내고 나니 세상을 굉장히 현실적으로 바라보게 되었다. 실제로 내가 행복하기 위해서 필요하고 충족되어야 하는 것들이 뭔지 찾아서 실천하는 것이다. 그것도 굉장히 빠르게 즉각적으로 하는 것이다.

생각이 중요한 게 아니다. 생각을 얼마나 빨리 행동으로 옮기느냐가 진정 의미 있는 것이다. 나는 그런 실천들을 아무 고민 없이 즉각적으로 실행하는 사람으로 바뀌고 있다.

그러한 실행의 중요성을 깨닫는데 삼십년 이상의 시간이 지난 것 같다. 그 결과 행복하지 않았던 나에서 행복한 나로 바뀌었다.

5. 자존감 회복의 작은 승리

나는 2009년 9월에 8급 승진 후 7년 3개월 동안 7급 진급을 하지 못했다.

공무원에게 줄 수 있는 최고의 보상이 진급인데 결론적으로는 내 능력이 부족하다고 생각했다. 8급 공무원으로 5년이 지나고부터는 슬슬 걱정이 되면서 민망한 상황이 생겼다. 도청으로 간 동기들이 다들 진급하기 시작한 거다.

'아 동기들에게 처지는구나.'

그때부터 나는 자괴감에 어떻게 해야 할지 몰랐다. 공무원으로서 자질이 부족하다는 생각도 들었다. 더군다나 2014년에 토목시공기술사 자격도 취득을 하였는데 여태껏 진급에 누락되었다. 분명히 나한테 문제가 있다는 생각이 들기 시작했다. 그럼에도 불구하고 역시 공무원인 아내는 나에게 진급에 관하여 일절 어떤 질문도 하지 않았다. 지혜로운 사람과 인생을 함께 하니 부부관계로 스트레스 받는 일은 그리 많지 않았다. 하지만 진급 지연이 자격지심을 느끼게 했다. 나 자신과의 문제가 발생하였다.

일단 나는 원인부터 알아보기로 했다. 100퍼센트 정확하다고 판단이 서지는 않지만 몇 가지 단점이 내게 있다는 생각이 들었다.

첫째로 진급하기 위하여 필요한 자격조건이 부족했다.

물론 7급 공무원은 실무자라 그렇게 대단한 조건을 필요로 하는 건 아니지만 본청에서의 근무 경력이 없다보니 청 직원들과의 업무외의 인적인 의사소통과 교류가 없었다. 그래서 나의 존재감이 드러나지 않았던 것이다. 그렇게 시간은 흐르고 진급은 나와 관련 없는 이야기가 되었다.

둘째로는 목표의식이 결여되었다.

지금은 아니지만 당시에 나는 진급이 되었을 경우 해보고 싶은 어떤 특정 분야의 업무 목표가 없었다. 내가 근무하고 있는 국토교통부는 다양한 분야의 업무가 많다. 그렇게 많은 분야중 해보고 싶은 업무, 또는 가고 싶은 부서를 정하지 않았다. 그러다 보니 맡고 있는 업무에 대하여 집중력이 떨어지기 시작하고 일상이 지루해지기 시작했다. 삶이 무기력해지고 별다른 욕망이 없었다.

셋째 요인은 열등감이다.

전자문서 시스템 상에 진급 관련 열람문서를 볼 때마다 상대적인 열등감을 많이 느꼈다.

"남들은 저렇게 다들 진급하는데 나는 뭐하는 거지?"

이런 열등감이 정신적으로 육체적으로 나 자신을 구속하여 망상에 빠져 올바르지 못한 말이나 행동을 하게 만들었다. 진급은커녕 점점 내 삶이 황폐화되어 삶의 목적조차 잃어갔다. 그때마다 나는 되뇌었다.

'공무원이 나한테 맞지 않는 직업이구나.'

앞서도 말했듯 이때 나는 서울로 가서 이런 저런 새로운 강좌나 교육 프로그램을 찾아서 듣기 시작하였다. 무언가 새로운 것을 하니 기분은 좋았다. 하지만 구체적인 목적 없이 새로운 것만 쫓아 다니다 보니 아니나 다를까 돈과 시간만 낭비하는 결과를 초래했다. 그래도 열등감을 벗어나기 위해서는 부지런히 움직여야 한다는 걸 알게 되어 다행이라고 생각한다.

넷째는 진중하지 못한 성격이었다.

나는 사람, 물건, 인간관계, 돈, 직업 등에 대하여 진지하지 않고 가볍게 여기는 경향이 있었다. 심지어 결혼생활까지도. 사람도 쉽게 사귀고, 물건에는 아예 관심이 없었다. 게다가 공무원도 4개월 공부해서 합격하니 직업까지 쉽게 판단하곤 했다. 이렇게 모든 것을 쉽게 생각하는 습관과 나의 자세가 나의 진급에 영향을 미친 것 같았다.

지금 생각해 보면 무슨 배짱으로 그렇게 인생을 살아왔는지 궁금하기도 하다. 나만의 착각 속에 빠져 살아왔다. 그런 착각 속에 빠져 있던 나는 아무런 노력도 하지 않았고 업무도 아마추어 같이 추진하여 상급자들에게 꾸지람을 많이 들었다. 국토교통부에서 나의 8급 생활 3년 8개월이 이렇게 지나갔다.

　이러다 보니 나의 삶에 전반적인 문제들이 생기기 시작했다. 가장 먼저 내적인 문제였으니 그건 자신감의 결여다. 자신감이 결여되면서 내 자신의 생각들이 자꾸 충돌했다.

　'이렇게 할까? 아니 저렇게 할까?'

　이러지도 저러지도 못하여 사무실에서 업무 추진과 직접적으로 관련되는 의사결정을 미루다보니 장애가 생겼다. 그간 마음의 장애에 대해서 생각해 본 적이 없었는데 진급누락으로 내 자신의 마음에 병이 생기는 것을 경험하였다.

　내 업무는 주로 도로유지관리, 인허가, 소송수행업무, 국회요구자료 작성 등이었다. 이러한 업무를 추진함에 있어 신속한 의사결정능력은 원활한 업무추진을 위하여 공무원이 갖추어야 할 가장 중요한 능력 중 하나이다. 특히 도로건설공사를 추진할 때 현장의 여건변동, 설계도면의 오류, 설계내역서 상의 누락 등으로 인하여 공사비가 증가할 경우가 생긴다. 이럴 때면 최종결재권자의 승인을 얻어야 하는 상황이 많이 발생한다. 이러한 때에 담당공무원은 시공사나 책임건설사업관리기술자(일명 감리단장)가 제출한 서류를 면밀하게 검토해야만 한다. 왜냐하면 공사비가 일정금액 증가하게 되면 추후 감사 때 지적받을 확률이 높기 때문이다. 꼭 필요한 사항인지를 반드시 확인하여야 한다.

물론 공사금액이 증가하더라도 꼭 진행해야 할 사항이면 최종 결재권자까지 실정보고를 해야 한다. 보고 후 승인을 얻게 되면 공사추진 여부를 책임건설사업관리기술자에게 알려서 공사가 진행되도록 조치하여야 한다. 이때 상급자에게 실정보고 승인 결재를 받으려면 보고자는 타당한 명분과 논리를 펼치면서 제대로 설명해야 한다. 그러지 못하면 결재를 받기가 어려워진다. 그렇게 되면 건설현장에서 작업이 진행되지 않아 공사기간이 연장되고 문제가 발생한다.

그런데 나의 의사결정이 자신감 부족으로 늦어지거나 논리적이지 못한 상황이 벌어진 거다. 당연히 질책이 이어졌고, 그러한 상황이 자꾸 발생하니 심적으로 힘들어서 그만두고 싶은 생각이 하루에도 여러 번 들었다. 다행히 버티고 이겨내서 의사결정능력은 추후 상당히 향상되었다.

두번째로 생긴 문제점은 우울한 감정이다. 지금은 이렇게 담담히 얘기할 수 있지만 그때는 정말 쥐구멍이라도 있다면 어디든 숨고 싶었다. 삶이 지루해져 출근도 하기 싫고, 출장도 가기 싫고, 심지어는 정말 일까지 하기 싫었다. 이렇게 내 자신이 무너져가다 보니 우울한 감정이 나를 지배했다. 남들은 하나도 신경 쓰지 않는데 내 마음을 제대로 조절할 수가 없었다. 밤에 잠도 잘 못자고 밥을 먹어도 소화가 안 되었다. 운동할 여유도 안 생기고 마음에 병까지 생겼다. 그때 알았다. 사람이 우울해지면 잘못된 생각을 할 수도 있다는 것을.

그렇게 2016년도의 8개월을 지내왔다. 항상 의기소침하고 숨쉬기도 힘들었다. 사람이 이렇게 나약한 존재인 줄 처음 알게 되었다. 그 과정을 극복한 지금 생각해 보면 자고 일어나 아침에 눈을 뜨고 숨을 쉬는 행위들이 얼마나 행복한 일인지 모른다. 세 번째로는 외적인 문제다. 그 가운데 가장 큰 게 나의 어눌한 말투다. 자신감이 결여되면 목소리가 갈라지고 상대방에게 말할 때 어린아이가 옹알이하듯 목소리가 작아진다. 그러면 상대방은 듣는 내용을 이해할 수 없게 되고 다시 질문을 하게 된다.

"뭐라고요?"

결재 받을 때도 이건 바로 지적사항이 된다. 자신감도 없고 우울하고 말투까지 어눌해지면 결재를 해야 하는 상사는 직원에 대하여 신뢰감을 가질 수 없게 된다. 어눌한 말투는 누구에게나 문제지만 나 같은 공무원에게도 아주 큰 단점이 된다. 나는 목소리가 점점 작아져 가족들, 직장동료 및 친구들과도 대화를 멀리하였다.

그리고 또 문제가 되는 건 대인기피 현상이다. 사람이 사람을 피한다는 것을 상상조차 해 본 적이 없었다. 직업상 민원인, 업체 및 유관기관 공무원 등 업무적으로 만나야 하는 고객들이 사무실에 많이 찾아왔다. 하지만 내 정신상태가 정상적이지 않아 사람들 만나기를 기피하거나 약속을 늦추는 경우가 잦았다. 그들은 대부분 도로이용자이다. 국민들과 직접적인 접촉이나 신속하게 대응해야 하는 대민행정을 수행해야 하기 때문에 늘 적극적이고 긍정적인 정신상태로 사람들을 만나 응대해야 하는 게 나의 본분이다. 그러나 대인기피증으로 상당히 힘든 시절을 보냈다. 정말 총체적인 난국이었다. 외부 고객들도 만나지만 상급기관의 공무원들도 만나야 하는데 만나는 것 자체가 싫어져 항상 의기소침해지고 무슨 말을 하는지도 기억이 나지 않았다.

이뿐만 아니라 금요일 저녁이면 아내와 아이들이 있는 홍천 집으로 갔다. 아파트 주차장에 도착하면 아는 사람들을 만날까봐 서둘러 우리 가족이 사는 동의 엘리베이터로 가곤 했다. 홍천군에서 공직생활을 했었기 때문에 길거리를 나서면 낯익은 사람들을 간혹 보게 되는데 그게 정말 싫었다. 심지어는 홍천에서 하는 모임조차 참석하지 않았다. 사람이 많이 모이는 결혼식이나 장례식도 가기 싫었다. 사람 만나는 것을 두려워하면 계속해서 어떤 것을 하든 피하려고 하고 그 순간을 도망치려고 노력하게 된다는 걸 알게 되었다.

지금은 다행히 여러 분야의 전문가들을 만나고 모임에 참석하면 먼저 다가가 내 소개를 한다. 이렇게 좋아지다 보니 가정에서 아내한테, 아이들한테 자연스럽게 다가가고 농담도 많이 한다.

이렇게 내가 바뀐 건 좋은 멘토를 만나 끝없이 상담하고 고통스러울 때마다 대화를 나누며 나의 속마음을 털어 놓은 것이다. 당시에는 멘토의 코칭이 도움이 안 되는 것 같아도 지나고 나면 멘토의 말대로 해보고 싶어진다. 그렇게 조금씩 행동하다 보면 자존감이 회복되면서 작은 승리를 경험한다. 작은 승리가 쌓여야 큰 승리를 경험할 수 있다.

5장

세계 제일의 공무원이 되려면

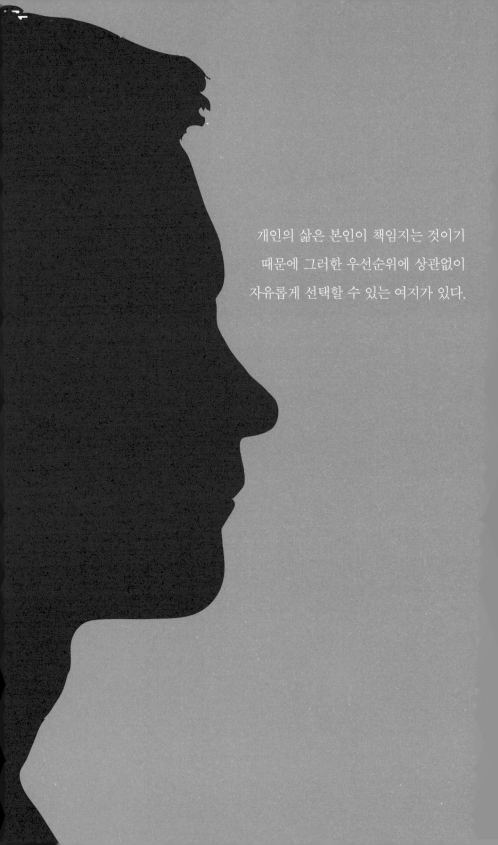

개인의 삶은 본인이 책임지는 것이기
때문에 그러한 우선순위에 상관없이
자유롭게 선택할 수 있는 여지가 있다.

1. 의사결정에 탁월해야 한다

최근 들어 결정 장애라는 용어가 자주 등장한다.

말 그대로 여러 가지 대안 중 한 가지를 선택해야만 하는 상황에서 결정을 쉽게 하지 못하는 것이다. 특히 나처럼 조직생활을 하는 이들에게 의사결정을 해야 하는 상황들은 일상적이다. 의사결정을 제대로 못하면 문제가 발생한다. 그 문제는 다음과 같다.

첫째로 업무처리속도에 영향을 미친다. 아무리 좋은 대안을 제시한다 하더라도 그 모든 대안을 선택할 수는 없다. 그러므로 우리는 보통 최상의 것을 결정해야만 한다. 물론 최상을 결정할 때에는 여러 가지 고려해야만 하는 요소들이 있다. 어쨌든 최종

안을 선택해야만 그 다음 프로세스를 진행할 수 있다. 머뭇거리면 다음 일이 진행되지 않으니 속도가 날 리 없다.

일상생활에서도 마찬가지다. 세상에 좋은 것들은 정말 많다. 하지만 그 모든 것들을 다 하고 누리며 살 수는 없다. 꼭 하고 싶은 것이 있더라도 우선순위에 의하여 더 필요한 것, 더 시급한 걸 먼저 행해야 한다. 개인의 삶은 본인이 책임지는 것이기 때문에 그러한 우선순위에 상관없이 자유롭게 선택할 수 있는 여지가 있다.

하지만 회사나 어떤 단체 등의 조직에 소속되어 있는 업무를 처리할 경우는 다르다. 업무에는 마감일이 정해져 있게 마련이다. 의사결정과정이 지연되면 그만큼 업무가 지연되는 상황이 발생한다. 그런 업무지연을 방지하기 위해서는 의사결정이 신속하게 이루어져야 하는 건 당연하다. 업무 담당자는 최종 의사결정권자에게 최적의 대안을 제시하고 최종 결정권자는 그 결정을 빠르게 집행해야만 업무가 추진된다.

나는 이러한 의사결정과정을 많이 경험하였다. 수많은 과정을 경험하면서 많은 우여곡절도 있었다. 건설사업관리 업무를 하면서 준공기일이 1주일 밖에 남지 않았는데 깜빡하고 설계변경을 하지 않은 것이다. 나는 부리나케 그 상황을 인지하고 사실대로 보고했다. 상급자에게 질책은 받았지만, 최종 의사결정을 받고 마무리를 했다.

이러 저런 우여곡절은 가급적 피하는 게 좋지만 최선이 아닐

지라도 빠른 대안을 제시하도록 노력했고, 최종결정권자에게 의사결정이나 내부방침 등을 신속하게 받아냈다.

둘째로 상급자의 신뢰에 영향을 미친다. 의사결정시간이 줄어들고 최종 대안을 결정하는 과정에 익숙하고 능숙해지면 상급자는 직원을 신뢰하게 되어 있다. 프로젝트를 예로 들어보자. 어느 프로젝트의 기획이 끝나고 디자인을 결정한 뒤 실행단계에 돌입했다고 가정하자. 그 실행단계에는 또 다른 세부계획이 있을 것이다. 그 세부계획을 수립할 경우에도 의사결정을 해야 하고, 최종계획을 완성해야 한다. 이러한 과정의 모든 단계에서 별다른 지적을 받지 않거나 실수가 없었다면 상급자는 직원을 신뢰하고 세부계획 결정도 신속하게 내린다. 이러다 보면 점차 상급자에게 신뢰를 받을 수 있게 된다.

한 번의 신뢰를 받기가 어려운 것이지, 여러 번 받다보면 금방 익숙해져 상급자가 무엇을 원하는지 금방 알아낼 수 있다. 이건 모두 나의 경험에서 터득한 것이다.

물론 이 과정이 금방 개선되거나 신뢰가 하루아침에 쌓이는 건 아니다. 하나의 결정을 내리는 안목이 생기려면 많은 실수를 저질러보고, 또한 지적을 받아야만 깨달을 수 있다. 누구보다 나는 그랬다.

더군다나 상급자는 일정 시간이나 업무부서의 이동 등 여러 가지 요인에 의하여 수시로 바뀐다.

마감일에 맞춰 상급기관에 자료를 제출하는 일이 있었다. 그 일자에 맞춰 제출을 하려 했으나, 상급자의 인사발령으로 그 날 결재를 받지 못했다.

"왜 이렇게 자료가 늦어요?"

나는 사실대로 설명하고 그 다음날에야 자료를 제출했던 에피소드가 있다.

한 상급자의 취향만 익숙해지면 급하게 상급자가 인사이동하게 되면 큰 낭패를 겪는다. 업무의 방향이나 추구하는 생각들이 다르기 때문에 원하는 양식이나 표현 등도 상급자가 누구냐에 따라 바꿔서 보여 주어야만 한다.

사실 이러한 과정에 익숙해지는 것은 어려운 일이다. 이렇게 담담하게 말하지만 내가 경험한 우여곡절의 다양한 의사결정 과정의 경험만 하더라도 책 한 권은 족히 나올 것이다. 그래도 프로라면 생계가 달린 일이니 어떻게든 익숙해지고 잘 해내야만 한다.

가정에서도 마찬가지다. 가장으로서 가족들에게 신뢰를 받지 못하면 부부싸움이 일어나거나 서로 말하지 않는 등의 불화가 발생한다. 조직은 차치하고 개인사업도 직원들과 신뢰를 쌓지 못하면 밑의 직원에게 업무를 지시하여도 그들이 따라주질 않는다.

그 결과는 말하지 않아도 짐작할 수 있다. 따라서 상급자의 신뢰를 받는다는 것은 동료들이나 부하 직원에게도 신뢰를 받을 수 있는 계기가 되는 것이다.

의사결정에 영향을 주는 요인에 대해서도 알아봐야 한다. 개

186

인마다 의사결정을 잘 하기 위한 요인들은 굉장히 많다고 할 수 있다. 하지만 자신이 현장에서 생각하고 느끼며 경험한 것들을 정리해 보는 것이 가장 요긴할 듯하다.

첫째는 어이없다 생각할지 모르지만 살아가면서 정말 많이 듣는 '눈치, 알아차림'이다. 나는 대학교를 졸업한 그해에 곧바로 공무원 생활을 시작하였다. 보수적이고 딱딱한 분위기에 잘 적응하지 못했던 나는 정말 눈치가 없었다. 분위기 파악을 잘 하여 순간적으로 상황들에 맞게 적절히 대응해야 하는데 그렇게 하는 것에 익숙하지 않았다. 한 마디로 아무 생각이 없었다고나 할까. 그렇다 보니 눈치가 없던 나는 의사결정에 좋지 않은 영향을 자주 끼쳤다. 결재를 받거나 일반적인 사항을 보고할 때마다 한 번에 통과하는 일이 없고 여러 번 지적받고 수정하여 진행되는 과정이 잦아졌다.

특히, 언론보도자료를 배포하기 전에 상급자에게 보고를 한다. 이런 과정에서 상급자가 수정하는 경우가 비일비재하다.

나는 그때 정말 스트레스를 많이 받아 스스로 자괴감이 들었다. 그러다 시간이 지나고 이런 과정을 반복할 수는 없다는 생각이 들었다. 자기계발 차원에서 변호사, 회계사처럼 전문 자질이 있어야 한다는 생각을 했다. 그 결과 취득한 게 기술사 자격증이었다.

그러면서 나는 토목행정을 하는 공무원으로서 점차 자신감이 생기고 외부 고객 및 내부 상급자와의 의사소통이 원활해지기 시작했다. 소통능력이 좋아지면 의사결정능력 역시 자동적으로 좋아진다는 것을 깨닫게 되었다. 상호적으로 영향을 미치는 능력들이기 때문에 어떤 것을 먼저 갖추어야 하는지는 그렇게 중요한 것들이 아니다. 이렇게 눈치 있게 잘 알아차리는 능력은 개인의 성격 또는 성향에 따라 각각 다르다. 내 경험에 의하면 어릴 때부터 부모들이 자녀에게 교육만 잘 시킨다면 이러한 능력을 습득하는 것은 그리 어렵지 않은 것 같다. 이러한 것들까지 학교에서 가르치지는 않기 때문이다. 내가 그런 걸 못 배운 이유는 부모님이 내게 사랑을 지나치게 많이 주신 때문이다. 구박도 하고 눈치도 줬더라면 나도 좀 더 좌우를 살피는 센스가 있었을 텐데.

둘째는 업무방식이다. 문제가 생기거나 새로운 과제가 주어졌을 경우에는 그에 합당한 대안이나 해결책을 제시해야 한다. 그 대안을 내놓기 위하여 필요할 경우 리서치를 하고 그 결과를 통계자료로 변환하여 기본적인 현황을 파악할 줄 알아야 한다. 물론 이러한 과정은 아주 기본적인 것이기에 언급할 필요도 없는 것이다. 그런데도 나는 이러한 기본적인 프로세스를 생각조차 하지 않았다. 그러다 보니 기초적인 국회요구자료, 감사자료 조차도 작성하는데 어려움이 많고 스트레스를 받았다.

최종 상위기관에서는 보통 3년간, 5년간의 전체 통계를 확인하기 위하여 소속 기관으로부터 빠른 시일 내에 자료를 받기 원한다. 공무원은 한 부서에서 계속해서 근무하지 않기 때문에 통계자료를 작성하기 위해서는 전임자에게 물어보거나 아니면 처음부터 새롭게 정리해야 한다. 나는 조금 힘들고 늦더라도 처음부터 새롭게 정리하는 방식으로 통계자료를 작성하였다. 시간이 많이 걸리고 노력이 들어가는 단점이 있다. 그러나 장점은 과거부터 지금까지의 흐름(Trend)을 파악할 수 있고 해당업무의 향후 방향을 설정하는데 큰 도움이 된다는 것이다.

셋째는 자기계발이다. 결론부터 말하자면 자기계발은 선택사항이자 필수사항이다. 그런데 왜 자기계발이 의사결정에 영향을 미치는 것일까? 자기 본연의 업무에만 충실한 것이 공무원으로서의 직분에 맞는 것 같다. 하지만 내 경험으로는 업무외 자기계발을 하고 그런 활동들에서 배운 것이 자기도 모르게 업무에도 좋은 영향을 미친다는 것이다. 즉 시너지 효과가 난다. 작은 의미에서 융복합이고 통섭이라고나 할까.

이런 경험을 해본 사람들은 알겠지만 외부의 경험이나 지식으로 내부의 문제를 해결하게 되면 굉장히 기분이 좋아지고 모든 것들은 연결고리가 있듯이 하나로 통한다는 것을 알게 된다.

그러다 보면 자기 분야가 아니더라도 관심을 갖고 꼭 공부까지는 아니더라도 자기분야와 어떻게 관련이 있는지에 대해서 고민해 보기도 한다.

그런데 이 고민이라는 게 무엇을 할지, 어떻게 할지, 돈은 얼마나 들지 등 지엽적인 것에 머물고 있다. 일단 어떤 구체적인 주제에 대한 고민이어야 한다. 큰 문제에서 고민을 하거나 스트레스를 받아야 한다고 생각한다. 100m 달리기도 출발선을 떠나야만 전력질주를 할 수 있지 않은가?

나는 정말 자기계발에 투자도 많이 하고 시간도 많이 들였다. 처음에는 어떤 것이 필요한지 몰라서 이것저것 닥치는 대로 좋다는 모임도 가고 포럼에도 참석했다. 그러다 보니 새로운 것들에 익숙해지기 시작하면서 내 업무나 일상생활에 영향을 미칠 수 있는 것들을 골라 시간과 돈을 투자했다.

내가 찾은 가장 좋은 투자는 바로 글쓰기다. 글쓰기를 배우고 실제 많이 써보면서 보고서 작성도 수월해지고 표현능력도 부쩍 향상되었다. 이런 과정들의 반복 속에서 의사결정능력이 개선된 나를 어느 순간 보게 되었다.

그 결과가 이렇게 저서로 묶이는 것이 바로 큰 증거라 할 수 있다.

그러나 이것은 어디까지나 나의 과정이었고, 독자들은 분명히 자신에게 맞는 좋은 방법을 알고 있지만 도전을 하지 못했을 수도 있다. 이제부터라도 의사결정에 있어서 스트레스 없는 삶을 살았으면 한다.

2. 신속하며 신뢰감 넘치는 보고를 해야 한다

"이 보고서의 주제가 뭡니까? 도대체 요점이 없어요. 앞으로 어떻게 공무원 생활을 쯧쯧!"

내가 보고서 작성에 대한 두려움이 있었을 당시 사무실에서 결재를 받을 때 상급자에게 들었던 말이었다. 그때는 정말 어떻게 보고서를 작성해야 하는지 알지 못했다. 보고서 작성을 하는 것에 대한 두려움이 정말 컸다.

그 뒤 공무원 생활 만 10년이 지난 지금은 그나마 내가 주장하거나 설득하고자 하는 것들에 대해서 두려움 없이 보고서를 작성하게 되었다. 이건 단순히 보고서를 잘 쓰는 것만의 문제는 아니다. 물론 보고서의 종류에 따라 다르긴 하지만 보고는 시기가 정말 중요하다. 예를 한번 들어보자.

"주무관님, 공사현장에 주민들이 집단으로 찾아와서 방해를 하고 있습니다."

건설공사 현장소장이 나에게 전화로 현장의 상황을 긴급하게 보고하는 상황이다. 공사 중 흙탕물이 하천으로 유입되어 현장 인근 주민들이 공사장으로 찾아와 공사 중지를 요청하였다고 가정하자. 이러한 상황은 언론에 보도될 가능성이 높고 여러 경로를 통해 민원이 보고되기 쉬운 상황이다.

이럴 때는 우선 간단하게 건설현장 진행상황을 파악해 신속하게 최종 보고자에게 우선 조치한 사항과 원인 등에 대하여 보고를 하는 것이 중요하다. 민원사항이 각종 언론을 통하여 알려지면 발주 기관은 국민들과 상급부서로부터 신뢰를 잃어 보도에 대하여 대응이 어려워진다. 미연에 이런 일을 막기 위해 상급자가 모든 걸 대략적으로나마 알고 있어야 한다. 그래야 기자가 묻더라도 이렇게 대답할 수 있다.

"보고는 받았습니다. 자세한 사항은 추후 보고하도록 했으니 조금만 기다리시면 소상히 알려 드리겠습니다."

또 다른 난감한 보고 상황도 있다.

"숫자가 도대체 맞지를 않아. 다시 검토해 보세요."

현황을 보고하던 중 각 소계의 합이 전체 합과 일치하지 않는 상황이다. 하위직인 나조차도 건설공사를 관리하는 기술직 공무원이기에 내가 검토하는 보고서 상의 숫자에 대하여 굉장히 민감하다. 그 숫자는 대부분 예산과 관련되어 하나라도 틀리면 안 된다는 강박관념이 있다. 그러니 상급자의 경우 숫자가 맞지 않는 보고를 부하 직원에게 받았을 경우 보고 전체에 대해 의문을 갖게 된다. 보고 시 이러한 상황의 실수가 잦아지면 보고자는 결재 권자에게 신뢰를 잃어 같은 상황의 보고를 하더라도 시간이 길어지고 결재도 늦어진다. 숫자 하나하나에 세심한 신경을 써야만 하는 이유다.

그런 보고도 요즘은 IT 기술의 덕을 입고 있다.

"감사합니다. 정선국토관리사무소 박철희입니다. 무엇을 도와드릴까요?"

하루는 경찰서에서 전화가 왔다.

"네 여기 00경찰서 상황실입니다. 국도 0호선 00교차로 근처에서 교통사고가 발생하여 2차사고 방지를 위하여 싸인 보드 차좀 현장에 부탁드릴게요."

도로관리기관에 근무하다 보니 이러한 전화가 자주 온다. 그러면 현지 도로보수원에게 연락하여 현장상황 및 사진을 문자메시지로 보고받아 상급기관에 신속하게 보고해야 한다. 요즘은 공직사회에서도 밴드라는 소셜 미디어가 활용된다. 언제 어디서나 긴급사항 등을 보고할 수 있는 스마트한 행정을 하고 있는 것이다. 이와 같이 신속한 시스템은 상급자가 긴급한 사항을 빠르게 파악하여 의사 결정한 내용을 빠르게 지시할 수 있다.

"박주사 밴드 보고 할 수 있지?"

소셜미디어에 아직 익숙하지 않은 선배들이 종종 내게 물어보는 말이다. 요즘은 소셜미디어에 적응하지 못하면 그걸 귀찮은 수단으로만 생각하게 된다. 소위 눈팅만 하는 사람들은 밴드를 이용하여 보고할 줄 모른다.

물론 기관마다 사용하는 보고양식이 조금씩은 다르지만 소셜미디어를 이용하여 주말이나 업무시간 외에도 직원들과 여러 가지 사항들을 공유할 수 있다. 자연스럽게 어떤 사건이 벌어져도 당황하지 않고 안정감을 가질 수 있다.

"주말에 전화해서 미안한데, 철희씨 00호선 00구간에서 사고가 발생하였는데 확인하고 전화 좀 줘요."

공교롭게도 이와 같이 긴급한 상황은 주로 쉬고 있는 주말이나 공휴일에 발생한다. 내가 담당하고 있는 도로노선에서 교통사고가 발생하면 평일이든 주말이든 신경이 많이 쓰인다. 이럴 경우 사망자 또는 부상자를 먼저 파악해야 한다. 그 다음이 도로교통에 지장이 없는지 여부를 판단하는 것이다. 그리고 그 결과를 소셜미디어에 관계 직원이 볼 수 있도록 보고한다. 보고도 간편해지면서 첨단을 걷게 된 거다.

그렇다면 어떻게 하면 보고를 잘 하게 되는 걸까?

첫째로 보고는 타이밍이다.

아무리 보고서 작성 능력이 훌륭하다 하더라도 어느 시점에 보고하느냐가 정말 중요하다. 보고서 작성이 완벽하지 않더라도 정말 중요한 사항은 간단하게 보고서 한 장으로 준비해서 신속하게 보고해야 한다.

세월호 사건을 기억하는가? 현장에서 상급기관으로 보고되는 허둥지둥한 상황을 보면서 공무원인 나도 안타깝다는 생각이 들었다. 도로에서 교통사고가 발생하여도 일정 처리시간이 소요된다. 그런데 큰 사고가 바다에서 발생하였다면 그 상황을 파악하기는 물론 더 어려울 것이다.

하지만 내가 답답하게 생각하는 것은 어려운 조건이기에 간략하게 상황만 빠르게 보고했어야 한다. 그리고 나서 인명 구조에 모든 수단과 방법을 동원하여 학생들을 최대한 살리고 그 뒤 2차보고를 해도 늦지 않다는 것이다. 그걸 제대로 못해서 오보가 나오고 보고 체계에 혼선이 벌어진 건 두고두고 같은 공무원으로 부끄러운 일이다.

나는 대한민국의 국민이자 안전에 민감해하는 공공시설물을 건설하고 유지관리 하는 국가직 공무원이다. 공무원이 국민들에게 신뢰는커녕 욕을 먹지 않기 위해서는 사건이 발생하면 빠르게 대응해야 한다.

하지만 아직도 그렇게 대응하지 못하는 권위적이고 의사소통에 시간이 걸리는 조직이 많다. 조직이 권위적이다 보면 보고 시간도 지체된다. 그런 분위기에서 상급자에게 결재를 받을 때는 눈치를 많이 보게 된다. 실수라도 하면 질책 당할까봐 걱정을 한다. 이러한 보고체계의 분위기라면 세월호 사건과 같은 현황을 상급기관에 보고해야 하는 일선 당사자의 심정은 어떠했을까? 이해가 가긴 한다.

두 번째로 보고는 정확성이다.

특히 내가 근무하는 국토부의 경우 국민들이 피부로 느낄 수 있는 대민정책 업무들이 많다. 물론 나는 주로 집행업무를 하는 소속기관에서 근무하다 보니 정확한 상황은 모른다. 하지만 이러한 정책들을 바라보는 국민들은 긍정적이라기보다는 부정적인 시각으로 바라보는 경우가 많다. 과연 새로운 정책이 성공할 수 있을지 없을지에 대한 의구심이 많은 것 같다.

'우리가 시행하는 정책들을 길거리에 지나가는 시민들까지도 그 의도를 정확하게 이해시킬 필요가 있다.'

이건 나의 생각이다.

요즘과 같은 시대적 분위기에는 그 누구보다도 국민들이 정확하게 제도를 이해하고 체감할 수 있도록 홍보하는 것이 필요하다. 나는 이러한 구체적인 홍보의 노력들이 국민들에게 인정받을 수 있는 보고 수단이라고 본다. 아무리 좋은 것이 있어도 그것을 혼자만 알고 있으면 아무 소용이 없다.

개방, 공유, 소통, 협력. 내가 공직생활을 하는 동안에 경험하고 느낀 것들 중 가장 공감하는 단어들이다. 어떻게 보면 굉장히 긍정적이고 이상적으로 들릴 수 있지만 보고가 정확하게 전달되기 위해서 꼭 필요한 요소이기도 하다. 우리는 폐쇄적이고 독단적이며 소통하지 않는 비협조적인 보고방식으로 천재지변을 인재지변으로 만든 실례를 너무나 많이 알고 있다.

요즘은 소셜미디어와 같이 신속한 의사소통수단이 발달했다. 자신의 생각이나 주장을 사진과 같은 증거자료로 당당하게 세상에 보여줄 수 있다. 그리고 그 포스팅에 댓글을 달아 소통을 하며 여론을 형성한다.

4차 산업혁명이 도래하는 이 시점에서 공공기관은 언론의 자유 안에서 국민들에게 최대한 신속하게 팩트(Fact)를 전달해야 한다.

상급자와의 소통능력도 신속하고 정확한 결재를 위해서 꼭 필요한 요소다.

"박 주사, 어떻게 소장님한테 결재를 그렇게 빨리 받나?"

가끔 주위에서 내게 하는 말이다. 공직사회에서 최종 결재권자에게 의사결정사항을 신속하게 결재 받는 것은 대단히 중요한 일이다. 그만큼 다음 실행단계로 넘어갈 시간이 줄어드는 것이다.

그러면 어떻게 해야 상급자와 소통을 잘 할 수 있는 것인가? 우선 결재에 들어갔을 때 상급자는 의사결정과 관련된 여러 가지를 물어보게 된다. 이럴 때 우물쭈물하며 대답을 즉석에서 잘 하지 못한다면 어느 누구든 신뢰를 할 수 없게 된다. 결재시간이 지연되는 건 당연한 이치다. 따라서 상급자에게 결재를 받으러 들어갈 때는 모든 사항에 대하여 충분히 숙지하고 있어야 한다. 보통의 직원들은 상급자와의 대화 시간이 적다보니 그런 식의 대화를 상당히 꺼리는 것 같다. 처음 소개팅에 나가면 상대방을 처음 만나서 어색하여 말도 잘 하지 못한다. 그러다 시간이 조금 지나고 공통의 관심사에 대하여 이야기하며 서로를 조금씩 알아간다.

나는 상급자와의 소통도 소개팅의 남녀관계와 비슷하다고 생각한다. 처음에는 어려우나 계속하여 조금씩 알아가다 보면 나중에는 어느새 수월하게 소통할 수 있다고 믿는다.

보고를 잘한다는 것은 상대방과 빠르고 진정성 있게 소통한다는 뜻이다. 보고서를 잘 써서 결재를 잘 받는 것과 보고능력이 우수한 것은 완전히 다른 것이다. 보고서 작성 능력과 신속하고 원활한 보고능력. 이 둘을 다 갖추고 있다면 호랑이가 날개를 단 셈이라 할 수 있다.

3. 의전, 회의, 행사에 능통하라

"의전이사, 오늘 회장님 일정이 몇 시 까지 잡혀 있어?"

내가 홍천에서 비영리단체 청년회의소(JCI) 활동을 했을 때 많이 들었던 대화내용이다. 의전이사는 회장이 참석해야 하는 공식적인 행사가 있을 때 운전을 포함하여 행사 일정, 참석자, 행사 식순 등 회장이 직접 챙기지 못하는 사항을 수행비서 역할을 한다. 이러한 의전문화를 회사가 아닌 비영리단체에서 4년간 경험했다. 그 당시에는 너무나 어색하고 딱딱했지만 지금은 공직사회에서 반드시 숙지해야 될 사항으로 생각한다.

공직생활을 하면서 많은 행사 및 회의 등을 통해서 별도의 비서가 있는 기관장과 없는 기관장의 차이를 많이 느꼈다. 기관마다 조직관리 및 인력구성이 다르기 때문에 수행비서가 없는 기관이 많다. 수행비서가 없으면 다른 기관에서 주최하는 행사에 참가할 때 좌석배치, 의전안내, 축사 등 인사말 순서가 어떻게 되는지 등에 대하여 기관장에게 알려주는 사람이 없이 당황하게 된다. 나는 이런 상황들을 많이 보았다.

"아니 우리 사무소에서 건설장비 지원을 해 주었는데 소장님 좌석이 없다는 게 말이 되나요?"

한 지방자치단체에서 시행하는 소방훈련에 건설장비를 지원해 주었다. 그리고 우리 사무소 기관장이 행사에 참석하였는데 내빈소개와 좌석배치가 없었던 것이다. 그 당시에는 나도 몰랐는데 저녁 식사시간에 이야기가 나와서 알았다. 나는 굉장히 화가 나서 그 행사를 주최한 담당자에게 전화를 해서 상황을 설명을 듣고 해당 사항에 대하여 사과를 받았다.

수행비서까지는 아니더라도 어느 정도의 의전안내를 할 수 있는 직원이 수행하였다면 황당한 상황을 최소화할 수 있었을 것이다.

캐나다에 거주하는 아는 형님이 내게 이런 말씀을 해 주었다.

"자기 부모도 모시지 않는데 조직의 누구를 존경하겠어?"

나도 부모님을 모시고 살지는 않지만 우리 부모님이든 처가 부모님이든 연세가 많아져 쇠약해지면 전원주택을 건축하여 우리 가족과 같이 살 것이다.

이와 같이 자기가 소속된 회사나 조직에서 최고의 수장을 존경하는 것은 당연한 것 아닌가 하는 생각을 한다. 조직이든 가정이든 윗사람을 잘 모시면 그 보답은 본인에게 돌아온다.

나는 최근 행정자치부에서 발행한 「2014년 정부의전편람」이라는 발행문을 다운받아서 읽어보았다. 내용은 회의, 행사 및 국가장 등의 정부나 공공기관에서 시행하는 행사에 대비하기 위한 의전지침서이다. 공직생활 11년 동안 의전이 중요하다는 생각은 했지만 그 중요성에 대해서는 고민한 적이 없었다. 그러다 최근 업무도 중요하지만 많은 행사준비와 대외활동을 하면서 좀 더 고급스럽고 멋지게 행사가 진행되는 방안을 고민하였다. 결국은 행사에 참석하신 귀빈들에게 최대한 예의를 갖추고 정중하게 대접하는 것만이 길이라고 판단해서 의전에 관한 사항들을 숙지하기 시작하였다.

"공무원이 JC(청년회의소) 활동을 한다고?"

공무원을 시작한지 5년에서 6년쯤 되던 해였다. 하는 일이 딱딱하고 민원도 많고 지쳐갈 때쯤 비영리 봉사활동 단체에 가입해서 활동을 하고 싶어 여러 가지 단체를 알아보았다.

그러다 우연히 청년회의소라는 비영리 청년단체를 찾았다. 로컬의 젊고 패기 있는 청년들이 지역사회에 봉사하고 리더십 향상에 도움이 되는 단체이고, 더욱이 단체 이름과 같이 모든 안건은 매달 개최되는 월례회의를 통하여 결정이 된다.

"의장, 00안건은 신중한 사항이므로 다음 월례회의에 통과되어야 할 것 같습니다."

월례회의 때 많이 본 상황이다.

회원들 대부분이 젊은 사업가들로 각자 개성과 자존심이 강해 하나의 안건이 통과되는데 오랜 시간이 걸린다. 처음에는 정말 회의순서, 진행방법, 답변방법 등에 익숙하지 않아 회의시간이 굉장히 어색했다. 이런 과정들이 2년 정도 경험하고 많은 행사를 준비하면서 청년회의소 활동이 재미있어졌다.

내가 말하고 싶은 것은 이러한 것들을 단순히 배우라는 것이 아니라 의전을 실천하고 회의를 진행할 줄 알아야 한다는 것을 강조하는 것이다. 이러한 절차들은 아주 오래 전부터 있던 것들인데 할 줄 아는 사람들이 거의 없는 것 같다. 의원들이나 고위직들만 행하고 그리 관심들이 없는 것 같다.

특히 공무원 조직에서는 다양한 회의와 행사가 많다. 나도 아직은 회의 자료와 회의실 책상배치 등을 준비하는 주무관이다. 많은 회의 경험과 의전문화를 이미 경험하여 회의준비, 회의진행 그리고 회의가 끝난 후 결과보고까지의 과정이 능숙하게 되었다.

회의를 준비할 때는 참석자들의 자리배치를 어떻게 하는지가 중요하다. 특히 외부 기관이 참석하는 회의일 경우 상급기관부터 회의실 책상위에 명패를 준비해야 한다. 과거에 나는 이런 순서들을 알지 못하여 낭패를 본 적이 많았다.

"박주사, 회의를 이것 밖에 준비 못해?"

이런 순간에 정말 쥐구멍이라도 있으면 들어가고 싶었다. 공무원은 업무분장 상의 업무와 관련한 회의가 많다. 회의는 준비할 때마다 회의주제, 장소, 인원 등이 각각 조금씩 다르기 때문에 항상 집중하고 신경이 쓰이는 일중에 하나다. 그래서 가끔은 회의 자료만 만들어서 전달하면 준비부터 진행까지 하는 회의진행 업체에 맡기고 싶은 생각이 든다.

마지막으로 의전, 회의, 행사를 진행할 때 성공하는 마인드에 대하여 설명하겠다.

첫 번째는 존경심이다.

상사를 모시고, 회의를 진행하고, 행사를 치를 때는 항상 대상이 있기 때문에 기본적인 존경심 없이는 성공할 수 없다. 가령 직장 상사가 개인적으로 마음에 들지 않다고 해도 공개적인 자리에서는 최대한으로 의전을 해야 그 자리에서 빛이 날 수 있다.

회의를 진행할 때에도 내부위원보다는 외부위원의 말을 더 경청하고, 상대방이 회의의 취지와 맞지 않는 의견을 제시하여도 들어주는 자세로 회의를 진행하면 상대방은 존경받는 기분이 들어 회의에서 함부로 의견을 제시하지 않는다.

두 번째는 세심한 긴장감이다.

아무리 회의나 행사에 대한 준비를 철저히 하였더라도 예측하지 못한 상황은 언제나 발생한다. 이런 상황이 발생했을 때 적절히 눈에 띄지 않게 대응하기 위해서는 세심한 긴장감이 필요하다. 특히 내빈 소개나 축사순서 시 개인사정에 의하여 빠지게 되는데 하필이면 시작 전 5분에서 10분 사이에 연락이 온다. 이럴 때 행사담당자가 모를 수도 있는 상황이 온다.

"자 다음 축사는 OOO 의원님이 하겠습니다.(잠시 후) 죄송합니다. 다음 축사는 OOO가 하시겠습니다."

이와 같이 행사 진행자가 순발력이 있으면 부드럽게 다음 순서에 있는 분으로 넘어가면 되는데 그렇게 넘어가지 못하는 어떻게 되겠는가.

세 번째는 단정함이다.

대개 단정함은 외모나 복장을 주로 설명할 때 쓰는 단어이다. 하지만 여기서 내가 생각하는 단정함은 사고방식의 단정함과 단정한 준비를 말한다. 일반적인 의전과 일반적인 회의나 행사준비는 주어진 상황이나 업무에 의하여 추진해야만 한다. 누구나가 할 수 있는 일이다. 일반적인 것을 좀 더 돋보이는 의전과 완성도가 높은 회의나 행사로 진행된다면 그 결과는 어떻겠는가. 눈에 띄는 것은 아니지만 세심한 사고방식으로 단정하게 준비하면 대접을 받는 사람이든 상대방이든 그것에 대하여 감동을 받기 마련이다.

억지로 준비하는 사람과 단정한 사고방식으로 준비하는 사람과의 차이를 느낄 때가 왔다. 4차 산업혁명이든 5차 산업혁명이든 결국 서비스를 만족시켜야 할 대상은 사람이다. 그런 콘텐츠를 만드는 것도 역시 사람이다.

사람이 받는 서비스를 배려할 줄 알고 단정한 사고방식을 가진 사람이 만들면 그것을 받는 사람 역시 행복하게 될 것이다.

물론 공무원 사회와 일반회사는 다르지만 어떤 조직이든 공통적으로 필요한 것들이 있다. 그런 공통적으로 필요한 것들을 구체적으로 깨닫고 능력 발휘를 했으면 한다.

4. 전문성으로 자신감을 가져라

"어떻게 그렇게 당당하고 자신감이 넘치세요? 사업 잘
하실 것 같아요."

요즘 모임이나 사회단체활동에 참석하면서 내가 주로 듣는
말이다.

나는 요즘 기부단체, 브랜드와 관련된 협회, 청년과 미래 등
다양한 비영리 단체 활동을 열심히 하고 있다.

"공무원이 왜 바쁘게 그런 활동들을 하세요?"

이런 질문들도 많이 듣는 중이다. 그리고 나는 이렇게 대답
한다.

"공무원이 비영리단체 활동하면 안 되나요?"

작년 하반기에 내 인생에 대하여 정리하면서 내가 할 수 있는 능력을 가지고 다양한 분야에서 활동하기로 마음을 먹었다. 이러한 활동을 시작하면서 내가 생각한 것보다 공무원이 하는 일들이 사회에 많은 영향을 미친다는 것을 깨달았다.

행정능력, 프로젝트 관리능력, 예산, 홍보, 보고, 소송수행 등 사무실에서 내가 하는 일련의 업무들이 다른 활동을 하면서도 필요하다는 것을 처음 느꼈다. 이렇게 새로움을 느끼고 비영리단체 활동을 시작하면서 다양한 분야의 대표들, 전문가들을 만나고 있다. 이러한 활동에서 실무를 하는 주무관, 그리고 공무원은 나 혼자다. 더군다나 강원도에서 서울까지 오면서 활동을 한다고 하면 다들 더 친근하게 대해주고 내가 근무하고 있는 곳에 대해서도 많은 관심을 가져 준다. 이러한 과정을 통해서 조금씩 나는 자신감과 내 분야의 전문성을 찾아가고 있다. 그리고 새로운 사람들과 비교적 쉽게 다가가고 친해진다. 어느 순간 내가 주도적으로 대화를 이끌어가는 시간이 많아지고 있다.

"박주무관 비즈니스하면 잘하겠어."

"서울로 언제 진출하세요?"

요즘 지인들로부터 나는 이러한 말을 자주 듣는다. 자신감을 보여주며 열정적으로 활동하면서 내 자신이 변화된 후의 결과들이다.

이러한 원동력은 내 인생 중 몇 번의 실패와 좌절 경험에서 나온 것이다. 그래서 이제 나의 실패는 굉장히 소중한 것으로 바꿨었다. 실패를 극복하고 세상을 바라보는 시각의 변화들, 나만의 통찰력. 내 나이 37세에 이러한 능력을 갖게 되면서 인생을 사는 방향이나 세상에 내가 도전하는 나만의 방식을 설정할 수 있게 되었다.

2년 전에 미국으로 유학 가는 것을 심각하게 고민한 적이 있었다. 그러던 중 인생에서 좌절을 맛보며 그것은 그저 미루어 둔 막연한 꿈으로 바뀌었다.

하지만 요즘 새로운 인생을 살기 시작하면서 유학은 나에게 꼭 필요한 것이 되었다.

'언제까지 이렇게 실무적인 일들만 할래?'

문득 내 자신에게 이렇게 질문을 하게 되었다. 지방공무원 6년, 중앙부처공무원 5년의 경험을 통해서 나는 한 단계 더 전문적인 업무를 하고 싶다는 열망을 갖게 되었다. 그러기 위해서는 나만의 전문적인 무기가 꼭 필요하다. 그 무기를 나는 건설경영으로 결정했다. 국민들이 이용하는 공공시설을 관리하는 기술직 공무원으로 여태까지 일해 왔다. 지금까지 공공시설 자체만을 신설하고 보수하는 업무를 하였다면 이제는 그러한 건설단계 전반을 경영하는 과정을 학습하고 정책에 적용하고 싶다.

물론 정책이라는 것은 나 혼자만의 생각으로 결정하거나 시행하는 것은 아니다. 그래도 나는 그러한 경영을 선진국에서 배우고 싶다.

그래서 요즘 영어공부를 다시 시작했다. 주중에는 인터넷을 통하여 멀티미디어 수업을 하고 주말이면 서울 강남에 있는 학원에 가서 숙제를 점검받고 부가적인 수업에 참가한다. 다행히도 영어 그 자체를 좋아하고 이제까지 포기하지 않아 중상급 이상의 클래스에서 수업을 열심히 받고 있다. 내가 생각하는 영어를 잘한다는 것은 보고서와 프레젠테이션을 영어로 할 정도의 수준이다. 어찌 보면 굉장히 현실적이고 소박한 목표지만 일반 회사에서도 이러한 능력을 갖추어야만 업무의 스트레스를 받지 않고 원활하게 직장생활을 할 수 있다.

이러한 목표를 설정하게 된 이유는 미국에 가서 대학원 수업을 받고 프로젝트에 참여하게 될 경우 보고서 작성이나 프레젠테이션을 하게 될 기회가 많을 것을 대비한 것이다.

단체 활동을 하면서 얻게 된 자신감, 그 자신감을 통해서 좋아진 나의 화술. 영어로 말할 때에도 결국 이 자신감이 중요하다는 것을 깨달았다. 나만의 '들이대' 정신이라고나 할까. 자신감을 통해서 나의 생각들을 타인에게 논리적이고 설득력 있게 전달할 줄도 약간은 알게 되었다. 나만의 이러한 전달능력이 영어로도 완벽하게 구현된다면 글로벌한 일을 할 수 있게 되고, 더 많은 재능기부를 하게 될 것이다.

나는 구체적이고 현실적용 가능한 면을 항상 생각하면서 살아가고 있다. 그래서 나는 내가 할 수 있는 것을 먼저 하고 그 다음에 갖추어야 할 부분을 채워나가는 습관을 가졌다. 이러한 패턴의 습관은 과거 나의 어둡고 막연했던 모습을 변화시켰고 지금

제2의 인생이라는 것을 시작하였다.

"퇴직한 뒤 뭐하고 살지?"

"쥐꼬리만 한 연금 가지고 살 수 있겠어?'

정년퇴직이 얼마 남지 않은 선배들의 대화내용이다. 이런 대화들을 자주 듣다보면 나는 제2의 인생으로 퇴직 후의 인생만을 생각했다. 그러다 인생의 좌절과 실패를 경험한 후 매일 매일을 긍정적이고 열정적으로 사는 새로운 인생을 살고 있다. 이렇게 새롭게 시작된 나의 인생이 자신감을 향상시키고 영어능력을 향상시키는 중요한 역할을 하였다.

인생을 살아가면서 또 다른 위기는 반드시 찾아올 것이다. 그런 위기와 또 다른 실패가 나에게 찾아온다면 이제는 그것들을 당당히 사양할 것이다. 청탁이나 부탁만 거절하는 대상인 줄 알았는데 살다보니 위기와 실패도 당당히 거부해야 인생에서 시간 낭비를 하지 않는다.

"수학은 중1때 포기했지만, 영어는 포기하지 않았거든."

어떻게 영어를 잘하냐고 묻는 주위 사람들에게 자주 하는 말이다.

요즘도 나는 주말마다 서울 강남에 있는 영어 학원을 다니며 공부를 한다. 공무원이 되고 나서 영어를 사용할 일이 없었다. 인생의 힘든 과정을 겪고 나서부터 자신감을 서서히 회복하고 영어 공부를 다시 시작하기로 마음먹었다.

영어를 공부하는 이유는 분명하다. 보다 나은 나의 삶을 설계하던 중 영어가 나의 디딤돌이 될 수 있다고 생각했다. 앞으로 내가 외국 소재의 대학원에서 수학하기 위해서라도 일정 정도의 영어실력을 갖추어야만 한다.

나는 대학교를 다니면서도 영어공부를 꾸준히 하였다. 그 당시 영어공부를 열심히 했으나 왜 열심히 해야 하는지에 대한 당위성 부족으로 항상 제자리에 머물렀다. 지금은 과거의 경험을 바탕으로 정말 구체적인 목표를 달성하기 위하여 정진하고 있다.

나에게는 박성훈 선생님이라는 영어선생님이 계신다. 서울에 있는 어학원에서 텝스(Teps) 라는 과목을 수강하면서 알게 된 분이다. 선생님이 최근 가평으로 오시면서 집과 가까워져 나는 영어를 다시 배우기 시작했다. 옷의 단추를 새롭게 끼우는 느낌이었다. 그러면서 영어로 된 원서를 구입하는 방법과 원서로 공부하는 것이 더 쉽다는 새로운 사실도 알게 되었다. 그 후로 나는 영어 원서를 읽기 시작하고, 조금씩이라도 매일매일 꾸준히 읽고 있다. 지금 내 나이에 이 정도는 해야 조금이라도 실력이 향상되고 외국인과 더 자연스럽게 대화를 나눌 것이다.

"요즘 공무원들 전문성과 중립성을 갖추어야 합니다."

제4차 산업혁명이라는 시대를 살아가는 요즘 공무원들에게 내가 해주고 싶은 말이다. 그러기 위해서는 최소 자기 분야에 대하여 마스터가 되어야 하고 공공분야의 업무를 추진하기 위해서는 중립적인 자세를 취해야만 한다.

"닭이 먼저냐? 알이 먼저냐?"

이 말과 같이 나는 전문성이 먼저냐? 자신감이 먼저냐? 라고 고민해 보았다. 그런데 이내 고민할 가치도 없는 것임을 알게 되었다. 전문성과 자신감은 상호적으로 갖추어야만 시너지가 발생하는 것이었다. 전문성은 갖추고 있으나 자신감이 없는 사람 또는 자신감은 넘치는데 전문성이 부족한 사람 이 모두 다 이상적이지 못하다.

나는 전문성도 떨어지고 자신감 없는 정말 소위 말하는 루저로 34년을 살아왔다. 그 뒤 전문성을 갖추기 위하여 기술사자격을 취득하였고 몇 번의 실패를 겪으면서 약간의 자신감을 얻었다.

이제는 이러한 전문성과 자신감을 영어로 자유자재로 표현하는 상상을 하고 있다. 상상력, 창의성 없이는 새로운 도전을 할 수 없다. 상대방과의 협업 없이는 전문가로서의 가치를 실현시키기 어려운 사회가 이미 되어 있다.

나는 이 시대 공무원을 꿈꾸는 젊은이들에게 얼른 일어나 산의 정상에도 올라가보고 아주 밑바닥 생활도 경험해보라 말하고 싶다.

5. 글 잘 쓰는 공무원이 되라

회사나 조직에서 직원들이 필요한 능력은 보고서를 잘 쓰고 PT(프리젠테이션)을 잘하는 것이다.

이는 공직사회에서도 마찬가지다.

사실 나는 국어능력이 많이 모자랐다. 그래서 글을 잘 쓰기 위하여 개인적으로 글쓰기 수업도 받았다. 그러던 중 나는 운이 좋게도 최고의 멘토 고정욱 박사를 만났다. 그는 기록적으로 260여 권의 책을 출간한 소설가 겸 아동작가다. 글을 써서 보여주면 빨간 펜으로 수정을 잔뜩 해서 돌려준다. 수업의 강도는 받아본 사람만이 알 수 있을 만큼 벅차다. 그렇게 나는 글이라는 것을 쓰기 시작하였다.

고박사가 글을 쓸 때 강조하는 점은 구체성과 진정성이다.

나는 어떤 일을 할 때 막연하고 진정성이 없었다. 그래서인지 글을 쓸 때도 주제가 뚜렷하지 않았다. 그랬던 내가 이제는 서서히 글을 쓸 때 항상 구체적인 주제와 진정성 있는 나만의 의지를 표현하기 시작했다. 이러한 과정이 반복되고 습관이 되니까 사무실에서 보고서를 작성할 때나 계획서를 작성할 때도 많은 도움이 되었다. 그러면서 나는 자신에 대하여 굉장히 솔직해지고 냉철하게 자신을 바라보게 되었다. 마음은 따뜻하게 머리는 차갑게 된 것이다.

공공기관에서 하는 일들은 국민들의 관심이 크기에 언론보도에 많이 노출되어 있다. 따라서 어떤 문제가 발생하여 부정적으로 보도될 경우 전후 상황을 잘 따져보고 적절하게 대응을 할 줄 알아야 한다. 그래야 국민들에게 오해를 받지 않기 때문이다. 이러기 위해서라도 글쓰기 능력은 공무원에게 필수적인 사항이 되었다.

물론 홍보를 전문으로 하는 위원들도 있다. 홍보를 전문으로 하는 위원에게 본인의 업무에 대한 사항을 위임하여 홍보 및 대응하는 것은 개인적으로 좋아하지 않는다. 물론 사안이 클 경우 홍보위원에게 맡길 경우도 있다.

하지만 대부분의 사항들은 업무를 가장 잘 파악하고 있는 담당자 본인이 언론대응 및 변호까지도 직접 하는 것이 좋다. 왜냐하면 그래야 국민들에게 신뢰를 줄 수 있기 때문이다.

공무원이 서식이나 잘 쓰면 된다고 생각하는 사람이 있다면 큰 오해다. 공무원이야말로 글을 잘 써야 할 사람이다. 영어보다도 국어를 못하였던 내가 어떻게 글쓰기에 관심과 흥미를 갖게 되었을까. 그건 나의 발전에 필요했기 때문이다.

솔직히 말하자면 쉽고 재미있으며 실력을 쑥쑥 키워주는 방법은 없다. 공무원들은 학생이 아니다. 그래서 교육을 받을 시간도 사실상 많지는 않다. 하지만 공공기관별로「인사관리규정」에 의하여 승진에 반영되는 연간이수 교육시간이 정해져 있다. 그것이 보통 100시간이다. 이러한 시스템은 너무나 형식적인 방식이어서 개인적인 자기계발에는 별로 도움이 되지 않는다.

물론 모든 사람들이 그렇다는 것은 아니다. 나 같은 경우는 지역 주민들이나 국민들과 가까운 거리를 두고 일하는 대민행정의 경험이 많다. 그러다 보니 말이 아닌 글, 즉 공문서로 구체적으로 표현하고 전달하는 것이 실수를 범할 확률을 낮춰준다. '아' 다르고 '어' 다르다는 속담이 있다. 그게 바로 표현의 중요성을 말하는 거다.

글쓰기도 마찬가지다. 글은 자기 자신만 알기 위해서 쓰는 것이 아니다. 타인에게 표현하고 이해시키고 때로는 감동까지 전해야 하는 경우도 있는 게 글이다. 소위 잘 가는 공무원이 되려면 글쓰기 실력을 키워나가야 한다. 주장하거나 설득하려는 등의 의도를 최대한 구체적이고 명료하게 글로 전달하기 위해서는 실전과 같이 많은 글을 써보고 지적을 받아야만 한다. 뭐 이 세상에 쉬운 것이 하나라도 있겠는가.

내 경험상 가장 실력이 늘어나는 방법 중 하나는 자신이 쓴 글을 주변 사람들에게 보여주고 지적을 받는 방식이다. 대부분 사람들은 자기 글을 창피해 하는 경향이 크다. 그래서 다른 사람에게 보여주는 것을 꺼린다.

하지만 뭐 어떻단 말인가. 본인의 글쓰기 실력이 늘어나는데 무엇을 못하겠는가. 당장의 창피한 상황이 두려워 글쓰기를 포기하는 건 어리석은 일이다.

글쓰기를 잘하게 되어 직장 상사에게도 인정받고 국민들에게도 신뢰를 주는 공무원이 될 것인지 말 것인지의 선택은 본인이 하면 된다.

매일 같이 하루가 시작되고 직장에 출근하면 오전 9시부터 업무가 시작되는 것이 대부분 직장인의 공통적인 상황이다. 나도 2016년도 상반기까지 이러한 글쓰기 능력이 많이 부족하여 하반기부터 소셜미디어를 통하여 글을 쓰기 시작하였다. 나의 일상생활부터 약간의 업무적인 것들에 대하여 포스팅을 한 것이다. 맞춤법이 틀리지 않도록 주의해서 글을 올리기 시작했다. 그러다보니 '좋아요'가 올라오고 댓글이 달리면서 점점 재미가 붙었다. 거기에 고정욱 박사가 추천한 글쓰기 책을 사서 매일 매일 조금씩 연습하기 시작하였다. 특정한 상황이나 주제에 대하여 나의 생각들을 글로 옮기는 연습문제가 많았던 것이다. 그러다 보니 나의 글도 점점 좋아졌다. 이제는 글쓰기가 나에게 하나의 취미가 되었다.

　사무실에서는 주로 출장복명서나 메모 보고 등의 간단한 글을 자주 쓰게 된다. 이제는 이러한 업무에 대해서도 자신감이 생겼다. 그러면서 본부에서 내려오는 보고서나 업무와 관련된 정기적인 간행물을 자주 읽어보았다. 그 이유는 최대한 적절한 용어를 선택하여 글쓰기를 하기 위해서다.

　글쓰기에 습관을 들이다 보니 하루의 일과를 수첩에 구체적으로 적게 되었다. 그러다보니 놓치는 일이나 실수를 줄일 수 있었다. 보도자료 작성이나 새로운 주제에 대하여 글을 쓰는 것도 과거에는 스트레스를 많이 받으면서 제대로 작성하지 못했다. 하지만 이제는 일단 글로 무리 없이 표현해내고 있다.

　그리고 나이가 들어가며 메모의 중요성에 대하여 공감하고 있다. 나는 주로 회의 시간에 메모를 주로 한다. 여태까지는 중요한 내용과 그렇지 않은 내용을 구별하지 않고 모든 내용을 단순 무식하게 받아 적으려고 했다. 이러한 습관은 좋지 않다.

　우선은 중요한 내용 중 핵심적인 키워드를 수첩에 적어두는 습관이 들어야 한다. 그래야 회의에서 많은 주제를 다루더라도 헷갈리지 않고 자기가 해야 할 일과 그렇지 않은 일이 구별된다.

　메모를 하게 되면 회의를 주재한 상급자 또는 동료에게 중복되는 질문을 하지 않게 된다. 결국 시간을 아끼게 되는 것이다. 게다가 의도하는 내용이 보고서에 쉽게 작성되면서 상급자에게 지적받는 일이 줄어 업무효율성을 높일 수 있다. 업무에 혼선이 잦은 사람들은 본인의 메모방법에 대해서 한번 고민해 볼 필요가 있다.

글쓰기에 자신이 없던 시절의 나는 보고서를 작성할 때 실수가 많고 결재과정에서 지적받는 일이 잦았다.

그러나 흥미와 관심을 갖고 글을 쓰다 보니 실수와 결재를 받는 시간 또한 많이 줄어들었다. 요즘의 나는 시간만 되면 펜이든 노트북이든 수단을 가리지 않고 글을 쓰려 한다.

완벽하게 글을 쓰려 하기보다는 글을 자주 많이 쓰는 데 집중한다. 나중에라도 지적을 받으면 글이 좋아진다는 것을 알게 되었기 때문이다. 일종의 진리를 깨달은 것이다. 거울에 비친 내 모습을 쳐다보는 느낌이랄까.

글은 작가나 국어선생님만이 잘 쓰는 것인 줄로만 알았다. 역시나 노력하지 않고 깨닫지 못하면 착각 속에서 살 수밖에 없나 보다. 나처럼 특별한 능력이 없는 공무원은 남들보다 더 노력해야만 했다. 남들만큼 행동하고 일하면 남들보다 결코 좋아질 수 없다는 것을 나는 글쓰기를 통해서 깨달았다.

물론 선택은 자신이 하는 것이다. 글을 꼭 잘 쓸 필요는 없다. 그렇다고 해서 글을 못 쓸 이유도 없다.

의사표현은 중요하다. 예전에는 말이 글보다 더 중요하다고 생각했다. 바로 주변에 있는 사람한테까지 글을 통해서 의사를 표현할 필요는 없다고 생각했다.

하지만 요즘에는 가까운 사람일수록 좀 더 정확하고 확실하게 표현을 해야만 전달하려는 의도가 퇴색되지 않아 원만한 관계가 잘 유지될 수 있다. 주변 사람에게 신뢰를 유지하는 비결은 가끔씩 짧은 메모라도 직접 손 글씨로 써서 전달하는 것이다. 요즘에는 많은 종류의 소셜네트워크 서비스가 유행하며 쓰이고 있다. 그러한 매체를 활용하여 자신의 의사나 생각을 잘 전달한다면 좀 더 상대방에게 호감을 줄 수 있다.

새로운 방법을 찾지 말고 내 바로 옆에 있는 도구를 이용하여 글을 쓰기 시작하라. 글을 쓰다보면 자신도 모르게 솔직해져 가는 모습을 보게 될 것이다. 상상력을 동원하여 쓰는 글도 쓰는 사람이 솔직하지 않으면 의도하는 방향으로 글이 만들어지지 않을 것이다.

나는 글을 잘 쓰는 공무원이 되고 싶다. 왜냐하면 내가 하는 일이 국민들을 편하게 할 수도 있고 안전하게 할 수도 있는 일이기 때문이다.

사건이 발생해 불안하거나 불만이 있는 대중들에게 다가가는 능력은 공무원에게 필수 불가결한 것이다. 그 구체적 수단 가운데 가장 좋은 것이 진정성 있는 글을 쓰는 것이라고 나는 믿는다. 이건 전 세계 어디에서든 공통적인 것이다. 글을 잘 쓰는 공무원은 사무실에서든 현장에서든 담당업무를 추진하는 데 있어서 설득력을 갖고 있으며 논리적이다. 그로 인해 동료 직원들에게도 신뢰를 받을 수 있고 특정 다수의 민원인들에게도 호감을 얻게된다. 그것은 공공기관을 신뢰하게 만드는 결과를 빚는다.

독자들도 자신만의 방법으로 글쓰기 능력이 향상되는 모습을 상상하기 바란다. 공무원조차도 상상력이 풍부해야 살아남는 시대가 되었다. 통일을 준비해야 하는 시대에 상상력을 바탕으로 글을 잘 쓰는 공무원만이 이 세상을 아름답게 만들어 나갈 것이다. 나는 감히 그 대열의 앞줄에 서길 원한다.

6장

추천사

인생은 욜로가 아니라 리셋이다

고정욱(문학박사, 아동문학가)

욜로(You Only Live Once:한 번뿐인 인생)가 유행이다. 얼핏 들으면 맞는 말인 거 같다. 귀한 내 삶 지나가면 없어지니 순간을 즐기라는 거다. 그러나 과연 욜로만으로 내 인생이 유지될까? 길고 긴 인생이 욜로로 일관할 수 있을까? 그렇다면 얼마나 좋을까.

"뭐 하는 사람이에요?"

"강원도에서 근무하는 공무원입니다."

박철희와 내가 처음 만날 때 그는 강사의 세계가 궁금해 캠프에 모습을 나타냈다. 그 무렵 나는 그가 사람들과 소통하고 싶어 하는 사람으로 느껴졌다. 그와 나의 인연은 그때부터 시작이었다. 그는 내가 강의하는 글쓰기 수업이나 출판기념회 또는 사인회에도 가급적이면 모습을 드러내고 사람들과 인연을 맺으려 애를 썼다. 강원도의 공무원이 왜 저렇게 열심히, 그것도 귀한 주말 시간에 서울에 모습을 드러내는 것일까 하는 의문을 가졌다. 그러나 나중에 나는 그가 마음속에 자기 자신의 삶을 좀 더 나은 것으로 만들고 싶어 하는 열정이 있음을 알게 되었다. 한 번뿐인 인생을 즐기는 것이 아니라 발전하고 성장하는 것으로 바꾸고 싶어 한다는 것도 느꼈다. 그는 욜로와 거리가 멀다. 자기계발은 물론이고 가족을 위해 노력하고 봉사하며 공무원으로서 대민업무에 최선을 다하고 있다. 어려운 시기를 겪어내면서 보잘것없는 나의 조언 몇 마디에 큰 힘을 얻었다고 한다.

나는 수없이 많은 조언을 주위에 한다. 꼰대짓을 하는 것이다. 그렇다고 내 조언을 듣고 모든 사람이 박철희처럼 바뀌는 건 아니다. 그 자리에선 수긍하는 척하지만 뒤에 가서는 전혀 변화하지 않는 사람들이 대부분이다.

그들과 박철희의 차이는 행동이다. 공무원 박철희는 옳다고 느낀 것은 행동으로 옮기고 나아지려 애쓰는 사람이다. 이 책은 그런 저자의 갈등과 고뇌 그리고 도전과 열정이 가득 담겨 있다. 공무원을 꿈꾸는 사람. 아니 이 땅의 젊은이들이 반드시 들어야 할 귀한 경험과 스토리가 이 책에 담겼다.

욜로는 거짓이다. 한 번뿐인 삶이기 때문에 보람 있는 것, 즐거운 것, 더 나아가 소명을 완수하는 것으로 만들기 위해 노력하고 도전해야 한다. 지금까지 욜로였던 꿈을 리셋해야 한다. 비전을 향해 달려야 한다. 인생은 100m 달리기가 아니라 마라톤이기 때문이다.

신발 끈을 잔잔히 조이고 다시 힘차게 대지를 박차는 대한민국 공무원 박철희의 앞날에 영광 있기를 바란다.

방향을 리셋한 톡톡한 직원의 이야기

전우정(공무원, 정선국토 보수과장)

공무원이 책을 내다니?

그것도 토목을 전공한 기술사 공무원이?

내가 처음 만났던 박철희는 그런 놀라운 능력을 가진 사람으로 보이지 않았다. 자신감이 많이 떨어져 있었고 목소리도 매우 작았던 것이 그의 첫인상이었다.

하지만, 나는 그 안에 내재한 가능성을 보았다.

잘 이끌고 지도하면 충분히 제 몫, 아니 그 이상을 해낼 수 있는 공무원으로 보고 멘토링을 해주었다.

교량, 터널 등을 건설하고 있는 대형 도로건설공사 현장에 데려가 설명도 해주고 공사관계자들도 소개해 주며 다양한 실무 경험을 쌓게 해주었다.

그러한 영향 때문인지 그는 조금씩 자신감을 찾아갔다.

사무실에서도 업무에 최선을 다하는 모습을 보여주었다. 게다가 최근엔 7급 공무원으로 진급을 하는 기쁨을 누리기까지 했다.

그는 가끔 이해할 수 없는 독특한 사고방식으로 애를 먹이는 경우도 있었다. 그러나 그것은 박철희 자신만의 자기계발 방식이라는 걸 나는 알고 있다.

인생을 살면서 누구에게나 고난이 한 두 번은 찾아온다. 이 책에는 저자가 살아오면서 경험한 갈등, 힘든 상황에 직면했던 어려움, 그리고 떨치고 일어서서 새롭게 도전한 이야기가 담겨 있다.

새로 공직에 진입하는 신출내기 공무원들에게 큰 용기가 될 것이라 믿어 의심치 않는다. 더 나아가 방황하는 청춘들에게 큰 위로와 용기를 줄 수 있는 책이라고 생각한다. 오늘도 새로운 꿈을 향해 자신을 끊임없이 리셋하는 박철희에게 진심 어린 응원과 박수를 보낸다.

7장

발문

발문

고정욱(문학박사 · 소설가)

도전하는 자의 끝은 어디인가?

토요일 오후, 기다리던 전화가 왔다. 바로 박철희가 건 전화였다.

"선생님 덕분에 대성공입니다! 강연이 성공적으로 끝났어요. 가수 강원래 씨 말도 너무 잘하고, 강연도 감동적이었어요. 청중들도 모두 기뻐하며 아주 많이 참여했습니다. 정말 감사합니다."

그가 나에게 이런 전화를 한 이유가 있다. 이 책의 초판본에 있는 추천사에 나왔듯이, 그와 나의 인연은 제법 오래 되었다. 강연에 관심이 많고 남들 앞에서 자신의 의사를 표현하는 것을 즐기는 그였기에 나와는 쉽게 친해졌고, 그 후로 그는 나에게 글을 배우거나, 나의 강연을 자주 들으러 오곤 했었다. 공무원임에도 불구하고 현실에 안주하지 않고 자신의 미래와 꿈을 향해 나아가는 모습이 대견했다. 그렇게 나는 그와 좋은 인연을 맺고 있었다.

그는 항상 아침 일찍 출근하며 '얼리버드'의 삶을 사는 사람이었다. 문자로 나에게 궁금한 점을 물어보기도 하고, 가끔은 통화를 하기도 했다. 나는 그가 왜 이렇게 열심히 사는지 궁금해 하루는 물었다.

"철희 씨는 꿈이 뭐길래 이렇게 열심히 살아요?"

"사실 저는 저의 고향 홍천의 어린이들을 위해 뭔가 좋은 일을 하고 싶습니다."

그의 말을 들어보니, 강원도 출신인 그는 강원도가 겪는 문화적 소외와 낙후에 대해 늘 안타까워하고 있었다. 그가 현재 거주하고 있는 홍천에서도 이렇다 할 문화 행사나 자극이 될 만한 것이 없다는 거다. 그럴 수밖에 없는 것이, 그는 공무원으로서 더 큰 세상을 경험했고, 주말이면 휴식 대신 서울에 와서 다양한 사람들을 만나고, 여러 모임과 강연회 및 문화적 행사에 적극적으로 참여했기 때문이다. 이래서 시야가 넓은 그가 문화와 강연의 중요성을 알고 있었기에, 인문학적인 소양을 홍천의 어린이들에게 선물하고 싶어 했다.

나는 그에게 아이디어를 주었다.

"철희 씨가 직접 강연의 주체가 되면 돼요. 강사를 초대해서 자리를 만들어요."

그는 처음엔 당황했지만, 강연 주최는 뜻과 의지만 있으면 얼마든지 가능한 일이었다. 전국에는 좋은 강연을 하는 인물들이 늘 많았다. 초청만 하면 될 일이다. 이렇게 해서 만들어진 것이 바로 홍천 어린이 인문학교 강연이었다.

가장 중요한 것은 강사료였다. 좋은 강사들은 그에 상응하는 강사료를 지불하는 것이 마땅했기 때문이다. 박철희는 과감하게 자신의 사비로 강사료를 마련했고, 이에 감동한 그의 아내는 강사들의 교통비를 보태주겠다고 하여 부창부수의 아름다운 모습을 보여주었다. 이렇게 해서 처음 시행된 것이 바로 첫 번째 강연이었고, 강연자는 가수 강원래였다. 클론의 멤버였던 그는 불의의 사고를 겪고 장애인이 된 유명한 인물이다. 의지를 가지고 재활을 거쳐 지금은 전국을 다니며 공연은 물론, 강연과 라디오 프로그램 진행 등으로 장애인이 되기 전보다 더욱 바쁘고 보람 있는 삶을 살고 있다. 그를 박철희에게 소개한 사람은 바로 나였다.

"전국적으로 영향력 있는 인물이어야 홍천 인문학교가 주목을 받고, 앞으로 계속 밀고 나갈 수 있는 추진력을 얻을 거예요."

"하지만, 제가 어떻게..."

"내가 알고 있어요. 전화번호를 줄 테니 한번 시도해 보세요."

그는 내 가르침대로 강원래 씨에게 정성껏 섭외를 했고, 결국 홍천 인문학교 강연이 성사되었다. 보람찬 인문학교 강연 행사를 마치고 그는 감사의 전화를 건 것이다. 나는 그와의 인연을 되새기며 그가 가진 큰 꿈을 보았다. 대부분의 40대 가장들과 공무원들이 가지고 있던 편견이 깨졌다. 그는 뭔가 주변을 위해 나누고 베풀 줄 아는 사람이었기 때문이다.

* * *

사람에게 자기계발이 필요한 이유는 단순히 더 나은 직업을 얻거나 성공을 이루기 위한 수단이기 때문만은 아니다. 그것은 삶의 전반적인 질을 높이는 데 있다. 인간은 모두 각자의 잠재력을 가지고 태어난다. 자기계발은 이 잠재력을 최대한 발휘할 수 있게 도와주는 과정이라 할 수 있다. 스스로 목표를 세우고 이를 달성하기 위한 노력을 지속하다 보면, 자연스레 성취감과 자존감이 상승하게 된다. 나의 경우도 사람들은 끊임없이 묻는다.,

"왜 그렇게 열심히 사세요? 왜 그리 책을 많이 내세요? 돈이 그렇게 필요해요?"

다 모르는 소리다. 자기계발의 과정에서 얻게 되는 성취감은 더 큰 도전과 목표에 도전할 수 있는 동기를 부여해 준다. 그 희열은 이루 말로 표현할 수가 없다. 박철희도 그걸 아는 사람이다.

나는 예전에 없던 습관이 생겼다. 업무와 관련된 출장 중에도 도로, 교량, 터널 등의 시설물을 보면 항상 기술사 문제와 연관시켜보는 것이다. 모든 사물이 기술사문제처럼 보여 내가 스스로 문제를 만들고 그 답을 서술하는 습관이 몸에 배어 버렸다.

이처럼 누가 시켜서 하는 것이 아니다. 스스로 즐거움을 느끼며 하는 것이다. 자신의 성장이 곧 기쁨이기 때문이다.

이처럼 자기계발의 중요성은 끊임없이 변화하는 현대 사회에서 더욱 두드러진다. 빠르게 변화하는 기술과 환경 속에서 자기 자신을 끊임없이 업그레이드하지 않는다면, 어느 순간 경쟁에서 뒤처질 수 있다. 이에 자기계발은 변화에 적응하는 능력을 길러주며, 더 나은 결정과 문제 해결 능력을 발휘할 수 있게 도와준다. 스스로를 성장시키며, 강점과 약점을 명확히 인식할 수 있는 기회를 제공받는다. 이는 직장과 개인 생활 모두에서 중요한 역할을 하며, 더 많은 기회를 얻고 경쟁력을 갖추는 데 필수적이다.

또한 자기계발은 우리의 감정 조절과 스트레스 관리에도 큰 영향을 미친다. 박철희 역시 살면서 인생의 다양한 문제나 어려움에 직면하곤 했다. 그럴 때 꾸준한 자기계발을 통해 키운 인내력과 유연한 사고는 복잡한 상황에서도 효과적으로 대처할 수 있도록 그를 돕는다. 꾸준히 자기 자신을 발전시켜 나가면서 사람들은 스트레스 상황에서 더 냉철하게 문제를 해결하고, 더 나은 선택을 할 수 있는 힘을 갖게 된다. 한 마디로 수양을 하게 되는 거다.

처음에는 보고서라는 말만 들으면 두려움을 느낄 정도로 스트레스를 받았다. 그래서 나는 다양한 종류의 샘플자료를 모아 두고 하나하나 참고하면서 보고서를 작성하기 시작했다. 그러다보니 보고서엔 일정한 형태가 있다는 것을 알게 되었다. 그걸 터득하고 나니 조금씩 보고서 작성에 자신감이 생기기 시작했다.

자기계발은 또한 더 나은 인간관계를 형성하는 데 기여한다. 스스로를 이해하고 성장하는 과정에서, 박철희는 타인과의 의사소통 능력도 함께 발전시킬 수 있었다. 자신의 감정과 생각을 명확히 표현하고, 상대방을 존중하는 소통 방식은 개인의 성장을 넘어 관계에서도 긍정적인 변화를 가져왔다. 이는 특히 직장이나 가정에서 더 나은 협력과 조화를 이루는 데 중요한 역할을 한다.

가정에서도 마찬가지다. 가장으로서 가족들에게 신뢰를 받지 못하면 부부싸움이 일어나거나 서로 말하지 않는 등의 불화가 발생한다. 조직은 차치하고 개인사업도 직원들과 신뢰를 쌓지 못하면 밑의 직원에게 업무를 지시하여도 그들이 따라주질 않는다.

나아가 자기계발은 단순히 개인적인 성취를 넘어서, 더 나은 세상을 만드는 데 기여할 수 있는 힘을 제공한다. 자신이 속한 사회나 공동체에 기여하고, 나눌 수 있는 능력을 갖추는 것은 사람에게 큰 만족감을 준다. 성장과 발전은 삶을 더욱 의미 있고 풍요롭게 만들며, 이 과정에서 얻는 자존감과 성취감은 우리를 더욱 강하게 만든다.

결국, 박철희에게 자기계발은 단순한 선택이 아니라 성공적인 인생을 위한 필수적인 과정이었다. 이는 우리 모두 마찬가지다. 각자 원하는 방향으로 삶을 주도적으로 이끌 수 있도록 돕고, 더 많은 기회를 창출하며, 행복하고 만족스러운 인생을 살아갈 수 있게 해주는 것이 자기계발이기 때문이다.

* * *

박철희의 큰 세계에 대한 동경은 거의 본능에 가깝다. 그가 영어 공부를 꾸준히 열심히 한 것이 가장 큰 증거라 하겠다.

결국 나는 다음 학기에 교수님의 영어회화 강의에 정식으로 수강신청을 했다. 적극적으로활동해서 나는 수업시간에 반장도 했고, 성적도 A+를 받았다. 아는 만큼 보이고 원하는 만큼 얻는 것이 인생사였다.

현대 사회는 전 세계가 긴밀하게 연결된 글로벌 시대에 접어들고 있다. 한국은 세계무대에서 점점 더 중요한 역할을 맡고 있으며, 그 중심에서 활약하는 공무원들은 글로벌 시각을 갖추는 것이 필수적이다. 특히, 영어는 국제 사회에서 의사소통의 핵심 언어로 자리 잡고 있다. 공무원들이 영어를 공부하는 것은 더 이상 선택이 아닌 필수 조건이다. 그 이유는 일단 영어는 국제 공용어로, 전 세계 국가 간의 소통에서 필수적이다. 국제회의나 협상 자리에서 공무원들은 자국의 입장을 명확히 전달해야 하며, 이를 위해서는 영어 구사 능력이 무척 중요하다.

우리나라가 미국과 오랜 기간 협상했던 한미FTA 협상을 이끈 K대표는 능숙한 영어 구사력을 가지고 있었다. 참여정부에서 외교통상부 통상교섭본부장으로 한미 FTA 협상단을 이끌었다. 그는 이미 어릴 때부터 미국에서 고등학교를 졸업하고 컬럼비아 대학교에서 국제정치학 학사, 국제관계학 석사 학위를 취득했다. 이런 공무원들이 있었기에 우리는 협상을 성공적으로 이끌 수 있었고 국익을 창출했다.

이처럼 공무원의 영어 능력은 외교나 국제 무역 분야에서는 협상력과 소통 능력을 가지고 국가의 경쟁력을 좌우한다. 이러한 상황에서 영어를 능숙하게 구사하는 공무원은 한국의 이익을 효과적으로 보호하고 증진시킬 수 있다. 박철희가 이 한영 개정판을 다시 내는 것도 그런 이유이다. 자신의 생각과 신념을 전세계에 다시 알리기 위함이다.

게다가 글로벌 이슈에 대한 이해와 대응 능력을 강화하는 데 영어는 중요한 도구이다. 기후 변화, 경제 위기, 국제 안보 문제 등 세계적인 문제들은 대부분 영어로 된 자료와 정보를 통해 공유된다. 공무원들이 영어로 된 보고서나 연구 자료를 이해할 수 있어야 최신 정보를 바탕으로 국가의 정책을 수립할 수 있다. 영어를 통해 외국의 정책 사례를 분석하고 이를 한국에 맞게 적용하는 것도 중요한 업무 중 하나인 것이다. '나는 영어 못 해.'라고 말하는 순간 그는 이미 자신의 한계를 정하는 셈이다.

박철희처럼 한국 공무원들이 영어를 배우고 글로벌한 시각을 갖추면 국제 사회에서의 한국의 위상이 더욱 높아질 거다. 해외 투자 유치, 기업 간 협력, 그리고 문화 교류 등 다양한 분야에서 영어를 잘하는 공무원들은 더 많은 기회를 창출할 수 있기 때문이다. 또한, 영어 능력은 한국이 글로벌 경제에서 주도적인 역할을 할 수 있도록 돕는 중요한 자산이 된다. 그의 이 영역본 〈리셋 마이 드림〉이 큰 기대를 얻게 하는 이유도 그것이다. 이를 통해 해외의 수많은 사람들이 한국 젊은 공무원의 고뇌와 노력, 그리고 그의 삶에 있어서의 보람을 알게 될 것이다. 이는 거

233

시적으로 보면 한국 공무원의 우수성을 세상에 알리는 것인 동시에 한국의 우수한 국가 시스템은 결코 그냥 얻어진 것이 아님을 알릴 수 있다. 한국의 공무원 맨파워의 우수함을 보여 줄 수 있기 때문이다.

* * *

이 책의 제목 〈리셋 마이 드림〉은 언제나 유효하다.

사람에게는 항상 리셋이 필요하다. 리셋의 의미는 그동안 쌓였던 것들을 모두 제거하고 원래 상태로 돌아간다는 의미도 있지만, 시행착오를 줄이고 새로 출발한다는 의미도 있다. 그것은 새로운 출발인 동시에 성장의 출발이다. 과거와 똑같은 착오나 실수를 리셋 후에 다시 저지를 일은 없기 때문이다.

그래서인지 박철희는 다양한 분야에서 자신의 삶을 거듭 리셋하고 있다. 가장 눈에 띄는 것은 그의 이웃에 대한 사랑이다. 홍천 인문학교가 자신의 지역 어린이들을 위한 사랑의 표현이라면, 춘천에 있는 아버지, 어머니에게는 편히 쉴 수 있는 별장을 지어 드렸다. 또한 그는 자신의 책을 무료로 소외된 어린이나 청년들에게 기부하였고, 나눔을 실천하는 사람이다.

국민의 공복으로서 주변을 돌아보고 나눔을 실천하는 것은 결코 쉬운 일이 아니다. 그럼에도 불구하고 그는 더불어 사는 세상을 만들기 위해 큰 노력을 하고 있다. 공무원이 근무 시간뿐만 아니라 나머지 시간을 봉사와 나눔, 그리고 사랑을 실천하는 것, 그것이야말로 진정한 공무원의 자세이다. 이는 마치 비번인 소방관이나 경찰관이 화재 현장이나 범인을 보았을 때 적극 뛰어드는 것과 마찬가지이다.

홍천 인문학교가 홍천에 있는 어린이들에게 작은 희망의 불씨를 밝혀 주듯, 그의 삶은 그의 지역과 공무원 사회에 작은 희망이 될 것이라고 나는 믿는다.

여기에 그의 새로운 도전은 끝이 없다. 감성이 예민하고 섬세한 그는 최근에 문학 공부를 시작한 것으로 알고 있다. 평상시에 관심 있던 시를 쓰고 있다. 시에 대한 그의 공부는 집요하고 꾸준하다. 마치 공무원이 계획을 세워 추진하듯이 시작하고 있다.

시는 무엇인가? 세상을 보는 가장 근본적인 눈이다. 가장 동심 어린 눈이다. 그런 눈을 가지고 있기에, 그의 삶은 한 단계 더 리셋되어 업그레이드될 것이다. 게다가 시는 자기계발에 강력한 도구가 될 수 있다. 감성적인 시가 어떻게 자기계발의 도구가 되는지 의문을 품는 사람이 있을 수 있다. 하지만 시를 통해 우리는 감정을 깊이 있게 성찰하고, 자신을 돌아보는 시간을 가질 수 있다.

시에는 인생의 진리가 담겨 있어, 이를 통해 삶의 의미를 다시금 생각하게 된다. 시를 읽거나 쓰는 과정에서 우리는 자신의 내면을 탐구하며 감수성을 기를 수 있다. 감수성은 인간관계를 풍부하게 하고, 자신과 타인에 대한 이해를 넓혀준다.

게다가 시는 창의적 사고를 자극하여 문제 해결 능력을 향상시키는 데 도움을 준다. 언어의 아름다움과 상징성을 통해 상상력을 자극받고, 고정된 사고에서 벗어나는 경험을 할 수 있다. 시 속에서 우리는 세상을 보는 새로운 시각을 얻을 수 있다. 단순한 일상 속에서 소중한 가치를 발견하게 되며, 작은 것에서 큰 의미를 찾는 능력이 길러진다. 이러한 시적 통찰은 자기계발에서 중요한 창의적 발상과 연관된다. 시를 쓰는 과정에서는 자기표현 능력이 향상되고, 복잡한 감정이나 생각을 명료하게 정리할 수 있기 때문이다. 이는 당연히 의사소통 능력을 향상시키는 데도 기여한다. 물론 그렇다고 해서 모든 시인들이 그렇다는 것은 아니다. 박철희의 경우 그렇다는 뜻이다.

시는 독서를 통해 집중력과 사고력을 향상시켜, 더 나은 결정을 내리도록 도와준다. 매일 시를 읽거나 쓰는 습관은 정신적인 휴식을 주며 스트레스를 해소하는 데에도 효과적이다. 이처럼 시는 단순한 문학을 넘어, 자기계발의 중요한 도구로서 우리 삶을 풍요롭게 만든다. 그렇기에 문학이 주는 성찰, 시가 주는 감성 등이 그의 삶을 더욱 고상하게 만들리라 믿어 의심치 않는다.

부족한 것이 있을 때는 항상 다시금 나의 꿈을 점검하고 리셋해야한다는 사실을 박철희는 생각과 말과 행동으로 보여주고 있다. 그의 이러한 노력과 도전은 분명 보편성을 가지며, 전 세계 어느 나라 사람이보더라도 감동받을 만한 내용이다. 그의 끝없는 도전에 박수를 보낸다. 아울러 그의 새로운 도전 결과가 기대된다. 과연 그는 또 어떤 도전으로 나를 놀라게 할 것인가. 그 도전의 끝은 어디인가.

Reset My Dreams

English Translation

Written by Park Chulhee

Translated by Kim Youjeong

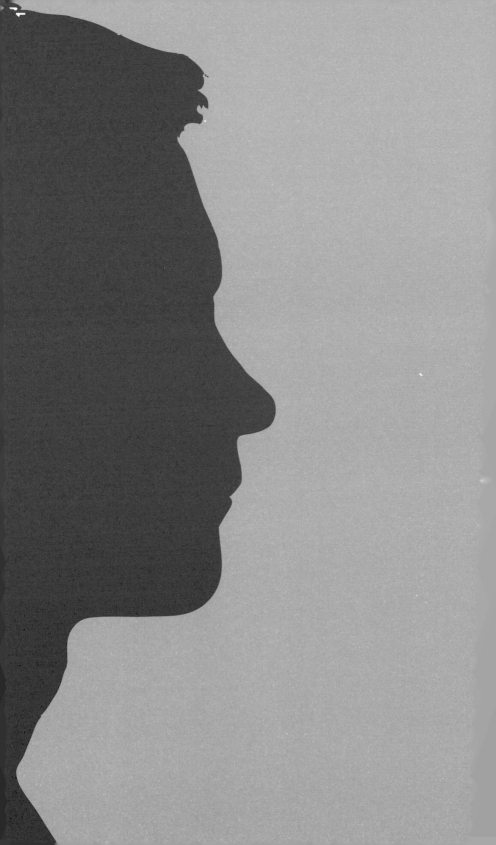

Life is Not YOLO; It's About Resetting

By Dr. Ko Jungwook

Children's literature author

YOLO (You Only Live Once) is all the rage. At first glance, it seems true. Given a fleeting life, they say I should enjoy the moment. But can my life be sustained by YOLO alone? Can a long, fulfilling life be lived with just YOLO? If so, how wonderful would that be?

I first met Park Chulhee at the camp, and he looked curious about the world of instructors.

"What do you do?" I asked.

"I'm a civil servant working in Gangwon Province."

I immediately noticed that he was someone who aspired to communicate with others. From that moment, our bond began. He made efforts to attend my writing classes, book launch events, or signings whenever possible. I wondered why a civil servant from Gangwon Province made such diligent appearances in Seoul, especially during the precious weekends. But later, I realized his passion to improve his life—he didn't just want to enjoy life; he wanted to progress and grow. He was far from just YOLO. He focused on self-improvement, supporting his family, serving citizens, and doing his best in public service. He said he gained strength from my few words of advice during difficult times.

I actually offer countless pieces of advice to those around me, playing the role of kkondae, an old-fashioned adviser. However, not everyone listens to my advice and changes like Chulhee. Most pretend to agree but never change their ways.

The difference between them and Chulhee lies in their actions. Chulhee takes action to improve what he believes is right. This book is filled with his conflicts, struggles, challenges, and passions. It contains valuable experiences and stories that aspiring civil servants and young people of this country should hear.

YOLO is a lie. Because you only live once, you must strive and challenge yourself to make it meaningful, enjoyable, and ultimately fulfilling. You must reset your dreams, which have been YOLO until now. You must run toward your vision because life is not a 100-meter dash; it's a marathon.

I wish honor and glory to Chulhee, a dedicated civil servant of the Republic of Korea, as he tightens his shoelaces and strides confidently into the future.

The Story of a Unique Employee Who Reset His Direction

By Jeon Woojung

Director of Road Planning

Wonju Regional Office of Construction Management

A civil servant publishing a book? A technical engineer specializing in civil engineering at that? The first time I met Park Chulhee, he didn't seem to possess such remarkable abilities. My initial impression of him was that he lacked confidence, and his voice was soft.

However, I saw potential in him. So I mentored him, believing that with proper guidance, he could achieve more than enough, even surpassing my expectations. I took him to large-scale road construction sites where bridges and tunnels were being built, explained the processes, introduced him to construction officials, and helped him gain diverse practical experiences.

Over time, he gradually regained his confidence, demonstrating his dedication to his work in the office. At times, I find his unique way of thinking a bit troublesome. Yet, I understand that it must be Chulhee's own method of self-improvement.

In life, everyone encounters hardships at least once or twice. This book recounts the author's experiences with conflicts, the difficulties faced, and the stories of overcoming challenges and rising again.

I believe the book will be a source of great courage for newcomers entering public service. Furthermore, I think it can provide comfort and encouragement to young people who are lost and searching for direction. I send sincere support and applause to Chulhee, who tirelessly resets himself every day toward new dreams.

Dreaming of Another Reset

Right after my first book was published on September 10, 2017, I was assigned to the Gangneung Land Management Office. My job was to develop snow removal plans to prevent the roads used by Olympic officials during the 2018 Pyeongchang Winter Olympics from freezing. I worked hard, sleeping only a few hours a day, fearing that even light drizzles might cause the roads to freeze and accidents to occur.

It's a rule of thumb that when a new book comes out, the author should promote it by attending various events and meeting readers. I agree that doing so is a sort of courtesy to readers. However, being immersed in my new job, I had to neglect my book. By the time the Olympics ended, I hadn't done any promotion activities for my book. As a result, copies of my book piled up in a corner of the publisher's warehouse.

One day in April, after lunch, I looked up at the sky. Before me was a blue sea, tinged with a faint emerald color, against a white canvas. The warm sunlight made me squint. At that moment, a thought crossed my mind: "What happened to my book? Are the copies still gathering dust in the warehouse?"

Suddenly, my heart started pounding. It felt like the anxiety of a mother leaving her child at the riverside and returning home to prepare dinner. I immediately called the CEO of the publishing company and suggested organizing a book launch event at a major bookstore in Seoul. He said he would look into it and hung up. A few days later, he called me back.

"Mr. Park, the marketing department at K Bookstore called. They said it would be difficult to hold a book launch event unless you're a best-selling author or your book has just been published. What should we do?"

Which meant that I had missed the timing for promotion. But I couldn't just give up. I started writing a letter to send to the bookstore: "Since the release of my book, I've been unable to promote it. While I've dedicated myself to serving the nation, I've missed the window to promote my book. Although a bit late, I'd like to introduce my first book to the world. Please consider hosting a book launch event at K Bookstore. I sincerely request your support." Then, I asked the publisher to forward my letter to the bookstore.

A few days later, I received a call from the publisher.

"Mr. Park, K Bookstore agreed to host a book launch event for you in its Hongdae branch, and they'll display about 30 copies of your book on the shelves."

What I had aspired had become a reality. Two months later, my first book launch event was held at a major bookstore in Seoul. Many guests, including my beloved parents, attended. I had a mini lecture about the book and even held a book signing session. Even now, I can't forget the memories of that time.

Before I knew it, many years had passed since then. There had been significant changes in my job during this time. In February 2021, I was assigned to the Ministry of Land, Infrastructure and Transport headquarters. After spending 15 years handling permits and various construction supervision duties at local offices, I was now involved in policy tasks such as legislative improvement. These changes brought formidable challenges and test my abilities once again. About six months later, I felt a familiar sense of depression and lethargy that I had experienced in my thirties. After all, I was a frail human being. So I decided to take on another challenge.

First, to soothe my broken body and mind, I started practicing yoga in the early morning. Thanks to my excellent instructor, my body became lighter, and my mind clearer within three months. Then, I felt a desire to volunteer in the local community. I pondered on which group to serve and in what way. A great idea flashed: I decided to provide humanities education to teenagers in my area. While ensuring that my public service as a civil servant wouldn't be hindered, I established Hongcheon Children's Humanities School.

While children are important individuals who will lead society in the future, schools they attend often demand only predetermined answers. During the long journey of life, however, one cannot live by adhering only to predetermined answers. Therefore, I provide humanities lectures to help them question and find answers for themselves. I've recruited various professionals to offer diverse perspectives so that teenagers can envision different futures. It's been already three years now. Running the humanities school at my own expense has been challenging, and the sense of fulfillment hasn't been as great as I had anticipated. Of course, education isn't something that yields immediate results. Therefore, I keep pushing forward because the motto of the school is "Embarking on a journey to find dreams." Finding dreams can be a short or long journey for each individual. Through this journey, I find myself dreaming again. My new dream is to have my book, Reset My Dreams, translated into English and promoted worldwide. I want to inspire children in many countries, beyond South Korea, to find their dreams. This is what I'd like to do in 2024. Another reset is waiting for me.

Park Chulhee

March 18, 2024, 6:30 a.m.

At the office of Ministry of Land, Infrastructure and Transport

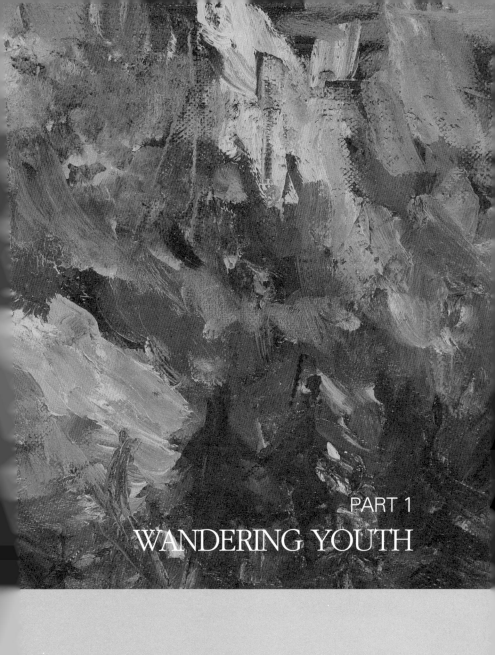

PART 1
WANDERING YOUTH

Thanks to my tip, my classmate got praised by the teacher. Watching that, I felt a bit bitter. As a middle school student, I was so passive and listless that I could hardly step up in front of others. That was me.

1. The Boy Who Couldn't Raise His Hand

"All right, does anyone know who first proposed the heliocentric theory? If you do, raise your hand," Ms. Seong, our science teacher, posed a question that was common sense knowledge. I knew the answer was Copernicus. I should have raised my hand and given the answer. Instead, I leaned over to my desk mate and whispered, "You know, it's Copernicus."

Then, he raised his hand and stood up confidently.

"Ms. Seong, it's Copernicus."

"Correct!" the teacher exclaimed.

Thanks to my tip, my classmate got praised by the teacher. Watching that, I felt a bit bitter. As a middle school student, I was so passive and listless that I could hardly step up in front of others. That was me.

I went to Chuncheon Middle School, which was about a 20-minute walk from home. I lived quite a monotonous life, walking to school in the morning, going to hagwon cram school after class, and then returning home. I wasn't good at studying or sports, and I hardly had any special hobbies. Looking back, I had truly boring middle school days. I sometimes wonder how I managed to spend a whole three years like that.

Ms. Seong, also my homeroom teacher during the first year of middle school, had a small build, with a meticulous, charismatic personality. At that time, I had no interest in science and I didn't find the subject particularly eye-opening, either. The only time I managed to focus was during the science experiments. I liked them because I could see the results directly with my own eyes in a short period of time.

Thirty-two years has passed since the middle school graduation, but I still remember some names of my classmates. But that doesn't mean that we were close. Back then, I had no idea as to how to make true friends, and I've never run into or met them after graduation.

Oh, one teacher suddenly comes to mind. It's my math teacher, "Michol," nicknamed after a funny character in a popular Korean children's cartoon, Dooly the Little Dinosaur. I had already given up on math in the first year of middle school, but I don't blame him. I simply lacked basic math skills and didn't bother to improve them. However, the tall and dark-faced Michol was always kind to his students who struggled with math.

I recall the tension of the third year of middle school when we had to prepare for the high school entrance exams. My third-year homeroom teacher whose name I don't remember hit me with a stick just because my grades were always below average. Back in those days, physical punishment was allowed in Korea.

Initially, I set my sights on Chuncheon High School, the top-ranking high school in Chuncheon. About two months later, however, I realized that my goal was too high for my grades. So I had to adjust my goal to my second-choice school. But, with only six months left before the high school application, my grades still didn't improve. An academic high school didn't seem to be an option for me.

One day, my homeroom teacher advised me, "Chulhee-ya, how about considering vocational school? That way, you can start earning money early."

I was tempted. When I got back home, I said to my mother, "Mom, I want to go to a vocational school."

Upon hearing this, however, she went straight to school and strongly opposed my homeroom teacher.

"Chulhee should never ever go to vocational school. If he chose to do so, his life would absolutely drift away from studies. I'm determined to send him to college no matter what."

Therefore, I ended up attending Seongsu High School, a third-rate school in the city. The school had high acceptance rates because there weren't enough applicants from the start. Nevertheless, in hindsight, I am grateful for having followed my mother's advice.

During the tedious, meaningless middle school days, my only solace was collecting stamps. In the first year of middle school, a friend introduced me to the world of stamps. Whenever new stamps were released each month, I would take my saved allowance to the post office to buy them. I would return home triumphantly and store the new stamps in my collecting book. After about six months, my collection book started to fill up, and I became deeply engrossed in this new hobby.

I wasn't collecting just ordinary stamps. I would buy various kinds, from multiple stamps on one sheet to those preserved in postcard-like frames. Each month the post office issued commemorative stamps, I would anxiously run to the post office with my friend after school, fearing that they might be sold out. That's when I first realized that human desire knows no bounds. I wanted to buy multiple sheets of stamps that I thought would become valuable in the future.

Come to think of it, since I was young, I've always had a desire for money. During the Korean New Year, Seollal, children receive money in return for giving a sebae, traditional bow, from adult family members. Instead of spending the money, I faithfully saved it in my bank account. I was young and unsure of what to do with the money, but I kept saving it anyway. Throughout my teenage years, I had no clear goals; I was only immersed in a few things that tantalized my taste buds. This tendency was reflected in my academic performance in middle school, where I crammed only for midterms and finals, completely ignoring the Suneung (Korean College Scholastic Ability Test) mock exams. I'm afraid that these bad habits have carried over into my college and work life.

Despite my dislike for studying and lack of goals, all thanks to my mother, I never veered off into a bad direction. Even though my family weren't well-off, she never missed the PTA monthly meetings to check on my school life and communicate with my teachers. Thankfully, she wasn't much bothered by my poor academic performance, but she always wanted to make sure I stayed away from any troubles and maintain good relationships with my classmates.

Back then, I was very different from how I am now. I never approached anyone first or spoke kindly to others. It's hard to imagine how I managed to get through my middle school years with such a reserved attitude, hardly socializing with friends. Looking back, I feel quite a bit of regret.

Seeing today's teenagers, who are busier than many working adults, makes me want to emphasize the importance of setting sincere, specific goals and striving to achieve them. Having a sense of direction and making concerted efforts can greatly reduce the risk of failure. These are lessons I've learned from my own experiences.

As a middle school student, I always waited for others to go first and approached everything without much sincerity or passion. It might have been too much to expect a middle schooler to have a clear perspective or philosophy, but if I had had even a hint of it, I wonder if my life would have been different.

However, just because one lived an uninteresting life in the past doesn't mean it will continue. What matters is the present. Instead of regretting the past, I'm determined to live in a way that I won't regret in the future. Now, if someone were to ask me the same question about the heliocentric theory, I would be the first to raise my hand and answer.

"The scientist who first proposed the heliocentric theory is Copernicus. While it was previously believed that the Earth was at the center of the universe, Copernicus argued that the Earth revolves around the Sun, completely changing the paradigm."

That's right. I am now living a life that has changed in a "Copernican" way.

2. The Long Journey to Embrace Studying

In March 1999, I was admitted to the Civil Engineering Department at Samcheok National University in Gangwon Province. Since the university was about four hours away by intercity bus from my hometown of Chuncheon, I decided it was time to leave my parents' home and live on my own for the first time. Fortunately, I secured a spot in the university dormitory, which greatly simplified my living arrangements. Initially, I hadn't planned on attending college, but after some twists and turns, I found myself embarking on my college journey.

College life introduced me to a whole new environment filled with unfamiliar faces and learning methods. Fortunately, four of my high school friends also enrolled at the same university, and we lived together in the dormitory. The Civil Engineering lecture hall was just a two-minute walk from our dorm, so I rarely missed classes.

In my freshman year, following the advice of upperclassmen, I ventured into the world of one-to-one and group blind dates, something I had only seen in TV dramas before. Since I hadn't had many female friends, I struggled to engage naturally in conversations with the female students during the dates. Although we exchanged contact information—using pagers back then—I rarely took the initiative to reach out afterward. After the blind dates, I seldom asked the girls out again.

During one of these group blind dates, one female student caught my eye; she was quite tall and cute. We met casually two more times, but due to my introverted nature, I couldn't muster up the courage to ask her to be my girlfriend, and nothing further developed.

By the end of the first semester, I had already lost interest in school, again feeling a lack of motivation and direction. After completing the semester, I applied to the military, but the Military Manpower Administration told me that I had to wait until February 2000 to be enlisted. With no other options available, I registered for the second semester. Honestly, I don't remember much about what I did during that time; it feels like I just idled the time away without much thought or direction. It's embarrassing to admit, but that's how my first year of college went.

Following a three-month winter break, I finally enlisted in the military on February 22, 2000. I underwent training at the 102nd Replacement Depot in Uijeongbu, Gyeonggi Province, before being assigned to the 8th Infantry Division. Shortly after my assignment, I was deployed to the training ground for trench construction. Trenches, used for defense during wartime, had to be built entirely by hand. We spent all day on manual construction and slept in a four-person military tent at night. After three weeks of camping, I returned to the base.

Fortunately, despite its rigorous training, the unit where I served was beginning to adopt a more advanced military system. Perhaps that's why seniors used honorifics to juniors. This shift made me feel that the military culture was evolving to foster mutual respect. Since it was my first experience living in a group, I often felt awkward and unsure. In the infantry, we often had long marches to training areas, fully geared. As a private, I would develop palm-sized blisters on my feet. On sweltering summer days, when a chemical warfare drill was added, we had to march in gas masks. Marching itself was challenging enough, but the addition of a gas mask and raincoat made it nearly unbearable. In hindsight, these experiences are cherished memories, but at the time, I thought I was going to die.

After enduring two rounds of training, I was granted leave as a private. I realized for the first time how nice and comfortable home was. My mother prepared my favorite foods, and I took a thorough bath at the public bathhouse and went downtown. It felt so refreshing and entirely different from before I joined the military. I finally understood how precious freedom was.

It was only after a year had passed and I became a corporal that I began to adapt to military life and find stability. I even started to develop an interest in military training and felt a sense of camaraderie during the preparation processes. After two years and two months of service, on April 21, 2002, I was discharged from the army.

Then I tried working part-time jobs, but they didn't give me any sense of fulfillment. That's when I realized I needed to study. After much deliberation, I decided to focus on English. I packed my bags and moved to my aunt's house in Seoul to attend an English hagwon. With about three weeks until the class started, I took a part-time job at a dumpling shop near my aunt's place. But I struggled to get used to the work. To process a customer's order, I had to go to the counter and enter it into the cash register system myself. As a server, I found this unfamiliar and challenging.

After just a week, I quit the job. Instead of discussing it with the owner beforehand, I simply stopped showing up. That evening, I packed my bags and returned to my home in Chuncheon, without a word to my aunt. My aunt called my mom to ask what was wrong. Feeling upset and embarrassed, I simply told them I would rather study at home. It was another bout of irresponsibility rearing its head again.

I spent a month resting at home and then enrolled in an English course at Kangwon University Language Institute, which was close to my home. There, I prepared for the TOEIC (The Test of English for International Communication), for the first time in my life. Fortunately, English was a subject I hadn't given up on until high school. While studying for the TOEIC at the institute, I brushed up on English and took the actual TOEIC exam. I scored 550 out of 990 on my first attempt and realized that it was not as easy as I had anticipated.

After three months of TOEIC study in Chuncheon, I returned to Samcheok National University in March 2003. Since I had already gotten done with my military service, nothing was left to hinder my studies. After classes, I would head straight to the reading room in the dormitory to review my notes. This routine paid off, and I received good grades.

During the summer break, I felt an urge to attend a university in Seoul. So I began preparing for the transfer exam. I enrolled in an English hagwon specializing in transfer exams in Chuncheon and studied hard for two months. Even after returning for the second semester, I spent about three hours studying English in the reading room. Gradually, I became familiar with the English exam questions and made it a habit to study English whenever I had free time. I even read a vocabulary book containing 33,000 English words as many as ten times.

I continued to dedicate myself to my studies and secured the top position in my department during the second semester of my second year. As winter break approached, I shifted my focus back to transfer exams and applied to four universities. I was accepted to three of them. Faced with a decision, I reached out to my high school homeroom teacher for guidance. Ultimately, I chose Kangwon National University, which was conveniently located just

257

a five-minute walk from my hometown in Chuncheon.

During my third and fourth years, I continued with a routine of going to the library, attending lectures, and studying again at the reading room. I worked hard, but the problem was that I lacked a specific purpose. In the end, my habit of simply working hard without clear goals left me feeling lost.

That's why I'd like to advise my readers that it's important to set clear goals and strive to achieve them. Without a defined goal, one can only wander aimlessly, leading to vague and indefinite outcomes. Norman Vincent Peale, an American clergyman and writer, also emphasized the importance of setting definite goals. He asserted that we should refine and polish our goals until they become concrete and certain. According to him, once we have a clear goal, we must act decisively toward achieving it. This, he explains, is the path to success.

Setting goals is crucial, but pursuing them requires even more courage. If you lack the courage to chase your goals, it might be better not to set them at all. Without action, you'll only end up making continuous excuses. Having gone through this process myself, I hope young readers of this book will avoid the same aimless wandering.

3. Struggling in the Workplace

As soon as I graduated from university in February 2006, I began preparing for the civil service exam in Noryangjin, Seoul, the mecca of all kinds of test preparations, and I passed the Gangwon Province local civil service exam in July of the same year. I attended the hagwon and studied for five subjects for five months, making sure to spend 15 hours each day at the reading room. Apart from studying, my time at the goshiwon was mainly spent sleeping. In short, my life at that time felt like being in prison.

Back then, all I wanted was to pass the exam as quickly as possible and leave Noryangjin. Everyone around me was also preparing for civil service exams, and the only person I knew was a friend who came with me from Chuncheon. Mr. Jeong Gyeongdong, who taught applied mechanics, always told us examinees, "You know, this is a multiple-choice exam. Just make random guesses, pass the exam, and get out of Noryangjin quickly!"

It seems that his words worked like a charm on me: Despite randomly answering half of the questions for Civil Engineering Design during the Gangwon Province local civil service exam, I still managed to score an impressive 80 out of 100 points! Yes, I had a knack for guessing on exams. With just one attempt, I secured a coveted position as a civil servant, no small feat given the intense competition. On November 1st, 2006, at the age of 26, I found myself assigned to the Urban Planning Division of the Hongcheon-gun Office.

My job was to handle permits for outdoor advertisements, such as signboards and banners commonly used to promote buildings and shops.

Since I passed the civil engineering exam, I aspired to work in construction-related tasks, but I found myself assigned to manage outdoor advertising instead.

Despite my initial frustration, I believed that as a new civil servant, it was important to give my best effort to the tasks assigned to me. So, I decided to push through and carry out the work. Drafting official documents was new to me, and although I found the process dull and tedious, I managed to type up the necessary content and upload it onto the electronic approval system. I also submitted documents for approval from both the section chief and department head, navigating through these procedures for the first time in my life. However, the reactions I received were disappointing.

"Mr. Park, you have typos and spelling errors here. Why can't you get the job done right? Do it over."

After receiving a barrage of criticism for typos and incorrect Korean spelling, I became disheartened with my job within just one week. I started questioning the path of my civil service career, wondering, "Is this really what I want to continue doing?"

In May 2007, about six months later, I finally transferred to the construction department I had wanted. The department consisted of four sections responsible for roads, rivers, regional development, and agricultural infrastructure. Among these, I was assigned to the river section, responsible for managing—not "national" or "regional" rivers, but "small" streams.

Hongcheon-gun has the largest area in the country, covering 1,818 square kilometers. When I learned that there were 316 small streams in the jurisdiction, I was totally overwhelmed. The thought of managing 316 small streams scattered across 10 eups and myeons all by myself was beyond daunting. I finally understood the reality of the government's understaffing and budget constraints that I had only heard about. Fortunately, my predecessor was one of my college friends, who also started working with me as a civil servant at the same time, so we relied on each other, learning a lot in the process.

Nevertheless, my worries quickly materialized. Perhaps because it was a rural area, there were numerous illicit activities happening around the small streams. I was unfamiliar with issues like illegal cultivation and the installation of substandard bridges, not to mention dealing with complaints from affected parties, handling various permits and licensing tasks, and supervising construction projects. It was all so exhausting.

At school, you start with theory, but society is not a school. As soon as you're assigned a task, you confront problems head-on. It's no different from a battlefield. When I arrived at work each morning, I was met with dozens of phone calls. Some complainants cursed as soon as I picked up the phone; reports of illegal bridge construction in stream areas overflowed; and landowners, upset about their property being included in the stream, demanded details about when, how, and how much they would be compensated.

I began to dread going to work. After work, I found myself drinking more often during dinners with my colleagues or superiors. Before starting my career, I rarely drank, but I gradually began to down shots of soju without even realizing it, using it as a way to relieve stress. But the issues didn't stop there. Even during office hours, I felt so dejected that I couldn't focus on my tasks. Overwhelmed, I often caught myself staring into space. I could handle only a few tasks at a time, leading to a backlog of documents in my drawers and on my desk. Whenever I submitted a task for approval,

261

I faced scolding and criticism, which only added to my frequent emotional breakdowns.

Then, my supervisor changed. During the transition, I missed the chance to get an important detail approved by my previous supervisor. This oversight caused a significant issue. At the construction site I was overseeing, certain modifications had been made, but I failed to report these changes and obtain approval from my former supervisor.

When I tried to get approval from the new supervisor, he refused.

"I don't get this. I don't think I can approve it."

The section chief tried to persuade him, but he didn't budge.

This incident caused me about three weeks of insomnia, and I began to fear that my career as a civil servant might be over. Eventually, after identifying the contractor's mistakes, I managed to obtain the necessary approvals and conclude the matter after four weeks. Now it's just something to reminisce about, but at that time, my agony continued day in and day out.

After completing two years and six months as a Grade 9 civil servant, I was promoted to Grade 8 in September 2009 and began working at the Nam Myeon Office. Being the only official in charge of civil engineering in the office, I had to oversee the entire local development projects in the area. This included surveying, design, procurement, supervision, and completion.

That winter, for the first time, I participated in small-scale joint construction operations with other town offices. Civil servants from ten eup/myeon offices formed three teams, and the following year, each team conducted joint surveys at designated construction sites. Subsequently, we collaborated in the comprehensive welfare center office to draft drawings using CAD software and calculate project quantities. During the process, I learned a great deal, from surveying to CAD drawing, and to quantity and unit rate calculation. I also experienced the strong bond with fellow civil servants who shared the same job. This experience instilled a sense of pride as a civil engineering public servant.

In 2011, I was newly assigned to the Waterworks and Sewerage Management Office, where I was responsible for overseeing water supply facilities. Water supply facilities involve the process of branching off from the main pipeline to supply water to homes, factories, and other locations. When we receive applications for installing water supply facilities, we conduct on-site surveys, design in the office, and then notify the applicant of the construction cost. Once the applicant pays the construction cost, the water supply construction starts.

Throughout this process, complaints always arise. The farther the main pipeline is from the location requiring water supply, the higher the construction cost becomes. It's plain as a day, but the parties bearing the construction cost may find it unfair. Additionally, factors determining the construction cost vary depending on the material of the pipeline or restoration method. For example, whether the surface is covered with soil or asphalt can significantly affect the construction cost. The government official must provide the relevant information and help the complainants understand the rationale. Of course, the decision ultimately lies with the complainants.

Winter had returned. Due to cold spells, the branch pipelines leading from the main pipeline to the water meters began to freeze and burst. Complaint calls flooded in throughout the night. Eventually, the emergency response protocol was initiated. We convened the water supply companies registered with the Waterworks and Sewerage Management Office and ordered them to prioritize immediate actions on incoming complaints. For urgent matters, regardless of cost, they were ordered to proceed with repairs first. That winter, I received an overwhelming number of freeze-related incidents, to the extent that I couldn't handle all the designs alone.

In the end, I contacted the on-site managers of water supply companies with design capabilities and instructed them to draft designs for certain projects and undergo my review. It was a continuous cycle of obtaining approval for designs and then requesting expenditures from the contracting department, leaving me no time even for meals. While working on water supply-related tasks for a year and five months, I realized the importance of water supply more than ever.

In July 2012, I switched to a "national" civil servant role through a special hiring process and began working at the Maintenance Division of the Hongcheon Land Management Office under the Ministry of Land, Infrastructure and Maritime Affairs. This was a significant turning point in my career, but I quickly faced numerous challenges in adapting to new procedures, such as a different electronic approval system and report formats. For instance, the new reporting system favored using memos over formal approvals for superiors to verify the results of simple tasks. I also found it unusual that the responsible official had to prepare materials for media coverage and distribute them.

My senior colleagues often said, "You have to completely discard everything you learned from the local government." Back then, I didn't understand their intentions, but now I can empathize with their point.

I had never experienced road management work at the Gun Office; I had covered only village paths. However, upon joining the Land Management Office, I began managing highways, not local roads. The Hongcheon Land Management Office oversees regular highways dispersed across nine cities.

Considering Gangwon Province has 18 cities, managing highways that traverse half of them was daunting. My time at the Gun office had been already overwhelming, and the thought of managing nine cities was beyond imagination. I felt inadequate, wondering how much more I needed to learn.

However, as people say, experience is the best teacher, and after a year had passed, I found myself adapting to road management. By overseeing various road maintenance and construction projects and collaborating with other local government agencies and relevant organizations, I acquired valuable experience and enhanced my leadership skills.

Then, it happened in April 2014.

"Oh, what's wrong with my face?"

Excessive work-related stress resulted in paralysis on the right side of my face. This incident made me question myself about the purpose of life: "Should I continue living this relentless life?"

To treat the condition, I relied on both Western and Eastern medicine, but the paralysis did not easily subside. Then, I received a call from the Wonju Regional Office of Construction Management asking if I wanted to work for the Jeongseon Land Management Office. After contemplating for five minutes, I decided to apply. And just like that, my time at the Hongcheon Land Management Office, spanning a year and six months, came to an end. Throughout that period, I was so busy that I almost lost track of time, and all that remained was the facial paralysis.

In May 2014, I transferred to the Jeongseon Land Management Office. With that, I had to live away from my own family for the first time. Since I hadn't fully recovered from the facial paralysis, I initially felt scattered and quite lonely. Fortunately, thanks to supportive supervisors and wonderful colleagues, my health improved, and I quickly adapted to office life.

Several years ago, a civil servant who retired from Daegu City Hall created buzz by performing a ceremonial deep bow in front of the building. I resonate with that gesture deeply. Despite the challenges and hierarchical nature of civil service, it has been a period of my significant personal growth and development. With this in mind, I've always strived to give my best at work. Seeing young examinees eager to enter the civil service reminds me to remain humble and grateful for the opportunities I've had.

4. Self-Management I Learned from Parenting

Once, in a conversation with my parents, I mentioned, "Now that I've become a parent myself, I understand the difficulties of parenting." When my eldest child, Sihu, was born, I was struggling to adapt to my new assignment at the Hongcheon Land Management Office. I frequently worked overtime, drank after work, and neglected my family. Only after midnight did I return home to find my wife still soothing our crying baby.

"Honey, could you please take care of the baby? I've been holding him all day."

"Ugh, I've been working all day and I'm tired too."

I always used work as an excuse and headed straight to my room. I could hear my wife's muffled complaints from behind me: "You're a dad. Why don't you come home early and take care of your baby?" Every time I came home late after overtime and a drink, I would hear the same protest from her.

While raising our first baby, I argued a lot with my wife. Looking back now, I was completely unprepared for parenting. I still feel terribly sorry to my wife and son. I regret those past days when I hardly helped with household chores. At that time, I thought I was the only one suffering and tried to avoid those tricky moments.

I would sleep past 10 a.m. on Sunday mornings, and whenever my wife found me like this, she would get upset. "Stop sleeping and get up to do some household work. Take out the trash," she urged. Despite that, I didn't even feel like lifting a finger, with no motivation to do anything. There were so many tasks involved in raising a child—bathing, feeding, changing diapers, and doing laundry, but I didn't do much to help.

When a baby falls ill or incessantly cries, their parents often feel clueless and frustrated, sometimes having to rush them to the emergency room in the middle of the night. Whenever this happened with my son, Sihu, I wasn't there. I failed as a father.

In March 2014, when my son turned three—as I mentioned earlier— I had the right side of my face paralyzed from work stress, irregular eating habits, and frequent drinking. Fortunately, with a month of treatment, I was able to return to a normal life. It was then I thought I might be facing the consequences of my wrongdoings.

"I've been neglecting my family and must have done a lot of wrong things to others. That's why I was punished," I said to myself.

Then, two months later, I was reassigned to the Jeongseon office. I worked in Jeongseon during the week and spent the weekends in Hongcheon with my wife and son. This arrangement, combined with my poor health at the time, took a significant toll on me.

At the new Jeongseon office, I introduced myself to the staff of each department. They welcomed me with open arms, making it easy for me to blend in. One of the colleagues, two years older than me, treated me like his younger brother and playfully teased me a lot. Thanks to him, I was able to adjust to the unfamiliar area of Jeongseon quickly.

In June 2015, my second child was born. I was driving near Jecheon for a business trip to Daejeon when my wife suddenly called.

"My water broke, and I'm heading to a maternity hospital in Chuncheon!"

I abruptly turned the car toward Chuncheon and rushed to the hospital at full speed. Upon arrival, I went straight to the operating room, only to find that my adorable daughter, Soeun, had already been born. I went to my wife to check on her.

"Honey, you were amazing. How are you feeling?"

Just like with our first baby, she had a C-section again.

"The pain was so bad, I'm pretty sure there won't be a third kid, haha!"

Even in that moment, my wife managed to tease me.

That's how I was reborn as the father of two children, and the responsibility of supporting our family grew even larger. If there's one thing I learned from my past neglect of the family, it's this lesson: "If a bucket leaks at home, it will leak outside too." This Korean proverb means that someone who can't do things properly at home won't be able to do them right outside either.

While my wife believed that social activities and interpersonal relationships are important, she hoped that I would spend more time playing and bonding with our children while they were young. I tried to meet her expectations in my own way, but it didn't seem to be enough for her. This might sound like an excuse, but I enjoy meeting new people and exploring new places. So, staying home on the weekends is incredibly difficult and suffocating for me. Until recently, I would drive to Seoul every weekend to study English, visit bookstores, and read new books.

Then, I suddenly realized a few important things. First, no matter how well I do something, it doesn't count as an achievement if others don't acknowledge it. I used to think I was managing my family and parenting well in my own way, but as arguments with my wife increased, I realized I wasn't doing as well as I thought. This was the same for my work and friendships too. If I had a strained family relationship and couldn't manage my responsibilities at home, meeting friends wasn't as enjoyable as I anticipated. It took several such experiences for me to truly understand the significance of my role and responsibilities at home.

Second, we need to make constant, meticulous efforts to maintain a smooth balance between parenting, family, work, and social activities. Otherwise, problems arise immediately, starting from parenting. Raising a child well is akin to farming. In spring, you till the soil, sow the seeds, water them, and constantly remove weeds or apply pesticides as the seedlings grow. Similarly, while raising a child, you need to ensure they receive proper nutrition, provide them with good education, and always show love and attention. This meticulous care is essential not only in farming or parenting but also in the construction project management I am involved in. Overlooking what may seem trivial can lead to problems.

Parenting at home is no different from running a company. At home, I take on the roles of husband, father, and head of the household. Through these roles, I've learned that managing a home well is paramount, and to do so effectively, you need a management strategy tailored to your household's unique characteristics.

One key strategy for effectively managing my household is prioritizing communication. When I talk to Sihu, who has really opened my eyes to the challenges of parenting, I make sure to treat him like an adult. I ask for his opinions and we try to adapt to each other's interests. This approach might not always be perfect, but when Sihu faces moments when he needs to make his own choices, I sit down with him, we talk it through, and I encourage him to decide for himself. This is what's known as "eye-level education." The concept comes from a famous anecdote about a teacher who, before a field trip to the museum, visited the venue and squatted down to the children's eye level in front of the exhibits to tailor the curriculum from their perspective.

Initially, it wasn't easy for me to lower myself to my children's eye level and interact with them. Nevertheless, whenever opportunities arose, I tried to engage in conversation slowly and without haste. When kids feel down, it usually works better to go with the flow and give in to their requests. Just like with adults, learning how to compromise and negotiate with kids is key to keeping things smooth.

I wasn't particularly close to Sihu, so I tried to bridge the gap.

"Sihu, where would you like to go with Dad today?"

"To the amusement park."

Since we lived in the countryside of Hongcheon-gun, Gangwon-do, I tried to take my family to busier places whenever we could. But, outdoor activities had been tough due to air pollution from yellow dust and fine dust particles, as well as concerns about infectious diseases like COVID-19. So, we often ended up at indoor playgrounds near home, where the kids could run around freely and enjoy some snacks.

While my kids were playing around, I opened my laptop and spent valuable time communicating with people on social media, taking online courses, and reading books. When we returned home, I played English songs and nursery rhymes on YouTube as a way of exposing my children to English.

I still have a lot to improve on, but I'm constantly striving to be a good, positive father. I'm simply grateful that I have developed a new mindset and am now making an effort.

5. My challenging 30s

My 30s were quite eventful. At 31, I got married. At 34, my son, Sihu, came into the world. At 36, my daughter, Soeun, followed. While it may seem like common life events, as I look back now, I realize it's not quite that simple. These days, young people tend to make snap judgments instead of taking time to think things through. When I decided to get married, I really thought it over carefully. Even so, the first year of our marriage turned out to be incredibly challenging.

I wandered through my 30s. It might sound paradoxical, but even objectively, I was in a fairly good place at the time. I had graduated from a four-year university, landed a stable job, and got married; by all accounts, my life was complete. Despite that, I didn't feel truly happy.

In line with the right to pursue happiness stipulated by the Constitution, I sought out weekend gatherings in Seoul that I found on Facebook. Most of these gatherings involved learning new things that I hadn't experienced before.

The first event I attended was a social network camp titled "Becoming a Facebook Master." Although I was already familiar with Facebook, the camp introduced me to features that enhanced communication efficiency and convenience. I still keep in touch with some of the people I met there. One of them, Lee Sohyun from Ulsan, is well-versed in Tarot cards. During the most difficult time in my life, she offered me invaluable and positive advice. Despite our busy schedules, she still lends a helping hand whenever I need her. Sohyun has become a cherished connection from that Facebook gathering.

Next, I joined a writing camp. The instructor, writer Ko Jungwook, showed us a picture of a dog with no front legs that stood up suddenly upon seeing a tennis ball. He then asked us to write about our feelings on Facebook for 10 minutes. I crafted a post where I imagined being the dog's owner who built a 20-story building overlooking the sea in Jeju Island for socially marginalized youth. As I focused on describing the content, I even received comments from other participants asking if my story was real.

However, my determination and the impact of the camps were short-lived; as soon as I returned home, everything went back to square one. It marked the start of an unhappy routine once again.

I always pondered, "What in the world should I learn and how I can find happiness?"

Then I enrolled in regular writing classes. Once again, the instructor was Mr. Ko Jungwook. Whenever I submitted my writing during class, Mr. Ko would return it with corrections in red ink. My returned papers resembled nothing short of a sea of red. Mr. Ko not only pointed out my mistakes but also offered comprehensive advice. That was Mr. Ko's famous "straightforward" mentoring style. Looking at the marked-up pages, I was utterly embarrassed. My mind turned into a blank sheet, and my whole life seemed to sway uncertainly. I thought I had somewhat improved my writing skills while preparing for the professional engineer tests, but it turned out to be a mere delusion. After that, I attended another camp about becoming an instructor, but again, it felt like I was stuck in a cycle, constantly going back to the beginning.

Do I really have so little potential? What have I done with my life so far?

After work, I avoided going straight home and instead went out for dinner with my colleagues. We would typically have a bottle of soju and then more beer.

"Why is life so dull? Where can I find some fun?"

"I'm just hanging in there, instead of hanging myself, haha."

"You think life is supposed to be fun?"

We drank our time away with such meaningless conversations. As I indulged in drinking, neglecting exercise, I slowly turned into a middle-aged man with a beer belly. Everything, from work in the office to chores at home, felt bothersome, and I kept making excuses. With this state of mind, I became passive and self-conscious, avoiding tasks and losing confidence with each passing day.

When I returned home, I would just lie down in the living room, zoning out with the TV on. I still didn't help with the household chores, which often got me scolded by my wife. Even then, I would only look for ways to avoid these tasks, trying to evade her watchful eye. Eventually, I would end up stepping outside with just one garbage bag to throw away. My heart felt suffocated.

"Is this the marriage life I've dreamed of?"

Lost in thought, I resorted to smoking, which was detrimental to my health.

As I moved to Jeongseon and started to live in the company dorm, I felt deeply depressed. After work, I would just lie alone in my room, staring blankly at the TV. Even moving my own body felt exhausting, and my steps felt heavy. I didn't quite click with my colleagues, and I constantly felt stagnant in my career.

One day, my wife called me: "Honey, let us visit you this weekend. Let's go rail biking with Sihu."

274

"Yeah, sure," I replied but I was actually a bit annoyed. I wanted some alone time to relax, but with her call, things just got complicated.

As promised, my wife drove to Jeongseon with our son strapped into his car seat for the two-hour journey on the weekend. As soon as she arrived at my place, she started cleaning and organizing things. After spending the day in my place, the next day, our family went to Auraji to ride a rail bike. It was so popular that if we hadn't made a reservation, we couldn't have been able to ride it. My wife, holding Sihu in her arms, pedaled with me in the front. She seemed to savor the fresh air.

"Oh my, this is so much fun. Sihu-ya, are you excited?"

But I found pedaling boring. After riding the bike and having lunch at a restaurant, we came back to my place for a short rest before my wife and son returned home to Hongcheon. I'm not sure what made me feel so drained at that time; after they left, I took a long nap. Around dinner time, I received a message from my wife saying they had arrived safely. Looking back now, I was the epitome of an apathetic husband.

Feeling restless, I started attending a hagwon in Seoul over the weekends to study soil mechanics and foundation engineering. Staying at home was suffocating, and I felt like I would go crazy if I didn't try something new. However, my interest in the studies wasn't deep; as soon as the class ended, I would head straight back home. I should have interacted or socialized with my classmates, but I didn't. After completing the regular lecture series, I quit my studies. Then, I enrolled in graduate school. Initially, I put in a lot of effort, but after just one semester, I took a leave of absence again.

One day, my wife said to me, "Honey, it's great to try new things, but you seem to start various things without finishing them. Find something you can do well and give it a try."

I was at a loss because every word she said was spot-on. I was going through a dark period in my mid-thirties. I didn't know what had made me so stagnant and lazy, and I didn't even want to know, despite having a family to take care of.

I want to go back
To the dream of my childhood
I want to go back there

These lyrics from the song "Peppermint Candy," sung by Yoon Dohyun, came to mind. I didn't necessarily want to go back to the past, but I longed to go somewhere other than here and now. It was back in 2016 when I felt this way. Around early September, however, I realized I couldn't let my thirties end unhappily like this. I climbed a nearby mountain in Hongcheon alone.

"I need to go back to being the positive and energetic Park Chulhee."

Determined, I reached the peak and began to gather my strength.

At the time, I had two mentors who encouraged me to change: Mr. Ko Jungwook and my former supervisor, Mr. Jeon Woojung. In particular, Mr. Ko would send me KakaoTalk messages every morning.

Record yourself yelling, "I, Park Chulhee, can do anything!" *and send it to me.*

I followed his order and repeatedly sent him my recordings. Then, *Mr. Ko would send another message: Mr. Park, if you give up now, you'll be a loser. You have a wife and two children—why do they have to suffer? The choice is yours. Rise again or give up like this.*

I had been feeling aimless and depressed, but as if I had been awakened by a jolt of electricity, I suddenly found myself resolved to get back up.

Another mentor of mine was Mr. Jeon Woojung, who I worked with before. Whenever he noticed my hesitant voice, he always encouraged me to speak up louder. Mr. Jeon was a robust civil engineer, brimming with confidence. He consistently shared information and handled tasks with great initiatives. Moreover, he was quick to make decisions and maintained a positive attitude. I made efforts to emulate his confidence and drive. I developed a habit of promptly responding to Mr. Jeon's instructions and maintained an approachable, collaborative attitude.

Had it been three months? I felt like I had been reborn into a completely different person. My work efficiency increased, and my zest for life was reignited. I never realized that other people could have such a tremendous impact on one's life.

The guidance I have received from my mentors has gradually transformed me. Though I still have a long way to go, I've managed to exert a positive influence within the organizations I'm involved with. Fortunately, my philosophy of valuing people has been rekindled.

Now, life feels worth giving a shot. Waking up each morning brings joy, and I feel invigorated with every step I take to work.

Part 2

Challenge for the Future

Throughout middle school, I had consistently ranked around 30th in my class academically. But something unbelievable happened. When I took my first midterm exams in high school, I ranked first in the class!

1. My First-time Achievement

In March 1996, I entered Seongsu High School, one of the academic high schools in Chuncheon. Unfortunately, it was known as the lowest-performing school in the area. When I was assigned to a class and met new friends, I was quite shocked. Unlike middle school, there were many rough, delinquent kids. On the first day of class, I wondered if I should continue attending this school. Moreover, the school structure itself felt like a prison, with the center of the building empty. At that time, my family was having financial difficulties. My mother had to work late, so my father packed my lunchbox in the morning. Even when I got back home, I hardly had a chance to talk to my family.

My first year of high school began. It's been 28 years, but I vividly remember my homeroom teacher: Mr. Han Jeongpyeong. He taught chemistry, and despite having difficulty walking due to an accident, he was incredibly positive and kind.

Throughout middle school, I had consistently ranked around 30th in my class academically. But something unbelievable happened. When I took my first midterm exams in high school, I ranked first in the class!

"What just happened?"

I couldn't believe my report card. It wasn't that I had suddenly become a top student; it seemed more like my classmates had fallen behind. Overnight, I had been transformed into a high-achiever.

With that, I unwittingly began to take on the traits of a top student. I made new friends and started to engage more with school life. Before I knew it, the final exams were upon us. In the week leading up to the exams, I burned the midnight oil, rewriting and memorizing my notes for each subject—except for math. (I had given up on math since middle school.) Looking back, although my study methods weren't the most strategic, it was evident that I put in considerable effort.

Finally, the finals began. During the exam period, upon returning home, I would study nonstop for the next day's exams. To ward off sleepiness, I would chug down instant coffee. Throughout the exam week, I studied until the small hours of the morning. The result? Not only did I secure the top spot in my class again, but I also placed within the top 10 students in my year and received a scholarship of 200,000 won at the end of the semester. Back in middle school, I couldn't even make it to the middle of the class, but now, ranking within the top 10 in the entire school felt like I was fluctuating between heaven and hell.

Basking in rare compliments from my parents, I happily welcomed the summer vacation. For the first time, I earned the title of an excellent student. It felt like I had become the head of a dog rather than the tail of a lion.

After winter vacation, my second year started. My class was composed of outstanding students from the last year. As a result, the class atmosphere was quite exemplary. My homeroom teacher taught German. Despite being a Korean, he exuded a distinctly German vibe, with his fair complexion radiating elegance.

During lunch breaks, my classmates would play basketball, but sports weren't really my thing. Since my school was near Myeongdong, the lively center of Chuncheon, I often headed downtown with a few friends right after lunch for something to drink. We occasionally stole furtive glances at girls passing by, and on rainy days, we would retreat to the snack bar in the underground shopping mall to enjoy tteokbokki and kimbap. On the weekends, I would go on blind dates in place of my friends who bailed. During my adolescence, I wasn't particularly interested in girls, so I didn't engage much on these dates or bother to ask for their phone numbers afterward.

As you can see, my adolescence was relatively uneventful. Unlike my friends who went on dates and to movies, my focus was solely on my studies, and I never skipped a class.

Nevertheless, there were still significant challenges. Despite maintaining top grades in school exams, I only scored about 200 out of 400 on the Suneung SAT mock exams. The techniques that worked for school tests, like memorization and note-taking, didn't help with the Suneung practice exams. Throughout my three years of high school, I never really figured out how to prepare for them effectively.

Due to my family's financial constraints, I couldn't attend hagwon cram schools or take private lessons. However, I maximized regular school hours, swiftly jotting down teachers' notes to use as the foundation for personal study across all subjects. English was the subject I was most committed to, and the only one I specifically prepared for Suneung practice tests. Although proficiency in English alone didn't guarantee admission to top universities, my extensive vocabulary memorization and grammar study set me apart. Today, even though I rarely use English in my civil service role, I continue to study more diligently than many of my colleagues.

I'm currently writing this book, but back in high school, my Korean language skills were a complete mess. My proficiency in Korean grammar and literature was only average. Even now, as I write, I'm not very confident—I just keep writing, continuously pushing forward.

Well, in my defense, it's not that I didn't study other subjects at all. Rather, my academic focus was divided between subjects I excelled in and those I found challenging. I enjoyed English, social studies, and earth science, but struggled with Korean language, Korean history, math, and other sciences. While I didn't properly prepare for the Suneung mock exams, I studied harder than anyone else for school midterms and finals.

I gave up on math early on, and my dislike for reading books made learning Korean challenging too. Even though I could grasp the gist of lengthy passages, answering multiple-choice questions was a struggle due to my lack of background knowledge. When it came to Korean history, I managed to memorize up to the Goryeo Dynasty, but anything beyond that became a hurdle. This gap in my historical knowledge came back to bite me when I had to prepare for civil service exams.

Thankfully, during my time in Noryangjin, I crossed paths with Ms. Seonwoo Bin, a renowned history teacher. Her teaching made modern and contemporary history much more comprehensible. Upon meeting her, I realized why people seek out famous hagwons and instructors—they truly make a difference. (However, this observation isn't necessarily the result of comparing public and private education.)

At my private high school, they had the flexibility to bring in teachers with practical experience alongside those who went through the traditional certification route. My social studies teacher was one of those individuals, having worked in a major corporation before teaching. What set his classes apart was his approach: He would cover the curriculum and then dive into real-life social issues with us. He was not afraid to offer sharp criticisms of society, sometimes even using colorful language. But what really stuck with me were his talks about relative poverty and why happiness is not universal. It obviously wasn't your run-of-the-mill social studies class; it was a fantastic blend where we explored philosophical ideas while digging into real-world problems. It's possible that his thought-provoking classes have influenced me, now working as a civil servant. Perhaps I developed the ability to gauge public sentiment through his classes.

During my third year, my homeroom teacher taught earth science. Understandably, there was no way to slack off in studying this particular subject because we were in for trouble if our class scored lower than others. There were both essay and multiple-choice questions, all of which were quite difficult. Consequently, it was hard for any class to achieve high average scores. Nonetheless, my class always maintained relatively high average scores.

In truth, my third-year homeroom teacher has been a significant benefactor in my life. He is the only school teacher I still occasionally call and pay my respects to, even now. After I messed up my Suneung SAT and floundered in despair, he encouraged and advised me to apply for the Civil Engineering Department at Samcheok National University. After obtaining his doctoral degree, he contributed multiple times as an exam question setter for the Suneung SAT in Earth Science. He also served as the vice principal and principal of my alma mater before retiring.

I was fortunate to encounter great teachers like him during my high school years. There's a saying, "The pupil has become the master." Keeping this in mind, I strive to be a mentor-like figure to young people, trying to overcome many challenges along the way. I believe this spirit of challenge stems from receiving a good education in high school and instilling in myself the confidence of being a high achiever.

2. To Challenge or to Give up

It was a late afternoon during my final year of high school. With the college entrance exam already behind me, there was not much on my plate. Seizing the moment, I struck up a conversation with my parents at home.

"Mom, Dad. I have something to tell you."

"What is it?"

Feeling a bit awkward, I handed them the invitation.

"I have a cheerleading performance at Chuncheon Culture and Arts Center tomorrow evening at 7 p.m."

Upon seeing the invitation, my parents promised to come to the performance.

Korean people tend to associate blood type with personality. They say people with type A blood are often timid, and I fit that stereotype perfectly. However, there was an event that brought about a significant change in my personality: the cheerleading team from Kangwon National University visited our high school to promote their winter camp and recruit new members.

"Hello guys! How about making some good memories before entering college by participating in our cheerleading camp?"

It sounded like such an interesting idea that I immediately applied for the camp. It was probably the first time I made a decision without any hesitation.

A few days later, I attended the orientation at the Kangwon National

University gymnasium. About a hundred high school boys and girls gathered to participate in the camp. The senior cheerleaders explained that after two months of training, we would present a charity performance at the Chuncheon Culture and Arts Center to help the less fortunate. I wondered if I could really pull it off.

However, I hoped this experience would be my turning point. I was determined to seize the opportunity to stand in front of others, and above all, I wanted to change my timid personality. The day after the orientation, intensive cheerleading training began. At first, we learned basic movements. For the first two weeks, about 30 participants dropped out, and I also found myself debating daily whether to continue because I couldn't get used to the movements. Despite these doubts, I persevered and committed to attending practice every day for a month.

As time went on, only about 40 of us remained. I repeatedly made a promise to myself to stay until the end and perform on stage. Even at home, I tirelessly practiced the movements to ensure I didn't forget them. Gradually, I found myself becoming more immersed in cheerleading.

Although I had not been very dedicated to my studies, once I started cheerleading, I poured all my energy into it. It wasn't just fun; I was also driven by my determination to shine on stage.

One day, the senior cheerleaders began teaching jazz dance for the performance. They said that cheerleading alone wouldn't fill up the time for the entire show. Jazz dance! It was a whole new world to me. The senior cheerleaders demonstrated the moves to Michael Jackson's "Dangerous," and the precision and extravagance left me speechless. I questioned whether I could manage it.

I diligently followed along, striving to commit each move to memory.

I went as far as writing down all the moves when I got home. I felt that if I didn't document them, the movements would easily slip from my mind. After about two months, only 15 of us remained. Without any external pressure, we would willingly gather in the practice room, stretching and then rehearsing to the music. As the performance date drew near, we got much closer. I was the only participant from my high school, which filled my pride as the representative of my school and motivated me to work even harder.

But then, a crisis arose. Just three days before the performance, the senior cheerleaders gave us, the remaining elite members, punishment exercises for trivial reasons, just like in the military. They made us do hold the front leaning rest position for an unreasonable amount of time. As naïve high school students, we were bewildered, questioning why such extreme measures were necessary.

"Since the performance is just around the corner, we want to remind you to take care of your health, manage your time well, and maintain focus," they explained, attempting to justify their actions.

Some of the girls found the exercises too challenging and ended up in tears. Undeterred, we continued to spend the evenings aligning our movements and supporting each other. In hindsight, it was a manifestation of camaraderie.

On the morning of the performance day, I arrived early at the practice room. After one last synchronization session with my friends, I gathered my stage costume and headed to the venue. It felt surreal to stand on stage as performers rather than spectators, a first-time experience for me. As we began the rehearsal, tension filled the air, the atmosphere noticeably different from the practice room. After a quick lunch and brief rest, we changed into our official cheerleading uniforms. Suddenly, a surge of nerves hit me—I trembled with excitement. The boots with high heels added extra strain to my legs.

We did the final rehearsal as if it were the actual performance, but things didn't go as smoothly as during practice. As steps were off, a sense of chaos began to creep in. With just one hour left until the performance, the tension felt like it could pierce the sky, especially as I knew my parents would be in the audience. My teammates exchanged pep talks, wishing to end the performance without a hitch.

Finally, the performance began. Behind the curtain, we stood in our respective positions. As the curtain rose, powerful stage lights illuminated us. The music started, and I vowed to stick to what we had practiced. We began our cheerleading performance to three consecutive songs. It was a challenging performance with intense movements.

During the first song, our bodies felt stiff, leading to many mistakes and mismatched movements. However, as the second song started, we loosened up, harmoniously syncing our movements as practiced. With a newfound ease, we began to enjoy the stage. As the prelude to the third song started, sweat drenched us from head to toe. To the tune of Kim Hyunjung's "Parting with Her," we poured everything we had into the performance.

With thunderous applause echoing through the hall, the cheerleading performance came to an end. Immediately after, we boys changed into our costumes for the upcoming jazz dance performance. Within only five minutes, we hurriedly returned to the stage. The performance set to Michael Jackson's "Dangerous," had its share of mistakes, but we still tried our best.

The girls then danced to the catchy tune of "Barbie Girl." Next, there were performances by cheerleading squads from other universities and senior members of the Kangwon National University. Finally, my first cheerleading performance came to a close.

"Chulhee-ya, well done! You were awesome."

My parents came and praised my efforts. It was an unforgettable memory that would last a lifetime in my heart.

A few days after the performance, we visited a childcare center in Chuncheon, along with the cheerleading squad, and donated the proceeds from the performance. We spent a fulfilling time having a meal together with the children at the center. It was then that I realized how rewarding it was to help others.

February 1999 quickly passed with the cheerleading, and March arrived. I entered the Civil Engineering Department at Samcheok National University, parting ways with my cheerleading friends. When the first semester ended and summer vacation began, I received a call from a member of the Kangwon National University cheerleading squad.

"We're planning a summer camp. Would you like to join?"

I had been debating whether to work part-time to earn some money during the vacation, but I eventually decided to participate in the summer camp. As I had already stood on stage once, preparing for the second performance was much smoother. With new friends onboard, I also found myself taking on the role of helping them with my experience.

This time, instead of performing in an indoor venue, we set up the stage right in the heart of Chuncheon's bustling downtown, Myeongdong. Once again, the purpose of the camp was to raise funds to help the less fortunate in our community.

290

Amid the scorching weather, camp participants arrived at the practice room on schedule, warmed up their bodies and learned new moves from the cheerleading squad. After practice, some of them would often stay behind for additional practice. Then, we would enjoy dinner together, sipping on tea, chatting, and creating fond memories. After a month of preparation, our group performed under the blazing sun in the center of Chuncheon. Anyone passing by in Myeongdong was our audience. Moreover, thanks to the support of my uncle, who was the chairman of the Myeongdong Prosperity Association, our event received considerable attention. The response was better than expected, and we managed to raise a significant amount of money from our street performance. Drenched in sweat after the performance, we felt like we were soaring with exhilaration.

Desire and achievement come hand in hand. If you think that strolling can lead you to your destination, you are mistaken. Each step must count. Great achievements stem from the completion of meaningful small tasks. Success requires diligence in every small step.

Having experienced two successful performances, although I had not completely transformed, but gradually, the timid Park Chulhee began to evolve into someone who could stand confidently before people. At that moment, a thought crossed my mind.

Why have I always been so passive? Why did I come straight home after school and repeat a life of doing nothing?

As I reflect on my foolishness, I wish I could crawl under a rock with embarrassment. Even after 24 years, I cannot forget the two performances. Those experiences have had a significant impact on who I am today, constantly motivating me to embrace new challenges. They have shaped me into someone unafraid of challenges.

These days, the MBTI personality test is incredibly popular. I've always thought of myself as an introvert, but when I took the test a couple of years ago, I turned out to be an ENTP. It seems that personality can change over time, depending on one's efforts. Individuals with the ENTP type are often described as clever and cheerful. They have a talent for understanding the essence of problems and making logical judgments, adapting effortlessly to any environment. However, they may feel uneasy in societies with overly strict hierarchies or entrenched traditional cultures and might even challenge or disrupt aspects of such societies. Who would have imagined that I, with such a personality, could have succeeded as a civil servant? Life truly is full of surprises, isn't it?

To challenge or to give up?—this is a question I ask myself, but at the same time, it's a question I want to pose to the young people of these days.

3. Part-time Work During Terminal Leave

Two weeks before my discharge from the army, I was granted a six-day final vacation. Upon leaving the Pocheon base, I headed straight to the 63 Building, the tallest landmark in Korea at that time. In the elevator of the building, I asked a stranger, "Which floor is the HR department on?"

He directed me where to go. Clad in my military uniform, I was looking for a part-time job to work until I returned to university, aiming to cover my tuition fees. The vigor I gained from my military service must have boosted my confidence.

I politely asked the HR person, "I'm about to finish my military service. Is there any job opportunity available here?"

"The only available job is serving food at the cafeteria. Would you be interested in that?"

At the time, waiting tables didn't exactly appeal to me. Eventually, I went to the East Seoul Bus Terminal empty-handedly to catch a bus bound for Chuncheon.

"Ugh, what should I do then?"

Throughout my journey home, I couldn't stop thinking what I should do after my discharge. Before I knew it, the bus had arrived in Chuncheon, and I trudged my way home. This was my last leave during military service, with my discharge imminent. Perhaps that's why my parents' welcome seemed less enthusiastic than usual. Despite this, home still felt as warm and comforting as always. After changing and taking a bath, I quickly fell asleep, my mind swirling with plans for life after the military. Then, a thought suddenly struck me: "Okay, I'll visit the employment agency tomorrow morning."

I resolved to take on any available temporary labor job. The next morning, around six o'clock, I visited a construction labor agency near my home in search of manual work. As I reached the office on the second floor, I found several day laborers already on standby. They had been there since dawn to support their families. Seeing them stirred a deep sense of solemn empathy within me. I realized that experiencing such emotions was a valuable experience in itself. Then, one of the office staff pointed at me.

"Hey, student! Get in the car. There's a spot available."

I hurried downstairs to find a white double-cab truck waiting for me. I hopped into the vehicle with a stranger, and we drove for who knows how long, heading somewhere. Upon arrival, I realized that we were at the construction site of the Chuncheon National University of Education dormitory. I hadn't planned on sweating buckets during my final vacation, yet here I was at the construction site, ready to dive into hard labor.

My job was to gather and dispose of discarded construction materials. The foreman had warned about nails stuck in the debris, so I moved everything carefully. About two hours had passed.

"Hey, let's have breakfast."

Following the foreman's instructions, I headed to the canteen with the others. We had kalguksu noodles, and they were incredibly delicious. Even to this day, I vividly remember their taste. Perhaps the physical exertion from my first experience with manual labor had sharpened my hunger.

During the meal, the laborers asked me, "You look like a college student. Why are you working here instead of studying?"

Instead of revealing that I was a soldier on my last military vacation, I simply smiled and remained silent. As we repeated a one-hour work and a 15-minute break twice, it was suddenly lunchtime. I had lunch with the other workers at the canteen, then laid out Styrofoam in the shade behind the construction site and took a 30-minute nap. During my military service, I had experienced my fair share of challenging tasks, but it was then that I realized that earning money is not easy. I resumed carrying the debris. The more I worked, the emptier my mind became. Around 5:40 pm, we finished, and the supervisor called me over.

"Hey, come get your *kanjou*."

Kanjou is a Japanese term for payment. After deducting a 5,000 won commission fee for the labor office, the supervisor handed me 45,000 won. Then he instructed me, "From tomorrow, don't stop by the office but come directly here. You have steady work for a while"

Without much thought, I replied, "Yes, sir."

Two workers who had been on the job with me suggested, "Let's go eat dinner." Instead of heading to a restaurant, they pulled me toward a pub. As soon as we arrived, they ordered alcohol and some snacks, not a full dinner. Before any snacks even arrived, the three of us had already finished a bottle of soju. I had not planned on staying long, but I got swept up in the atmosphere after a few glasses of soju. As we grumbled about various things, time quickly approached 9 p.m.

"Shouldn't we show up at work early tomorrow? I should get going."

I felt a bit tipsy because I had a drink for the first time in a while. Further drinking might affect my work at the construction site the next day, so I settled my tab and left. Various thoughts ran through my mind. While I understood that a drink might relieve fatigue from hard work, I couldn't comprehend why they would spend a day's wages on alcohol.

The next day, I once again headed to the construction site, still concealing my military status, and began diligently moving materials. The familiar faces from the previous day were gone; instead, I worked with new people, had lunch with them, and completed the day's tasks. After receiving my pay, I headed home.

Dedicating my boiling blood to my motherland,
I pledged my loyalty.
In the trenches with the blizzard raging in,
I vowed to sacrifice my life.
Comrades, now victory alone
Is our mission
And the path we must tread.

On my way home with 45,000 won in my pocket, I found myself humming a war song. Looking back now, I wonder what drove me to go to the construction site, hide my military status, and earn money. After working for five days, I was able to buy the latest music player I had wanted, and enjoyed listening to the songs. Walking the streets with my earphones in, it felt like I owned the world.

I returned to my unit and a few weeks later, I was discharged. Yes, April 21, 2002 marked the historic day when Army Sergeant Park Chulhee was discharged.

"Finally, it's over."

As soon as my discharge buddies and I left the base gate, we gathered in downtown Pocheon, Gyeonggi Province, to uplift each other and bid farewell over pork belly and a glass of soju. During my two years and two months of service as an army infantryman, I encountered a wide range of challenges—over 1,500 kilometers of ruck marches, tent life during field operations, the hierarchy of military society, and much more. These experiences in my early twenties seem to have shaped the new me.

After completing my military service, many of my friends and acquaintances asked me, "Where did you learn such confidence?"

At that time, although I couldn't quite pinpoint the source of my confidence, I felt like I could do anything. Unfortunately, I wasn't able to return to university immediately after my discharge. Since the new semester had already started, I had to wait until 2003, to re-enroll. In the meantime, I decided to look for part-time jobs. One opportunity caught my eye—a position in the food section on the basement floor of the department store, the only one in Chuncheon, selling fruits and vegetables. I applied, received a call from the HR department, and started working there.

I arrived at the underground food section around 8:30 a.m., retrieved fruits and vegetables from the refrigerated warehouse, and arranged them on the shelves before the store opened. Displaying vegetables was straightforward, but with fruits, I had to remove them from the plastic rectangular baskets stored in the cold warehouse and stack them neatly in rows, like building a stone tower. There were a few times when I accidentally dropped oranges and apples on the floor. It took me about a month to get accustomed to the job. After observing me for a while, the manager instructed, "Chulhee, it's time for you to engage with customers and sell the produce." So, I began selling fruits and vegetables to customers. Initially, it felt awkward as I knew nothing about how to sell them.

After about two months, I finally mastered the display techniques and learned how to distinguish the freshness of fruits and vegetables. My communication skills also improved, and I started approaching customers proactively. I was becoming quite the salesman. Despite being a part-timer, I worked hard and boosted sales just as much as the regular employees.

Three months passed and then, a thought suddenly struck me: "Whether I work hard or slack off, the pay remains the same."

Working was fun, and meeting many people was interesting, but I reached the limitations of my part-time job. Even though I worked with passion, my earnings were fixed, so I decided to quit. Those three months were brief but valuable to me. The experience motivated me to focus on my studies because I saw no future in part-time work.

I told the manager, "I'm sorry but I need to quit."

"Why?" she asked, taken back by my sudden decision.

"I want to focus on my studies now. Thank you for everything."

The middle-aged manager treated me kindly, almost like a mother, often making snacks during slow afternoons. I cherish the good memories of her preparing food for me on my last day of work. It was the first time I felt genuine affection from someone else. However, just as ships aren't meant to stay docked at the pier and airplanes aren't meant to be stored in hangars, I knew I couldn't remain static. Despite the risks and uncertainties, I had to set sail into new waters and take flight into the unknown skies. That period of my life demanded that I channel all my efforts toward building a new path.

The part-time job, which began with the courage to blindly visit the 63 Building, ended in the basement floor of a department store. If I ever meet the kind manager again, I would like to express my sincere gratitude and tell her how much I appreciated and enjoyed working with her.

4. English Changed My Life

One day, I received a call from the Australian Hospitality Internship Program hosted by the Human Resources Development Service of Korea.

"Mr. Park Chulhee, you have passed the first round of document screening. Please come for an interview."

I was ecstatic. The news felt surreal. It was a chance to utilize English in a professional setting abroad, something I had only dreamed of.

I was uncertain about what my future held after I graduated from university. Then, by chance, I stumbled upon a notice on the Human Resources Development Service of Korea website and immediately knew it was what I had been looking for. About two weeks later, I received a call from the organization inviting me for an interview. I was taken aback but managed to accept before hanging up. In that moment, reflections of my journey with English passion flashed through my mind.

I-me-my-mine. You-you-your-yours. He-him-his-his.

This was the pronoun chart I loudly memorized following the teacher's lead in an English hagwon prep school before entering middle school. That was when I first learned the English alphabet and began to delve into basic English grammar. While I did learn other subjects, not many memories remain. English was undoubtedly the subject I consistently studied without giving up. And it was that English that changed my life.

Since childhood, I had hated books and hadn't read much. I lacked interest in the Korean language subject and never properly read the selected passages from textbooks. Predictably, my grades were poor. It wasn't like I excelled in math either; I gave up on math in the first year of middle school.

Yet, English was the only subject that piqued my interest, and I'm still learning it to this day.

"Mr. Park, I heard you're good at English. That's so impressive."

Comments like this made me feel a bit awkward. I'm not as proficient in English as simultaneous interpreters or students who have studied in English-speaking countries. Nonetheless, at work, there weren't many people interested in or proficient in English. So, despite my English not being perfect, it became my advantage.

Recently, a colleague of mine complained about how his lack of English proficiency made his overseas trips inconvenient. Since he expressed a desire to learn English at a beginner's level, I took the liberty of signing him up for an online English class. Honestly, there aren't many occasions where we need to use English at our workplace. However, as our roles have evolved and our responsibilities have grown, we have found ourselves participating in more international events like conferences, expos, and forums. Whenever these opportunities arise, I don't have much trouble communicating or exchanging business cards with foreign counterparts. This has often earned me admiration from my colleagues.

I recall my high school teacher once commented on my English: "How come your English scores are higher than your Korean ones?" In Korean exams, I scored 60 out of 120, while in English exams, I scored 65 out of 80. As a native Korean, it must have been quite perplexing to hear such a comment, if not embarrassing. Perhaps my poor Korean grades at that time somehow motivated me to write a book like this now.

While I may have struggled in other subjects, I dedicated myself wholeheartedly to organizing English notes, especially compiling vocabulary lists. It wouldn't be an exaggeration to say that I poured my heart and soul into it. It's no surprise that my English scores surpassed my Korean ones.

In 2004, during my sophomore year in college, I shared a dorm room with a freshman named Minsu, who came from Seoul.

One day, he mentioned, "Chulhee-hyung, my English conversation professor is from the United States."

As someone who was deeply interested English, the news of an American professor at our school sparked my curiosity. I decided to audit Minsu's class next time.

"Professor Kimberley, can I sit in on your class?" I boldly asked her, although auditing wasn't technically allowed at our college.

"Yes, feel free to join us."

Seeing Professor Kimberley readily allow me to join the class on our first encounter, I was instantly captivated by how cool she was. Even better, the class was conducted almost entirely in English. I became a genuine fan of Prof. Kimberley. Even though she was a part-time instructor, I followed her sincerely, and even on days when Minsu was absent, I attended class diligently.

Eventually, I officially enrolled in her class for the next semester. Being proactive, I became the class leader and earned an A+ grade. It's a lesson of life: you can see as much as you know, and you can achieve as much as you desire.

After completing my sophomore year at Samcheok National University, I suddenly felt the urge to study at a university in the Seoul metropolitan area. I envied the inter-university exchanges and the opportunity to experience advanced culture near Seoul. A university in Seoul became my aspiration. So I decided to attend a transfer hagwon in Chuncheon during the vacation.

During the consultation, the hagwon staff asked, "What school are you aiming for?"

"I want to go to Y University. Will that be possible?"

"It won't be easy. Top-tier universities demand quite high requirements."

The transfer counseling turned out negative. To transfer to a prestigious university, I needed to meet very demanding conditions: I had to prepare for math, science, and English and pass the first-round written exam, followed by the second-round interview to finally be transferred. The process seemed like a distant path for someone like me, lacking basic math skills. I immediately gave up and looked for another way.

"Don't you have a Plan B for someone like me?"

"Usually, other universities only require an English test for transfer."

Reluctantly, I chose universities where I could transfer based solely on the English test. This was entirely my fault for not studying hard enough in high school. I was still determined to transfer to a school where I could secure more opportunities, and my only option was to fully commit to mastering English. The die was cast.

For about two months during the summer vacation, I attended English hagwon classes from 10 a.m. to 5 p.m. After class, I had dinner with another examinee and then solved transfer English mock exam questions at the Kangwon National University Central Library. Perhaps because I wasn't studying at my own school, I felt a bit out of place, but I still studied with great concentration.

As a result, I was accepted to three out of the four universities I applied to. Now, I had the luxury of choice. Ultimately, I chose Kangwon National University located near my home in Chuncheon. Although it wasn't in the

Seoul metropolitan area, my parents liked the proximity, and the tuition fees were affordable.

With the successful university transfer, I embarked on a new chapter of my life. However, just as I overcame one hurdle, a new concern emerged: "How can I improve my English listening skills?" When I took the TOEIC exam, a certified English test, I managed the reading section fairly well, but I failed to grasp anything during the listening section. These results caught me off the guard. So I enrolled in TOEIC listening prep courses, but my listening showed little improvement.

I can't claim to be good at English in this state.

I desperately sought classes to help with English listening.

Then, I managed to spot a class that used movies for listening practice. I decided to take this class at a hagwon in Gangnam, Seoul. Mr. S's class involved memorizing around 300 commonly used expressions from a selected movie and having speaking tests twice a month. On my journey home from the hagwon, on subway and intercity bus, I plugged my earphones in and repeated the phrases from class dozens of times, striving to naturally incorporate them into my speech.

As the saying goes, "Practice makes perfect," about three months later, my listening skills greatly improved. It was a remarkable feat. My ears opened up, and my TOEIC listening scores jumped by a whopping 200-points.

I thanked Mr. S, saying, "Your teaching method is really effective. I can hear English a lot better now." However, since I lived far in Chuncheon, I couldn't continue attending the hagwon. After completing the three-month course, I returned to Chuncheon, but made sure to participate in Mr. S's special lectures held during the weekends.

Even after 21 years, some useful phrases I memorized still linger in my memory. Phrases like "Tell me a little bit about yourself" and "Works like a charm" effortlessly roll off my tongue. Once you learn and master something, it unknowingly prepares you for the future. Then, when new opportunities arise, you're ready to seize them. Back then, I had no idea that my passion for English would open up so many opportunities.

After finding out about my internship interview, I—a country bumpkin—headed to the headquarters of the Human Resources Development Service of Korea in Mapo, Seoul. When I arrived, I immediately realized that everyone else was dressed in suits, while I stood out in shorts and a t-shirt. No one had mentioned a dress code when they contacted me. I felt out of place, but there was no turning back over my attire.

"Mr. Park Chulhee, you're up next. Please wait here," the attendant told me kindly.

Soon after, I walked into the interview room. The interviewer, an Australian, conducted the interview in English. It was my first English interview, and although I stumbled over my words, I still managed to grasp the questions.

"Your major is agricultural engineering. Can you work in agricultural fields, then?" This was the interviewer's final question.

"Yes," I responded. In hindsight, I realize I should have given a more detailed answer, but at that moment, all I could muster was that brief reply before I hurried out of the room.

Walking out, I thought to myself, "I've applied for a hotel internship program but came completely underdressed. They surely won't consider someone like me." However, a few days later, I was surprised by a phone call from the agency—I had been accepted.

"Mom, I want to go to Australia for an internship," I exclaimed.

Yet, my mother's reaction was unexpectedly cold.

"Chulhee-ya, why do you need to go so far away for an uncertain job? You'll be wasting your time. It's better to work as a civil servant here in Korea. There's plenty of work to do right here. Instead of helping other countries, help our own," she advised.

My mother had a point. Eventually, instead of going through with the internship, I decided to prepare for the civil service exam in Noryangjin. Interestingly, even while studying for the exam, I didn't need to focus much on English, and I passed the civil service exam fairly quickly.

It was through English that I had gained many opportunities and built confidence in myself. The aphorism I learned while studying English still resonates with me: "Boys, be ambitious!"

5. Challenges in Report Writing

"Come to receive your appointment letter on July 19th."

When I received this call from the personnel department of the Wonju Regional Office of Construction Management, a part of the Ministry of Land, Infrastructure, and Transport, my heart started pounding. After five years and ten months at Hongcheon-gun Office as a local government official, a new chapter was beginning for me as a central government official. Until then, I had managed construction projects for regional infrastructure development as a civil engineering official, but I always felt something was missing.

There is a theory by psychologist A. H. Maslow developed from his clinical experience and published in 1943, that human needs are hierarchical, spanning five levels. You are likely familiar with them: the first level is physiological needs, followed by safety and security needs, then social needs, esteem needs, and finally, self-actualization needs.

Over time, I found myself yearning for higher-level needs, particularly a desire for more specialized expertise in technical areas. This aspiration drove me to apply for a position in the central government, and fortunately, I made a smooth transition. By this time, I had started a family, and with my wife expecting our first child, changing jobs and departments and adapting to a new environment was certainly not an easy choice. Nonetheless, I embraced the challenge with renewed determination.

Thus began my tenure at the Hongcheon Land Management Office under the Ministry of Land, Infrastructure, and Transport. My new role centered on road management. Around my sixth year as a civil servant, I was tasked with overseeing national highways for the first time.

On my first day at the new office, July 17, 2012, my section chief said, "Throw away everything you learned from the local government."

"Excuse me? Could you elaborate on that?" I asked.

"You'll understand soon," he replied cryptically.

At first, I struggled to understand his meaning. I had accumulated a wealth of knowledge and experience as a civil servant, so the idea of discarding it all seemed perplexing.

However, about a week later, I began to understand what he meant. The workload came pouring in like never before: my phone constantly rang with complaints, and my inbox flooded with urgent document requests.

"This is like a battlefield," I grumbled to a colleague who had been at the Ministry longer than me.

But even when everything seemed overwhelming, there was a silver lining—Team Leader B acted as my mentor. Despite being younger, he was remarkably calm and proficient, offering me a wealth of knowledge. With his help, I started to tackle tasks that were new to me, like handling complaints, managing construction projects, and drafting press releases.

"All right, let's give it a shot. How hard could it be?" I thought confidently at first. But as time went on, I made more and more mistakes, and naturally, the stress began to mount.

In particular, I was clueless about how to manage construction projects, which were aimed at maintaining clean and safe roads.

"How should I act as a supervisor?" I asked.

"Mr. Park, we don't use the term 'supervisor' here. We refer to it as a support staff or a Construction manager," the section chief corrected me. I felt embarrassed. In local government, I had directly supervised construction projects, but I was unaware that the central government primarily outsourced supervision tasks to specialized construction management companies. As a central government employee, my role was to support administrative tasks related to construction projects. I was expected to delegate on-site management tasks to companies specializing in construction management, focusing instead on safety and overall site inspections.

Having no experience with this system in local government, I found it difficult to adapt. But, with a mindset ready for new challenges, I squared my shoulders and plunged in.

One day, a man who looked more than 20 years older than me approached me and said, "Mr. Park, it's nice to meet you. I'm the head of the Supervision Team." Upon hearing about my appointment, he had come all the way to my office to introduce himself. He was the Chief Technical Officer, responsible for overseeing all tasks related to construction projects. Being greeted by a stranger first felt a bit awkward, yet somehow pleasantly surprising.

"Ah, nice to meet you. I have a lot to learn from you," I replied, trying to be as polite as possible. Gradually, I was adapting to the new environment.

Another time, the Team Leader urgently informed me, "Mr. Park, there's a news article about a pothole on your route; please prepare a report on it." It turned out there was damage on the road I was managing, and the local newspaper had reported it. I had never before provided professional responses or explanations for incidents covered by the media.

"What am I supposed to do about this?" I wondered.

I later realized that incidents like road maintenance issues or traffic accidents were reported in the media far more often than I had thought. Road defects frequently became media topics. The first step in such cases is to verify the accuracy of the article. If improvements are needed, a formal response plan is prepared and sent to the media. If the reported information differs from the facts, a document clarifying the discrepancies is distributed to the media. Although this workflow had been in place for a long time, I had never experienced it firsthand, as my previous roles had been primarily on-site, not in an office.

"Ah, writing reports is really hard," I would often think to myself whenever struggling with reports.

Nevertheless, after becoming a central government employee, I began to understand the importance of writing good reports. This was because I faced a variety of situations in my work, such as the aforementioned road damage, traffic accidents, and decision-making related to construction project management. It was crucial to promptly prepare and submit reports to superiors according to the circumstances.

Now, I can even write a book about my experiences, but initially, the mere mention of "reports" filled me with dread and stress. So, I began collecting various types of sample documents and writing reports by referring to them one by one. In the process, I learned that reports have a certain structure. Understanding that, I gradually gained confidence in report writing.

In essence, a report summarizes the opinion you want to convey and communicates it to your superiors in writing. Supervisors receive many different reports every day. Therefore, reports should be as concise as possible. All the necessary information should be included in one report. Hence, the ability to express a large amount of content in a single page is more important than anything else.

Short, concise reports have become a trend—and for good reason. They serve as effective summaries. The key to crafting a successful report lies in following three essential guidelines:

1) Summarize only the core points.

2) Ensure the content is easily digestible at a glance.

3) Provide a logical structure, such as cause and effect, problem-solution, or the format of introduction, body, and conclusion.

To master these skills, it's crucial to thoroughly understand the content and express it skillfully. However, this doesn't mean simply reducing the font size to cram everything onto one page; it's about effectively condensing the content. The ability to distill key information is paramount, especially when considering the perspective of the decision-makers reading the report.

Thus, it's important to write from the viewpoint of someone in a decision-making position, such as a department head or an executive. There's no need to elaborate on every detail to someone who already has a foundational understanding, so keep the report concise and to the point.

Part 3

Path of Public Service

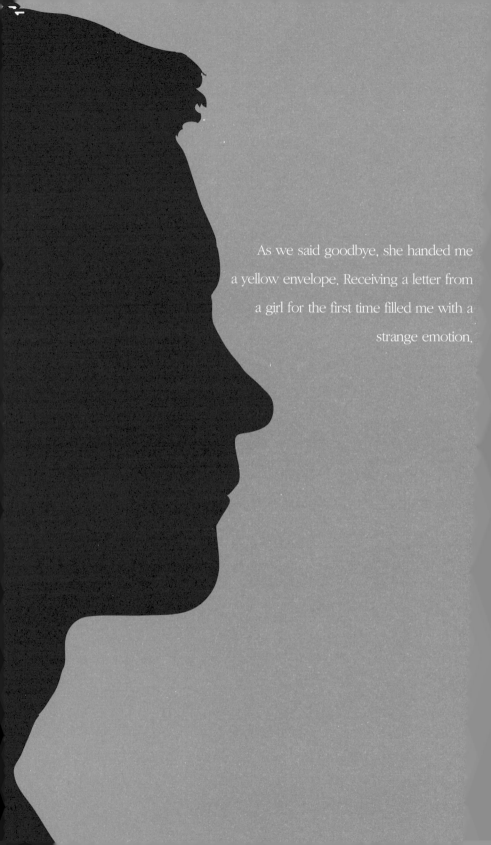

As we said goodbye, she handed me a yellow envelope. Receiving a letter from a girl for the first time filled me with a strange emotion.

1. Learning the Pain of Love

As we finished our meal and sipped our tea, my boss, looking to pass the time, casually asked, "Mr. Park, when did you first fall in love?" His question caught me off guard and sent me down memory lane.

I remembered my first love during my cheerleading days, a time when I first learned not only about cheerleading but also about working closely with female students.

On the first day of the cheer camp, I introduced myself by saying, "I'm Park Chulhee from Seongsu High School. I joined this camp to overcome my introverted personality." As the camp progressed, I became particularly close to one girl. I genuinely enjoyed our conversations and the time we spent together. However, I had a troubling habit of pointing out her minor flaws during our discussions. Despite my own less-than-perfect appearance, I once even suggested she looked a bit chubby. Regrettably, I was oblivious to how these thoughtless comments might have affected her throughout the three-month camp.

One day, after the Lunar New Year, she invited a few friends, including me, to her house saying, "Hey guys, why don't you come over and have dumpling soup together?" She was a great cook, even at a young age, and the meal she prepared was delicious. After dinner, the others left, but I stayed behind. We took a stroll along the nearby stream, chatting about various things. As the evening drew in, I walked her home.

As we said goodbye, she handed me a yellow envelope. Receiving a letter from a girl for the first time filled me with a strange emotion. When

I got home and read the letter, however, I was puzzled. The sentimental expressions typical of heartfelt letters were hard to decipher. It was only after reading it several times that I realized it was a confession of affection. Even now, I feel embarrassed for not having noticed her feelings earlier. We dated a few times, but since we went to different colleges, our relationship did not extend beyond the camp. It was just a fleeting, puppy love.

My next encounter with love came much later.

In September 2005, I was at the language institute of the University of Alberta in Canada. Spotting a Korean girl standing alone at the reception desk, I attempted to strike up a conversation by saying, "Hello, you're a bit late." However, she didn't respond and remained indifferent.

Caught off guard by her cold reaction, I thought to myself, "What a mean girl."

Back then, I was only twenty-five and admittedly, my personality needed maturing. Later, I discovered that we were assigned to the same class at the language institute. We attended classes together and occasionally hung out with other Korean friends. As six weeks passed, the first vacation began.

"Hey guys, let's go on a trip to the Rocky Mountains."

Four of us Korean students, including myself, decided to hit the road. Before leaving Korea, I had obtained my international driver's license just in case I needed to drive in Canada. Although I had not driven much in Korea, I volunteered to drive the rental car.

The drive from Alberta to the Rocky Mountains spanned roughly 600 km, with the straight stretch of highway seemingly endless. The sheer expanse of Canada truly hit home. After about five hours on the road, it began to darken. We arrived in the quaint town of Banff near the Canadian Rockies and headed straight to the log cabin we had reserved.

"Let's whip something up to eat."

We had packed ingredients from a Korean grocery store near the language institute, planning to cook Korean meals during our trip. We cooked and savored our dinner before settling in for the night. The next day, we made our way to Lake Louise, its waters shimmering in stunning emerald hues. From our car overlooking the lake, we ate kimbap we had made that morning, complemented by cup ramen we prepared with hot water from a nearby café. Energized by our meal, we eagerly began our adventure.

"Let's take a walk along the lake."

As I walked beside her along the lake, we chatted and gradually opened up about ourselves. We apologized for any past words or actions that might have been hurtful, bringing us closer together. After a fulfilling six-day trip to the Rocky Mountains, we returned to Edmonton.

After a week-long break, the second term began. I was still in the same class as her, and after class, we began exploring renowned eateries around the city. As we spent more time together, our relationship naturally developed. I had never imagined starting a relationship in a country other than Korea before.

Both of us were staying in homestays with Canadian families; mine was about an hour from hers by city bus.

"Shall we go to West Edmonton Mall this weekend?" I suggested, and she agreed. West Edmonton Mall was the largest shopping mall in North America, complete with an indoor skating rink reminiscent of Lotte World in Korea, along with clothing stores, electronics shops, and restaurants on various floors. A particularly memorable spot was a Chinese restaurant that occupied an entire floor, giving the impression we had entered Chinatown.

Both Chinese and Canadian patrons frequented it. The mall was bustling and overwhelming. We didn't do much shopping; instead, we wandered around like children, marveling at everything. That was our date—simply enjoying each other's company.

As our courses were nearing their end, I cautiously asked her, "What are your plans after this term?" I was scheduled to return to Korea to finish college after the second course. She answered that after completing the English class in Edmonton, she planned to move to Vancouver for another language course. After finishing our courses, we took our final trip in Canada, to Toronto with ByungJin. It took nearly two days to travel from Edmonton to Toronto by train, and then we spent two weeks exploring various cities in eastern Canada. During our travels in Toronto, to our surprise, we once bumped into some friends from our studies in Edmonton.

The two-week trip came to an end, and I returned to Edmonton to prepare for my departure to Korea. After bidding her farewell, I took a taxi to Edmonton International Airport. This was our final crossroad. I was not particularly upset, perhaps because I had come to accept that our paths were simply meant to diverge.

At the airport, I completed the departure procedures, boarded the plane, and buckled my seatbelt, waiting for takeoff. I had no idea who would be sitting next to me until she appeared!

"Why are you here? Are you on the way to Vancouver?" I asked, surprised. Since there was no direct flight from Edmonton to Seoul, I had to stop over somewhere in Canada. So I thought she happened to be on the same plane on her way to Vancouver.

"No, I'm going to Korea."

Before the trip, she had clearly told me that she planned to go to

Vancouver.

"Are you following me to Korea?" I asked.

"Yeah."

Surprisingly, she too was bound for Korea. However, during the 14-hour flight, we barely spoke. A strange, awkward feeling was hanging in the air. About three hours before we landed at Incheon International Airport, I decided to gauge her feelings

"In Korea, do you want to keep in touch with me?"

She remained silent. Soon after, we arrived at Incheon International Airport and boarded different intercity buses to our homes. That marked the end of our brief attempt at transitioning from close friends to something more.

When I arrived home in Chuncheon, I greeted my parents with a deep bow and assured them of my safe return. With about two months left until graduation, I began to ponder my future. The thought of her also kept flooding into my mind.

One day, while at home, I received a letter—from the girl I had tried to forget. Inside was her Korean mobile phone number. I called her the next day.

"Don't you want to come to my city?"

A few days later, I was at the bus terminal early in the morning to catch a bus to her city. About two hours later, I arrived at the terminal where she was waiting on the platform. I was elated to see her.

"How have you been?"

"Good, and you?"

We caught up over tea at a nearby cafe, sharing stories about our future plans. From then on, we tried to keep in touch, chatting regularly and sharing updates. After graduation, I stayed in Noryangjin, Seoul, to prepare for the civil service exam, and she also ended up in Noryangjin preparing for a teacher certification exam. In July 2006, I passed the civil service exam in Gangwon Province, but she did not. In December of that same year, she ended our relationship at a western-style restaurant in Chuncheon. Perhaps the distance between us had become too much to bridge.

That was how I experienced the pain of a second breakup. It took me two months to get over it. Until then, I had not quite believed in fate. Then I met my wife, Hana. I finally realized that fate isn't something distant; it's right beside you.

I often advise young people, "Date as many people as possible." To find the right person for you, it is best to meet many. Remember, love is not learned from books; it is experienced directly. Through the joys and sorrows, you come to understand life's deeper truths.

2. The Beginning of Networking Starts with Greetings

Since the start of my career as a civil servant, I have frequently been asked questions like, "Mr. Park, which high school did you attend? What college did you graduate from?" Although I knew Korean society often revolves around educational connections and academic achievements, I still wondered why people asked those questions so often.

At the age of 26, when I joined the conservative environment of the government, I experienced firsthand the importance of school ties and regional connections. Curious, people constantly asked about these things even in situations unrelated to work, which often made me uncomfortable. In many countries, probing into someone's educational background like this would be considered a breach of privacy.

The focus on educational and regional connections in Korea is intended to foster a sense of solidarity. Finding even a single common trait can make it easier for people to feel a bond as a collective. During my university years, I was part of a department that emphasized unity and cohesion. "For the unity of the agricultural engineering department!" was our rallying cry. We would chant this slogan at gatherings, dinner outings, and sports events. This intense focus on unity might have been off-putting to some, and initially, I too struggled to adapt, perhaps because of my introverted nature. However, the atmosphere was respectful and inclusive, which helped me gradually start participating in departmental activities without much resistance.

Despite that, I still found many aspects of social connections challenging to understand. I struggled to discern what constitutes desirable relationships and how to flourish within them. Korean society values blood ties, educational backgrounds, and regional connections, but navigating these relationships firsthand was daunting. In such environments, if you share a connection, you are quickly embraced; if not, you might be overlooked. Thus, understanding human relationships became a significant focus of my life.

My mother always advised me from a young age to act promptly and be mindful of others' reactions. "Chulhee-ya, wherever you go, always act cautiously and considerately." Now I understand why she gave me such advice. My mother, who lost her father at the age of 14, worked tirelessly in a factory in Seoul to support her mother and five younger siblings. Even after returning home, she continued to manage her household responsibilities while taking on various jobs, including working as a housekeeper for a well-off family. Growing up in these circumstances, she emphasized the importance of being quick to act and adept at assessing situations.

My father, whom I greatly admire, also emphasized respect: "Whenever you meet an adult, greet them first." When I was young, we lived in a residence provided by an elementary school in Chuncheon. Due to financial hardships, my father worked as a janitor there and always underscored the importance of greeting adults.

However, I always found it awkward to greet people. Even at my first job, I struggled to properly greet my seniors and superiors. I was hesitant to approach others first.

There's no doubt that this habit negatively impacted my social interactions. The saying that people should mature as they age rang true for me. Only after time passed and I became the head of a household did I finally transform from being reserved to being the one who approached others and greeted them first, regardless of their age or situation.

Whether abroad or in South Korea, one should make a good impression with greetings and impactful self-introduction to establish harmonious relationships. It's not too much to say that it's the essence of human interaction.

"Tonight's dinner is on me."

"I'll cover the second bar."

Such gestures are always welcomed everywhere.

As I began my professional life, I realized the importance of networking events. Unless I had other commitments, I tried to attend as many company dinners as possible. These gatherings were opportunities to share stories about work, family life, and finances, all while enjoying a meal together.

However, over time, as the same conversations repeated, my interest in these gatherings waned. I found myself attending only essential events and using the remaining time for personal pursuits. Thus, I have come to define desirable gatherings like this: "Your gatherings should be filled with genuine joy. Consider how that joy impacts you, and engage in activities with that awareness." In short, I'd like my younger colleagues to choose their gatherings wisely.

Besides my professional endeavors, I wanted to contribute to the local community. In that sense, I joined the Junior Chamber International (JCI) Korea in Hongcheon District, an international non-profit organization that trains young leaders and engages in various social activities. My joining actually caused some controversy in Hongcheon District because of concerns about whether a civil servant could commit as much time to activities as entrepreneurs do.

However, I made good use of the 23 days of statutory vacation time afforded to civil servants. I ensured I participated in monthly meetings and volunteer activities. By being actively involved, I met many people and spent fulfilling time.

Initially, I wanted to network with everyone I met, across all areas. But eventually, I realized that it's not possible to make friends with everyone. I learned that you form closer relationships with people who resonate with you on the same wavelength.

Once, I took on the role of sports director, organizing a gateball event for 500 senior citizens. Having never organized such a large event before, I sought help from a senior colleague, who gladly assisted me. Without his support, managing the event would have been overwhelming.

From these experiences, I have learned important lessons about relationships. First, there should always be someone willing to extend a helping hand when needed. Second, I should be equally ready to offer assistance when others are in need.

I also participated in a social media group focused on the concept of a "knowledge ecosystem." Let me explain what this entails. As information and communication technology has advanced, the value of knowledge has begun to surpass that of material goods. Managing knowledge is crucial to enhancing productivity and competitiveness at both organizational and national levels. A knowledge ecosystem provides a platform for generating, leveraging, sharing, and disseminating diverse knowledge, encouraging collaborative competition and influencing interactions in knowledge practice.

The core principles of a knowledge ecosystem, inspired by natural ecosystems, include prioritizing social networks, emphasizing the diversity of knowledge, and valuing the selection and adaptation of knowledge to meet specific needs.

My involvement in this ecosystem sparked an interest in the broader concept of "positive influence." I began attending lectures across various fields, primarily in Seoul, to seek new knowledge and enhance my influence, initially not focusing on expanding my network. Over time, however, I realized the importance of networking. Approaching others, exchanging business cards, and introducing myself first were daunting tasks, but essential for building connections.

Through these lectures, I met people from various fields and became accustomed to communication. This experience encouraged me to participate more actively in societal activities such as writing groups, forums, and charitable organizations.

People often asked me, "How do you manage to know and interact with such famous people?" I communicate with experts through platforms like Facebook, YouTube, and Instagram, and while online interactions have limitations, they are a starting point for building personal networks. Sometimes, these online interactions lead to real-world meetings.

This blending of online and offline interactions has broadened my understanding of different fields and reinforced the importance of my administrative tasks. Since the transition to a central government position, in particular, engaging in communication, both professionally and personally, has significantly impacted my life.

I have learned to appreciate the statement, "What I know is not everything." Documenting my experiences and reflecting on feedback has been enlightening, even though it sometimes led to failures and wasted time. Despite the challenges, I have continued to push myself, shaping who I am today. My seniors often ask if I'm pushing myself too hard, but I find satisfaction in recognizing and completing tasks.

In an era where people may live up to 100 years or more, finding happiness in daily efforts and accepting things as they are becomes paramount. This mindset is crucial for living a fulfilling life.

Dr. Kang Shinjoo, a humanities scholar, once said in an online lecture, "Please just see things as they are." This advice is aimed at those who often view the world through a distorted lens, encouraging them to see reality without bias. Indeed, some people twist their perspectives, warping their view of the world.

"Stop stopping."

These words were spoken by Mr. H, an executive at MoneyToday, a financial media group, whom I connected with on Facebook. I echo his sentiment to the young people in South Korea who feel stuck today: stop being passive. We often hear about the Sam-po Generation (the generation giving up three: dating, marriage, and children), the O-po Generation (the generation giving up five: Sampo + housing and career) and even the N-po Generation. I urge them to halt this cycle of resignation, as surrendering only leads to more of the same.

If giving up becomes routine, it's hard to discern when or under what circumstances surrender might actually be necessary. To combat this, one must cultivate self-reflection. Daily introspection can transform resignation into resilience.

At gatherings, I often hear, "You're a civil servant; why are you overexerting yourself?"

For a long time, I took the world at face value, living with a mindset that everything just happens as it does. This outlook made it easy for me to become complacent and even arrogant.

Then, when I studied for the professional engineer's certificate exam, Director Shin from the Seoul Technical Engineering Academy advised me, "Chulhee-ya, always remember that people are at the center." At first, I didn't grasp what he meant. It was not until after I received my license that I began to understand it somewhat.

Reflecting on my role in public service, I realized that everything I do is ultimately for the people. While serving them, I have met many diverse individuals and learned the importance of maintaining smooth relationships with them. It took me 10 years as a civil servant to appreciate this.

Until recently, I lived like a frog in a well. Unaware of the broader relationships among people, I felt isolated and regretful. However, I didn't let that stop me; instead, I started afresh from that point.

"Stop stopping"—this phrase resonates with me as I actively engage in various activities and expand my relationships.

I will continue to challenge myself and recognize the importance of these connections for the rest of my life. If someone asks about my alma mater and hometown, I now respond, "Oh, I graduated from Kangwon National University in Chuncheon, and that's also my hometown. Have you heard of Chuncheon? Please come visit sometime. I'll treat you to some hearty makguksu buckwheat noodles and dakgalbi spicy stir-fried chicken."

3. The New Groom Who Cried at His In-Laws' House

I don't remember the exact date, but it was around April 2008. That day, I was so exhausted that as soon as I got home from work, I went straight to bed. But I woke up too early, around 9 p.m., and instinctively checked my phone.

What are you doing?

There was a text from an unsaved number. Curious, I immediately called the sender. It turned out to be Ms. Yong Hana, my coworker from the same department. She said she just sent the text to check in on me.

Since I was still groggy from sleep, I politely wrapped up the call, suggesting, "How about grabbing a meal sometime?" Although we worked in the same department, we weren't close enough to have saved each other's numbers.

That's how my fate took a turn. The following Saturday, we went to COEX in Seoul for a meal. On the bus ride there, we chatted like a long-time couple, making the journey fly by. In Seoul, we naturally held hands and wandered around. This was our first date, and one month later, I asked her to be my girlfriend. After about a year and a half of dating, I realized she was the one, so I decided to marry her.

On October 9, 2010, we finally tied the knot. The wedding took place near my parents' home in Chuncheon. The venue was packed with guests; we greeted over 500 attendees at the restaurant after the ceremony. The day was deemed auspicious, and many other weddings were held, including that

326

of my university friend. We were grateful for the large turnout.

Once the wedding festivities ended, we headed to Incheon International Airport for our honeymoon. My high school friend, Gibum, who worked at ESTsoft, kindly drove us to the airport. We embarked on our honeymoon to Italy and Switzerland.

Taking a midnight flight, we arrived in Rome around 1:30 p.m. Despite the fatigue from the long flight, we immediately started our sightseeing. We joined other newlyweds on a sightseeing bus, touring the city's cultural landmarks. After visiting several tourist spots, we dined at a restaurant that served spaghetti with squid ink and Italian pizza. Initially, I was unsure about the dark-looking pasta, but it tasted surprisingly like a less salty version of jajangmyeon. Hungry, I quickly finished a plate and enjoyed about three slices of pizza. One surprising thing I noticed was that in Italy, restaurants charged for water. Water is usually Complimentary in korea so I felt like if I had to pay for it, I would have personally preferred to order beer instead.

As soon as we got to our hotel, exhausted, we showered and went straight to bed.

The next morning, still half-asleep, my wife and I went to the hotel restaurant for breakfast. The building was quite old, adding a quaint charm to the dining experience.

Later that day, we visited famous tourist attractions. Along the way, we met a couple from Gangneung, Gangwon Province, and struck up a conversation. Enjoying an amusing time together, we felt a connection with our fellow Gangwon natives.

In the evening, we took a train to Jungfrau, Switzerland. The journey was long, and we spent the night on the train. We arrived at Jungfrau

327

around midnight and stayed at a hotel. The next day, we climbed Jungfrau mountain. Despite feeling a bit lightheaded and dizzy due to the altitude, I felt exhilarated, almost as if touching the sky. At the peak, we enjoyed Korean instant noodles from the summit shop and boiled eggs that we had brought from the hotel restaurant, while admiring the breathtaking scenery.

After our honeymoon, we returned to Korea. The itinerary had been demanding, but we were glad to have had the opportunity for such an adventure, knowing it might not present itself easily again in the future.

Upon our return, we first visited my wife's family in Hongcheon. We paid our respects to her parents and shared stories from our honeymoon. Then, we spent a night in the room my wife had grown up in. Around 3 a.m., I suddenly thought of my mother. How lonely and empty she must be! Overcome with longing for her, I began to cry. Even now, I question why I felt that way. My wife woke up and asked why I was crying, but I could not answer; I just kept crying.

I had cried during touching movies before, but never from missing my mother like this. I spent about an hour in bed, overwhelmed by thoughts of her. Maybe it was then that I truly began to recognize all the love my mother had given me, now that I was a thirty-one-year-old breadwinner. The next morning, I was embarrassed about my puffy eyes, but my wife never mentioned it.

Afterward, we visited my family in Chuncheon and set up our new nest. Our apartment, measuring 21 pyeong, was in Hongcheon, Gangwon Province. We lived there for almost 14 years. Although I found it a bit cramped, my wife didn't mind, likely because our children were still young.

"Honey, I wish we could live in a house with a yard while we're still young. It would be lovely to see our kids play, grow our own vegetables,

328

and have a dog running around," my wife often mused.

Determined to fulfill her dream, I frequently visit real estate offices to personally explore property options. I plan to design the concept and layout of our house myself and then hire professionals for the architectural design and construction tasks. As a civil engineering technician, I'm confident that I can make this dream a reality for us. I hope the day comes soon.

My wife and I have quite different personalities and hobbies. Even before we were married, she was an avid reader and enjoyed making her own bags. Our parenting styles and educational philosophies differ too, particularly concerning our children's education. I prefer that they receive their education abroad, in an environment that encourages broad perspectives and discussion-based learning. However, my wife insists they should at least complete middle school in Korea.

Additionally, my wife is meticulous about recycling, a habit that initially led to arguments because I didn't understand the need for such thorough separation. Over time, I have come to see the value in her approach and now do my part by taking the separated recyclables to the collection point on the weekends.

Adjusting to living together after over 30 years apart is challenging. It's not fair for only one person to sacrifice. Marriage isn't just about personal happiness; it's about creating a small society at home, embracing its members, and finding joy through mutual cooperation. At home, I wear three hats: head of the household, husband, and parent. While it can be daunting, it's also incredibly fulfilling.

Being the head of the household is akin to being the CEO of a company. Each year, companies set goals and draft business plans with their employees. Similarly, our family sets significant goals, develops practical

329

measures to achieve them, and plans for potential problems. Managing and overseeing these processes is my role as head of the household, a role I embrace as the president of our little "country."

I will keep striving to align my personal goals with those of our household. If I come across great opportunities, I want to seize them, which is why I never stopped studying English and spent my weekends in Seoul improving it. I believe learning should be a lifelong journey, and for me, embracing new experiences is delightful. English is like the elixir of life to me, so I'll never stop learning it.

I'm a father of a son and a daughter, but I prioritize taking care of my wife above all. Without her, our children would not be here. Family life is complex and cannot be fully explained by reason alone. When our children were born, my primary concern was my wife's health, and I continue to worry more when she is unwell.

Despite our differing philosophies, I am confident in my decision to be with my wife and the reasons behind it. She brings unique values and logical judgment that complement what I lack. Her trust in me led to our marriage, and I am committed to ensuring her happiness and contentment.

I am determined to make my wife happy and will do everything within my power to bring her joy throughout our lives together. If our children see this, I hope they will learn from it and treat others with warmth and kindness.

For my wife, who chose to marry me, I will manage my life well and dedicate my efforts to cherishing her.

4. Obtaining a Professional Engineer's License at the Expense of Weekends

In the latter half of 2011, a thought crossed my mind: "Maybe in 10 years, I'll just be a run-of-the-mill civil servant with 15 years of experience." This made my heart feel strangely heavy, and hope seemed distant. It was then that a senior civil servant suggested, "Why don't you consider studying for a professional engineer's license?"

Motivated by this advice, I began to contemplate furthering my education. About a year into my marriage, my life began to stabilize, and it felt like the right time to pursue something new. Most of the construction projects I managed at the Hongcheon-gun Office were small-scale, and I was struggling to acquire new knowledge in civil engineering.

While I worked as a grade 9 officer, I oversaw river work for the gun office. Influenced by this experience, I decided to study for the professional engineer's license in water resources. However, the content was extremely challenging, and I was unsure how to begin my studies. It was during this time that I met Director Shin Kyungsoo from Seoul Technical Engineering Academy at a gathering in Chuncheon. He gave me some clear advice about my situation: "It's good to be a specialist, but starting as a generalist and then becoming a specialist is also a smart approach."

His words stuck with me. In February 2012, following my senior's advice, I enrolled in the civil engineering execution course for professional engineers at the Seoul Technical Engineering Academy in Chungjeong-ro, Seoul. I committed to studying six hours on Saturdays and three hours on

Sundays.

Around the same time, my wife became pregnant with our eldest child. Despite this, she encouraged me to start my studies. Although I felt guilty for not being home on the weekends, her support allowed me to fully immerse myself in my studies and to commute to Seoul for classes every weekend. At the academy, senior engineers who had already obtained their licenses would meticulously review our answer sheets. During one of these weekends, I serendipitously met Senior Engineer Song Youngjun at a sauna near the hagwon.

"Do you have your essay with you? Let me take a look," Mr. Song said upon seeing me.

At that time, it had only been a month since I started my studies, so my essay lacked even a proper heading. Nevertheless, since he kindly offered to help, I showed him my mediocre answer sheet. His reaction was blunt but impactful.

"You didn't even write a heading; you really lack the basics," he remarked.

That moment ignited a determination in me to become a certified engineer. I made a pledge to myself: "I will ensure that I can handle any situation as a responsible engineer or manager on any construction site."

After three intense months of studying, I took my first exam. The venue was Ogeum Middle School in Songpa-gu, Seoul. The exam began with an announcement over the speakers at 9:30 a.m. Since it was my first attempt, my goal was simply to complete the answer sheet, so I diligently worked from the first session to the fourth.

Around 5:30 p.m., the announcement signaling the end of the exam echoed through the speakers. When I left the exam room after nine hours, I felt slightly dizzy, and my right arm, which had been gripping the pen, felt weak.

I couldn't recall exactly what I had written, but I was still pleased that I had completed the task. On my way back to Hongcheon, I thought, "If I had studied like this in high school, I might have gone to Seoul National University." Starting the weekend after my first exam, new lectures began at the hagwon, and something felt different. Having already experienced the exam once, I made a concerted effort to grasp the content, and during the Sunday problem-solving sessions, I managed to fill out my essay answer sheet completely, although it still contained inaccuracies and drew sharp critiques from senior engineers. Even when I thought I had written quite well, they would mark up my practice essays with red ink all over.

One of the senior engineers remarked, "Oh, Park Chulhee. Now you've at least started filling out the answer sheet completely." For descriptive questions that required three pages, I could now write more than two and a half. Faced with new questions, I developed a knack for immediately writing main headings without hesitation. This newfound engagement with studying for the professional engineer's exam marked a significant turning point.

I also developed a habit previously unfamiliar to me. On business trips, whenever I saw structures like roads, bridges, or tunnels, I instinctively linked them to exam questions, turning everyday observations into potential test items. I began to frame the business trip reports as if they were answers on my technical exam, systematically addressing problems, causes, and solutions. Particularly when outlining solutions, I utilized classification techniques learned at the academy, such as structural, non-structural, natural, and artificial solutions. When it came to managing public facilities and handling onsite complaints, I approached decision-making processes systematically. If straightforward classification didn't fit, I devised a decision flowchart instead. As time passed, another three months flew by.

With my second attempt at the exam just three weeks away, a fellow student at the academy asked, "Are you going to participate in the Focus Camp?" The Focus Camp involved four days of intensive mock exams and answer reviews right before the exam week, providing an opportunity to tackle various types of questions. Without hesitation, I decided to join. I even planned to spend my three-day summer vacation at the Seoul Technical Academy.

The Focus Camp provided breakfast, typically kimbap and coffee, to the participants. Carrying my meal, I headed up to the academy rooftop— a popular spot where students freely discussed and exchanged insights about the exam. I was completely immersed in the program. The morning and afternoon sessions consisted of taking mock exams and listening to Professor Kim Jaekwon's solutions. Gradually, I grew more confident and began to feel at ease with the exam format.

"Please focus more on the questions. The answer sheet is like a love letter to the examiners," one of the senior technical experts who visited the academy to give us feedback advised. This echoed the words Director Shin Kyungsoo had told me before. Hearing that the answer sheet is like a love letter to the examiners, I felt as though I was being coached by national team trainers in the Olympic Village. The national team trains intensely for four years to win a gold medal, right? Similarly, I had been commuting between Hongcheon and Seoul every weekend for six months, all in pursuit of the professional engineer's certification.

I took the second exam at the same venue as my first. Perhaps because it was my second time there, the place felt familiar. I tried to refresh the new strategies and concentration I had developed during the Focus Camp. As the exam began, I eagerly read the questions and started crafting my "love letters." As I had anticipated, two questions, were about rivers, likely influenced by the Four Major Rivers Project being a prominent topic at the time.

"Oh, it's my favorite field—rivers."

I was thrilled when I saw the questions. Most candidates for the civil engineering execution exam tend to dislike river-related questions, but they were my strength. I filled three pages for each question, pouring out my knowledge with confidence. I left the exam room without any regrets.

As I continued my studies at the academy, the day of announcing the exam results arrived. I logged onto the Human Resources Development Service website and checked the list.

You have passed the written exam.

The message confirming my success instantly made me forget all the hardships I had endured. It brought the same surge of joy I felt when I passed the civil service exam six years earlier. Since then, I have maintained relationships with many of the civil engineering seniors I met during my exam preparation.

Achieving the status of a civil engineering execution technician was not the end but rather the beginning of a deeper journey into the vast field of civil engineering. I will never forget my original intentions from when I began preparing for the exam, as I continue to engage in future construction projects.

5. The Village Foreman's Bowl of Baeksuk Chicken Soup

When I was working at the myeon town office, a village foreman approached me with some news, "Mr. Park, I've got the land use consent form. Now, you can pave the rural roads for us."

"Mr. Foreman, we need to consider applications from other villages too," I reminded him.

Every year around the end of November, our office accepted applications for the following year's regional development projects from each village. The village foremen were always hopeful that their villages would secure more projects than others. However, since decisions must fit within the limited project budget, we had to receive and review all applications from each village before prioritizing them.

Most of the town office's projects were carried out based on the landowner's approval rather than with land compensation. Village foremen had to obtain consent forms from landowners within the development project area and submit them to the town office for assessment, as in the earlier discussion I had with the foreman.

Small-scale regional development projects in rural areas usually didn't involve compensation; instead I frequently encountered disputes and complaints. Territorial issues often arose, especially between long-time residents and newcomers who had moved to the area for farming purposes.

At the age of thirty, I learned to connect with the elderly, who reminded me of my parents in the countryside. Our office independently designed and supervised projects such as road paving, drainage maintenance, and small-scale bridge construction. I often brought our surveying equipment to measure the sites myself. Typically, the village foreman would accompany me to assist with the surveying at the project site or at least stay until the end.

"Mr. Park, have you finished the surveying? Let's go to my house then," the foreman would say once the work was done.

Upon arriving at his house, I was often greeted with traditional rural dishes like baeksuk chicken soup or braised chicken, prepared by his family. Initially, I found myself at a loss as to how to respond to this generosity.

"Mr. Foreman, I just did my job. You didn't have to prepare all of this."

Nonetheless, the foreman would insist, fetching makgeolli from the refrigerator and pouring me a glass. Although it was during working hours, refusing a drink offered by an elder was not considered polite. Over drinks, we would chat about various topics, from farming to family. Often, these included stories about the rural community that were new to me. They also shared how they had scrimped and saved to cover their children's college tuitions, hoping to see them graduate. These stories reminded me of my own parents, who only finished elementary school. My brother and I felt a strong obligation to attend college, fulfilling the dreams our parents couldn't achieve. Listening to the elders' stories deepened my appreciation for my role as a public servant.

As a civil engineering officer at the town office, interacting with the locals taught me the art of communication. Engaging with elders in rural areas not only gave me the confidence to manage small-scale regional development projects but also helped me bring residents' suggestions forward, ensuring their development needs were met. Some of these projects were implemented, positively impacting their lives. The rewarding aspect of my job became clear when rural elders praised my efforts and treated me to delicious meals as a token of appreciation.

However, with the implementation of the Anti-Corruption Law, I often wonder if such bonding over meals would still be possible if I returned to work at the town office.

Professionally and personally, I enjoy meeting and conversing with a wide range of people. My role has required me to persuade and empathize with others, from managing construction projects to addressing complaints. In the early days, my lack of experience sometimes led to arguments and frustration. These challenging interactions, however, have honed my ability to engage in more proficient and logical conversations.

One of my superiors have even suggested that my skills might be better suited to a marketing role than public service. This feedback reflects my growing ability to understand and communicate effectively with others, although it can be emotionally draining at times.

Then I met a mentor, Mr. Ko Jungwook, who brought a significant change in my daily routine. He advised me to write down my daily tasks each morning and review them before leaving work. This simple practice, which seemed trivial at first, helped me realize I had been living without a clear plan. It highlighted the value of each day, clarifying my tasks and how they contribute to my overall happiness.

"Ah, I've lived without even making an effort to understand myself."

As I focused on understanding others, my communication skills naturally improved. This facilitated smoother interactions with experts who provided valuable insights and guidance. Most of my social media friends are diligent professionals in their fields. By interacting with these experts, I've gained insights into areas previously unknown to me and learned to apply their knowledge to my work. This has underscored the importance of always prioritizing people in my tasks. This realization transformed my life from one lacking purpose to one enriched by positive interactions and effective communication.

Of course, this transformation was far from easy. As a civil servant, I made frequent mistakes and experienced the lowest points of my life. When I was still a newbie at Grade 9, I failed to properly inspect a construction site as a supervisor, which led to the rejection of my report. The one-month insomnia triggered by this mistake was terrible to endure and still affects me. When I was a Grade 8 officer, an unlawful subcontractor sent a letter to the office, accusing me of giving improper instructions to a construction company. Nevertheless, I managed to overcome such trials and emerged as the person I am today.

"Do you know what it feels like to pass through a dark tunnel?" This is a question I would like to ask those who have experienced difficult times or are going through tough times now. If someone were to ask me the same question, I would respond: "It feels like being born again. It's worth going through."

Even though I still have areas to improve, my approach to dealing with the public completely transformed after my rebirth. Instead of trying to persuade people from my perspective, I first listen attentively to understand their state of mind. Then, considering their mindset, I explain my standpoint. If they still express grievances or anger, I take a step back, analyze the situation, and return to the office to document it. Reporting even the smallest detail to my superiors is essential, as their experience often leads to excellent solutions.

While working as a construction site supervisor, I frequently encountered many difficult situations. For example, when conditions at the site changed, construction companies would request a change in construction methods. As a public servant, deciding on a new method isn't easy. So, I would make sure to visit the site with senior civil engineers to find suitable solutions, resolve complaints, and ensure smooth progress.

I know I'll continue to face these processes because it's part of my job—persuading, understanding, negotiating, and mediating. If no agreement is reached, it often leads to litigation. It's complex and challenging, but someone has to do it. Since this work is unavoidable, why not enjoy it? Understand the public's mindset and develop effective communication skills. Instead of letting stress build up, I should turn myself into a problem-solver.

Life presents various challenges beyond work—problems among friends, family conflicts, lack of communication between spouses, and rebellious children. In these situations, we must make choices and decisions.

Why not dive into the core of the problem and enjoy the process of solving it? We might find satisfaction and use the stress as a growth opportunity. There's a saying that when life gives you lemons, make lemonade. I aim to work wisely, avoiding unnecessary stress while finding fulfillment. The reward might be as simple as a bowl of chicken soup from a village foreman, but it will be a deeply satisfying and touching gift that can't be found anywhere else.

Part 4

The More You Hurt, The More You Grow

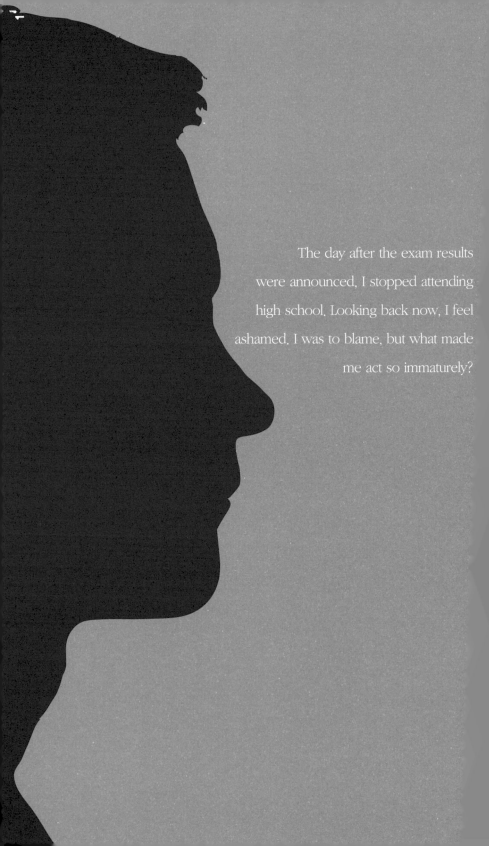

The day after the exam results were announced, I stopped attending high school. Looking back now, I feel ashamed. I was to blame, but what made me act so immaturely?

1. A Life of Preparation and Challenges

Just as I was finishing up with my cheerleading club activities, my Suneung SAT results were released. Disappointed, I told my mother, "I'm going to get a job at a shoe store in Dongdaemun Market, Seoul." I don't recall the exact score, but it was around 195 out of 400, barely averaging 50 percent. My school grades had been good, but the Suneung was a disaster. Realizing that I might not even be able to enter college—or that college life would be too challenging—I shared my thoughts with my mother. I knew my limits. However, she reacted with a stubborn objection.

"Over my dead body! You must go to college."

"With my scores, no college will accept me," I explained.

"You'll find one. You must attend college."

My mother's determination for me to pursue higher education was unwavering. Having only completed elementary school themselves, my parents placed a strong emphasis on their children's education, far more than most. I understood my mother's feelings to some extent but I was more eager to learn business and become street-smart early on to avoid the financial hardships my parents faced.

During my high school years, my mother attended every monthly parent meeting despite her early morning job commitments, all to ensure I stayed on the right path toward a promising future.

However, I was stubborn too. I declared, "I don't see any point in continuing school. I won't go from now on."

The day after the exam results were announced, I stopped attending high school. Looking back now, I feel ashamed. I was to blame, but what made me act so immaturely? I didn't go as far as running away from home, but I cooped myself up in my room all day and hardly ate.

Surprisingly, my mother took my behavior in stride and continued going to work early as usual. Meanwhile, I lay around, mindlessly watching television. Although I hadn't put in much effort, my mediocre scores still bruised my ego. I hoped for a miracle, but faced with harsh reality, I felt completely helpless. Refusing to go to college was just a childish act of rebellion.

After a week of languishing at home, I went to school to meet up with my friends. My homeroom teacher, Mr. Joo Gukyoung, saw me and immediately summoned me to the teacher's room, where he questioned my unexplained absence.

"Why were you skipping school? Don't you understand the importance of finishing strong?"

Despite his reprimand, I expressed my reluctance.

"Mr. Joo, I don't want to go to college."

"I've already applied to the Civil Engineering Department at Samcheok National University on your behalf. Let's wait and see."

Regardless of my objections, he had already submitted my application.

"No way, I told you I don't want to go to college. Why did you do that?"

At the time, I didn't fully understand his motives. Only after my military discharge did I begin to see his intentions. He had foreseen—or rather paved—a path for my future. He believed that starting at a university that accepted me and transferring later could set me on a successful trajectory. I learned all this when I visited him on Teachers' Day in 2002 after completing my military service. Ultimately, I followed the roadmap he had

344

laid out for me.

Thanks to my dedication to studying English, I passed transfer exams for three universities. Unsure of which one to attend, I contacted Mr. Joo, who advised me: "If you plan to become a civil servant or work for a public corporation in Gangwon Province, apply to Kangwon National University. If you don't think you can excel in Seoul, only wasting money, you'd better choose a university near your home."

This guidance helped me make an informed decision about my future. I followed his advice without hesitation, and except for the first semester of my third year, I consistently ranked first in my department at Kangwon National University. It was only then that I recalled his words: "If you can't manage to become a dragon's head, it's better to be a snake's head." Honestly, I didn't quite grasp the meaning of his words at the time.

After transferring to Kangwon National University, I found that only 70 credits from my previous school were acknowledged, so I had to enroll in as many classes as possible. During summer and winter breaks, I took extra courses, and on the weekends, I traveled to Gangnam, Seoul, to attend an English hagwon. Although I lacked a specific goal, I worked diligently throughout my university years, excelling academically. It seemed my only aim was to study hard, without any clear goals; this uncertainty about my future led me to apply for an exchange program at the University of Alberta in Canada for my final semester. Even then, I still didn't fully comprehend Mr. Joo's roadmap for me.

After returning from Canada, feeling anxious about finding a job, I asked my mother, "Mom, what do you think about me going to graduate school?"

"Just because you go to graduate school doesn't mean you'll get a good job. Get a job first, then go," she advised.

Her practical advice, while wise, felt disheartening at the moment. It was difficult to accept such a dismissive response to my concerns, especially when I was feeling so anxious. In reality, however, she had a point: one can always pursue graduate studies after securing a job if determined enough.

After a semester of carefree living in Canada, I found myself unprepared for job hunting in Korea. Despite trying various things, I felt lost, and hope seemed elusive. I applied to a few small companies and attended interviews, but with no success. Opportunities indeed favor the prepared. I spent my last winter break in college feeling uncertain about my future, almost regressing to my awkward self from senior year of high school.

Seeing my indecisiveness, my mother sternly advised, "Don't think about anything else, just prepare for the civil service exam."

I saw no other viable option, and the realization that becoming a civil servant might be the only path available to me sparked a new determination.

I told myself, "Look, Park Chulhee. You can't just give up. Give it another try."

This time, I wholeheartedly embraced my mother's advice. I devoted myself to studying at a cram school in Noryangjin. Later, I learned that my mother had been fervently praying for my success during the early mornings and nights at the temple, even making offerings at Guinsa Temple in Danyang. Probably thanks to her sincere prayer, I passed the civil service exam on my first attempt. Though I had navigated through my adolescence smoothly, my college and job-seeking years were riddled with uncertainties. Back then, I didn't realize how much these experiences would shape my life.

Life has its ups and downs. Until my third year of high school, I lived comfortably under the protective shade of my parents, doing whatever

I pleased. During that time, I never really applied myself or deeply reflected on my life. If I were to compare myself to a car, I'd say I never really pressed hard on the gas pedal. Given such a carefree lifestyle, it's no surprise that I hesitated, rather than giving my best, when facing the challenges of college admissions and employment. As a result, I ended up at a university I didn't want to attend and later found myself preparing for transfer exams.

Although I'm not that old, these experiences taught me how much past mistakes and habits can hinder important future events. I had lived indolently and arrogantly, failing to grasp even this simple principle until much later.

Back then, a long time ago,
I was a small, foolish kid,
Carried away by feverish love.
Maliciously, I flung my heart out.

Back then, I didn't realize
What kind of love I had abandoned—
Whether it was a lifetime's burning excitement,
Or whether it would never come again.

This realization reminds me of the song "Back Then, I Didn't Realize" by Lee Juck. It was only after coming to this understanding that I found a direction in life. My struggles and pains have become nutrients for further growth. Just like driving a car through a dark tunnel, you eventually come

347

out again. But inside that tunnel, anxiety looms, and time seems to crawl.

Many young people will likely encounter the challenges I faced with college admissions and job-seeking. I hope they don't suffer as I did but instead prepare steadily and navigate through these stages more comfortably.

After I joined the civil service, my friends and acquaintances would occasionally remark, "Having a stable job must be nice." However, as I began my career, I encountered even greater challenges and dilemmas. Life requires continual effort and self-improvement to overcome major hurdles. Whether in academia or the professional sphere, maintaining focus and avoiding distractions is essential. This realization has instilled in me a hunger for fresh challenges and the confidence that new opportunities will arise. This is the gift my numerous struggles and wanderings have bestowed upon me.

In 2023, something unexpected happened. It was reported that over 13,000 civil servants, who had barely served five years, resigned from their positions. The competition ratio for Grade 9 civil servant exams, which once soared to 93.3 to 1, plummeted to a record low of 21.8 to 1 this year, marking the lowest level in 32 years. Now, being a civil servant is no longer considered a stable job or an enviable profession. In fact, it's not an exaggeration to say that the civil servant sector is facing a structural crisis. One of the main reasons is undoubtedly the low salary, which is even lower than that of a sergeant fulfilling mandatory military service. With such low pay, one can't afford a decent living or provide quality education for their children. Buying a house or enjoying cultural activities becomes an unattainable dream. Moreover, dealing with troublesome complainants who don't hesitate to use verbal abuse and violence adds to the challenges.

No wonder young civil servants find it hard to endure. They are constantly at risk of facing unfair treatment and harassment. The departure of civil servants from their jobs is a serious issue. The public must not view civil servants as their slaves but rather as individuals who provide essential services. To receive better services, they should treat civil servants with respect and recognize them as fellow citizens and neighbors.

While it's true that many civil servants leave their positions in search of better opportunities, the harsh reality remains that finding such opportunities is far from easy. For me, it would never have been easy to do business at Dongdaemun Market, and I once again realize that every honest occupation deserves esteem and there's no such thing as an effortlessly happy life.

Every morning, on my way to work, I tell myself, "Whatever I do, I'll always be ready to take on challenges."

2. Professional's Life vs. Amateur's Life

I often pondered the difference between a professional and an amateur. While objective criteria like tests or levels might define a professional in certain contexts, I believe the real distinction lies in one's mindset.

One day, a friend noticed my attire and asked, "Do you always dress up like that?" Instead of the casual jacket and cotton pants often worn by other civil servants, I opted for a blazer and formal trousers. Previously, I had tried wearing jeans at work, but I found that seeking comfort led to complacency, and such habits ultimately led me nowhere. I see this as living an amateur's life. The comfort offered by an amateur lifestyle might be appealing at first, but it often breeds laziness, which can fuel failure.

After my promotion, I often heard remarks like, "Now that you've been promoted, you're dressing more sharply." However, I hadn't started to dress neatly only after the promotion; I had been making efforts to dress professionally long before that. While I'm not sure if attire directly correlates with living a professional life, I believe it influences behavior, fostering a sense of respect toward others. I'm not suggesting you need to wear expensive clothes, but rather choose outfits that reflect your personality. Moreover, with the wealth of resources available today for personal branding—including books, consultants, and training programs—anyone can enhance their professional appearance.

One of the most common questions I receive from job seekers is: "How can I make a strong impression on the company I've applied to?" In response, I encourage them to reflect inwardly and consider why the company should hire them. Job hunting is a personal journey, and I hope they approach their search with determination and a professional attitude. I use employment as an example because I want job seekers to approach their job search with strong determination and professional attitude.

Many people ask me how I managed to pass the civil service exam in just four months. I took the local civil service exam in Gangwon Province for the first time in July 2006 and passed. I had enrolled in a cram school in Noryangjin, specifically tailored for civil service exams, lived in a goshiwon, and dedicated myself to studying in a private reading room designed for exam preparation.

While dining at a restaurant crowded with fellow test-takers, I thought, "I shouldn't linger here too long." It wasn't that I felt a strong sense of competition against other test-takers; rather, I sensed that lingering would not be productive. Observing others casually wasting time reinforced my belief that the only way to succeed was through maximum concentration.

To prepare for the exam, I studied Korean, Korean history, English, and two more subjects related to my major. After finishing classes at the hagwon, I spent two hours on each subject in the study room, totaling at least ten hours of study each day. Often, I dedicated an extra hour to the subjects I found challenging, amounting to 12 hours of focused study each day. This rigorous schedule enabled me to pass the Gangwon Province local civil service exam in just four months.

My seniors often advised me, "You have to become a professional in your area." However, in the early stages of my career, this concept did not resonate with me. Each day was a struggle just to show up for work. As the lowest Grade 9 civil servant, I often felt overwhelmed by the complexity of the tasks, unsure of where to start or how to obtain the necessary approvals.

351

I frequently found myself sighing throughout the workday, struggling to find meaning in my life. This period brought me to the brink of despair, and for the first time, I understood why some people develop depression. I was living an amateur's life, hitting rock bottom.

During social gatherings, I used to tell my friends or colleagues, "It feels like I have an eraser in my head." Back then, I lacked confidence and enthusiasm in both my professional and personal life. When meeting friends or colleagues, I often felt deflated. Fortunately (or perhaps unfortunately), they often found themselves in similar situations, and we provided each other with mutual support and encouragement, often over a shared drink. Reflecting on it now, I must admit that my life up until my early thirties was quite that of an amateur.

Though the beginning may be humble, the end will be prosperous. I clung to this belief, hoping that despite a humble start, my professional life would eventually flourish. However, the transition to a professional life did not happen as quickly as I had hoped. It took exactly eleven years. Initially, I thought this was a long time, but I came to realize that not many people experience a truly professional life throughout their entire lives. The eleven years I spent living an amateur life were merely attempts to settle into complacency and comfort. As a result, my health deteriorated, relationships suffered, and happiness seemed elusive.

Director Shin Kyungsoo, my eternal mentor, once posed a poignant question that struck me deeply: "It's your life, but why aren't you in it?" As I prepared for the professional engineer's exam, Director Shin underscored the importance of being the protagonist of one's own life—a concept that few genuinely embrace.

In a similar vein, Dr. Kang Shinjoo, a philosopher, also advised, "Live life as the protagonist; don't just inhabit an empty shell." At the age of 35, during a challenging period marked by insomnia, I came across Dr. Kang's philosophy lecture on a podcast. At that time, minor mistakes in my role as a civil servant seemed to cause a domino effect, disrupting my momentum. His lecture included a segment called "Multi-consultation," where audience members shared their personal concerns for counseling. Spending a week listening to these stories, I realized how minor my own worries were in comparison.

For the first time, I recognized that many people endure extreme hardships, exhaustion, and pain. Compared to their struggles, my life seemed relatively privileged—I couldn't afford to fall apart. This realization prompted me to transition from living an amateur's life to embracing a professional's life. Moreover, I had a loving wife and children depending on me.

If I don't do anything, I'll rot away like stagnant water.

With my family in mind, I resolved not to give up. From that moment, I began getting up at 6 a.m. and arriving at work by 7 a.m., instead of 9 a.m. This shift was a conscious decision to take control of my life. After this change, my life began to evolve subtly. The first major shift was that instead of just keeping up with the passage of time, I began to lead it. I planned out my day the night before and checked it the following day to see if I adhered to that plan. After two months of this routine, my life began to transform into what could be considered a professional life.

Instead of comparing myself to others, I now measure myself against my own standards daily. Am I living correctly? Am I staying on track? Am I becoming arrogant? These are the questions I rigorously ask myself, focusing on personal growth rather than external comparisons. And I often share this principle during speaking engagements: "It's pointless to compare yourself to others."

Lastly, I strive to live with a clear head like an iceberg in the Antarctic Ocean but with a heart warmer than a furnace. In the past, my mind was clouded, and my heart felt cold. I don't know why I lived like that. But now, I'm committed to making clear judgments and treating others warmly.

Despite all this, I still consider my life to be at a semi-professional level. I believe that true professionalism is achieved through persistent effort until the end.

3. My Mother Who Helped Me Navigate through My Second Adolescence

In 2005, I was a senior majoring in regional engineering at the College of Agriculture and Life Sciences at Kangwon National University. I was a standout student, scoring 890 on the TOEIC, holding a civil engineer's license, and maintaining a GPA of 4.12 out of 4.5 during the first semester of my fourth year. My goal was to secure a position at the Korea Water Resources Corporation under the Ministry of Land, Infrastructure, and Transport, which manages South Korea's water resources, including multipurpose dams and metropolitan water supply systems.

By the start of summer vacation, I had only seven credits left to graduate, meaning I needed to take just about two classes in the second semester to complete my degree.

During the summer break, I found myself at the central library of Kangwon National University as usual. I settled at my desk and started studying English, but suddenly, a question popped into my head: "Why am I working so hard and putting in so much effort?" The realization that I was studying out of habit rather than intention overwhelmed me. Doubt crept in, and unable to bear it, my mind went blank. I hastily packed my bag and rushed outside.

Feeling frustrated and lost, I couldn't even descend the library stairs. As I reflected on my seemingly aimless past, I realized that despite working diligently for three years since completing my military service, all I felt was disappointment and a sense of meaninglessness. Continuing with this routine, driven solely by momentum, seemed futile.

"Mom, I want to take a break for the last semester. Studying just isn't resonating with me anymore," I told my mother. However, she was not supportive of my idea.

"You shouldn't. Taking a break is out of the question. You don't seem to have a valid reason for it," she countered.

Despite my mother's disapproval, I spent the next few days wandering aimlessly. Then, while browsing through my university website, I stumbled upon a notice for an exchange student program at the University of Alberta in Canada.

Canada? That sounds intriguing.

Without hesitation, I went straight to the university administration office. Upon inquiry, I learned that although this wasn't a formal exchange program, completing the language course there would earn me credits. It seemed like the perfect fit. Excited by this discovery, I immediately shared the news with my mother, hoping to sway her perspective.

"I've decided to join the exchange student program and spend my last semester at the University of Alberta in Canada. So technically, I'm not taking a leave of absence."

To my relief, she approved. With that, my so-called second adolescence began.

In early August 2005, I left for Canada with my friend Cho Byungjin from the Department of Regional Infrastructure Engineering. We first landed in Vancouver, the capital of British Columbia, before continuing to our final destination in Alberta. Upon arrival, we searched for a place to eat lunch and eventually walked into a sandwich shop. However, the intense gaze of the server, whose glasses perched halfway down her nose, made us feel out of place, so we ended up leaving without ordering.

Hungry and a bit unsettled, we wandered for another 30 minutes until we found a McDonald's. We confidently ordered burger sets, pointing at the menu to communicate our choices: "I want No. 2."

That was it. The cashier managed the rest. After eating, we felt rejuvenated and made our way to our accommodations—a budget hostel fitted with three bunk beds for six people.

Gradually, we adapted to life in Canada. We visited a nude beach near the university and went on day trips with another Korean student, Oh Juyoung, who was a year older than us. We also visited Whistler, the host city of the 2010 Winter Olympics, and explored various places during a jam-packed two-week period before the semester began.

On a side note, I've always wondered how Juyoung was doing. A few years ago, to my surprise, I got back in touch with her on Facebook. She had married in Korea and had a daughter. Later, due to her husband's job, they relocated to Toronto, Canada, where she had a second daughter. Now, she lives as a stay-at-home mother. It always feels great to catch up with someone I share good memories with.

After our initial adventures, Byungjin and I arrived in Edmonton, the capital of Alberta. We had arranged to stay with a host family during our exchange program but booked a youth hostel for the first week to save costs, similar to what we did in Vancouver. There, we met people from various countries and walks of life. Communication barriers limited our interactions, but I distinctly remember two people: a cheerful Canadian man who had transitioned from being a chef to working on construction sites, and an Indian woman who had completed a master's in water resources engineering in the UK and was pursuing her doctoral degree in civil engineering at the University of Alberta. Regrettably, their names escape me now.

Three weeks later, the new semester began. Excited, I walked into the language school wearing my red hiking jacket, jeans, and local hiking shoes. As rumored, there were many Chinese students, followed by Koreans. As more from my university joined, the number of Korean students increased, but it was still fewer than in major cities like Vancouver or Toronto.

The institute had levels ranging from 105 to 145 in five-level increments, and I enrolled in the 120-level class. Although I had wandered a bit and digressed from my studies in Korea, my three years of dedicated effort to learn English quickly paid off. Additionally, having memorized 33,000 words in preparation for university transfers earned me the nickname "Walking Dictionary" within just four weeks at level 120.

One day, a Korean guy approached me. His serious demeanor made me think he was older than me, but he turned out to be a year younger.

"How do you know so many words?" he asked.

"I memorized a lot when I was preparing for the university transfer," I replied.

The guy, originally from Wando Island, must have been surprised to see me immediately answer the teacher's question about the meaning of GMO (Genetically Modified Organism) during the previous class. He had a strong sense of pride and seemed upset that he couldn't beat me. Despite that, we quickly became friends, sharing the same major in civil engineering. I hadn't seen him in a long time, but we recently reconnected. He's now the CEO of a large gaming company after gaining experience at a major construction company.

I gradually adapted to life in Canada, but I didn't focus much on studying English. Instead, I enthusiastically explored and traveled every weekend. After a six-week term ended, I went on a week-long trip with three of my Korean friends to the Rocky Mountains. Although I didn't drive much in Korea, I had obtained an international driver's license and brought it to Canada. So, I rented a car to visit tourist attractions around the Rockies, like Jasper and Banff, which were 550km away from Edmonton.

Driving through, I realized the vast difference in landmass compared to Korea. The scale was strikingly different. In Korea, even a five-hour journey from Seoul to Busan felt lengthy, but here, the seemingly endless roads gave me a sense of liberation from confinement: The immense mountain ranges, endless lakes, and the crystal-clear blue sky were breathtaking.

On the second day of our trip, we grilled samgyeopsal meat at our Banff accommodation and cooked doenjangjjigae stew for breakfast the next morning. We also had kimbap for lunch. Looking at the picturesque Rocky Mountains, we suddenly craved ramyeon. Someone said, "If only we had hot water, we could eat cup ramyeon."

I instantly reacted to his suggestion. "I'll go buy hot water."

Feeling bold, I went to a cafe to buy hot water to use for the cup ramyeon broth.

"Can you sell me some hot water? I want to buy it."

"We don't sell hot water."

"Why not? I'll pay for it. Why can't you sell it?"

"Because I can just give you two cups of hot water for free."

I really appreciated his kindness. Thanks to him, we created memories of eating kimbap with cup ramyeon while taking in the Rocky Mountains.

After the trip, I returned to Edmonton, where the second course of the

125-level class began. Some friends from the 120-level class moved up with me. Among them was Kim Jihye from Yonsei University, who I still keep in touch with. Despite being younger, she had many qualities worth emulating. She was well-disciplined and diligent. Watching her, I realized that not everyone is cut out for such a prestigious university. Thanks to her, I happened to join a weekend program with exchange students from Yonsei University, Hanyang University, and Japan's Waseda University, and we visited the Rocky Mountains again.

Until then, I hadn't taken English study seriously; instead, I focused on broadening my horizons and exploring new places. During that time, I developed feelings for a Japanese student and asked her out. Had I spent my last semester in Korea, I wouldn't have had the freedom to travel like that or the luxury to hang out with girls. Instead, I would have been busy preparing resumes, cover letters, and sitting through job interviews, living merely as a job-seeker, not as my true self.

As the five-month stint in Edmonton came to an end, Byungjin, with whom I had traveled to Vancouver, and I traveled to Toronto for two weeks to wrap up our Canadian experience. Then, in January 2006, Byungjin, a Korean female student, and I returned to Korea on the same flight.

All that was left was to graduate in February. Back in Korea, I felt like a directionless, unprepared graduate-to-be. As I feared, I quickly fell back into old habits of lethargy and aimlessness. My mother, concerned I might waste time on things like graduate school or internships in Australia, reiterated her advice.

"Chulhee-ya, how many times do I have to tell you? You're perfect for a civil servant," she insisted.

After much deliberation, I followed her pragmatic advice. In March,

I moved to Noryangjin and took the provincial civil service exam for Gangwon Province in July, which I passed. Looking back, it seems almost surreal, especially considering where I am today.

I'm truly grateful to my mother who helped me navigate through my second adolescence. Without her, I wouldn't be who I am today. That's why I intend to pay forward the love I received from her throughout my life. Rather than evading reality and wandering aimlessly, I'll strive to confront it directly and overcome obstacles.

In January 2017, our family was struck by a sudden, shocking news. My hardworking mom was diagnosed with advanced thyroid cancer, with a 15-centimeter tumor and metastasis to her lungs. Fortunately, the following month, she underwent successful surgery at the National Cancer Center in Ilsan. Despite facing several major hurdles over the past seven years, she is still holding up well. Every Friday after work, I make sure to visit her before returning home. Since last year, she has been unable to speak due to nodules on both vocal cords. Nevertheless, whenever I visit, she still prepares food for me with her own hands. While she's not fully recovered, my presence seems to give her added strength. Witnessing her resilience, I'm inspired to work harder than ever. If your parents are alive, make sure to visit them or call them regularly, especially if they are far away. Don't wait until it's too late to regret.

4. Successful Life Leaves One Feeling Empty

Dr. Ko Jungwook, my mentor, once told me, "Receiving a good education, working in a stable job, and getting married are considered great successes." I graduated from a national university and became a civil servant, a role many people envy. I also married a wise woman. By these standards, one might say I have succeeded.

However, even with these achievements, I wasn't happy—or perhaps, I didn't know how to find happiness.

Stay hungry. Stay foolish. I encountered this phrase while studying English in college, and it remains my favorite. It was spoken by Steve Jobs during his commencement speech at Stanford University. The message stresses the importance of continually seeking novelty—a piece of advice I desperately needed at the time. Despite leading what many would consider a successful life, I found myself unhappy and yearning for something new. Yet, the pursuit of constant novelty was challenging.

2011 was particularly tough for me. I was looking for a car with good fuel efficiency, but I couldn't buy the car I wanted even with my own money. When the salesperson informed me of a six-month wait for delivery, I had to settle for a different model.

Moreover, I injured my ankle ligaments when I impulsively kicked a tree in our apartment complex after arguing with my wife about my late return from a company dinner without informing her in advance. The pain lasted for over a month.

The string of misfortunes didn't end there. On our first overseas trip to

Taiwan after getting married, the weather was unbearably hot, and during a visit to the National Palace Museum, I suffered heatstroke.

Indeed, 2011 was a year of relentless misfortune that I still remember vividly. Every day was a struggle, with even the smallest tasks going awry.

Whenever I heard someone say, "Why are you living so intensely? Just relax and skimp on efforts," I questioned what it really means to live intensely. I also wondered about the mindset of those who advise others to live half-heartedly. If striving for something new is living intensely, then what about the people who tirelessly work at markets or run small businesses? What kind of life am I living? Many people labor from dawn till dusk to support their families and themselves. To those who suggest I just live casually, I'd like to say, "Live your own lives half-assed." It's a shame that many people speak as if they understand everything or simply say whatever comes to mind because it's not their life at stake.

I have often regretted and blamed myself for wasting decades of my life. Even the saying, "The best time to start was yesterday, but the next best time is now," offered little comfort as I worried about continuous delays in my life. Driven by a hunger for something new, I took the bus to Seoul every weekend. I knew I should have spent the weekends at home with my family, assisting with household chores, but my frustration often prevailed.

What's causing you such distress?
Am I the source of your pain?
Then feel free to walk away from me
Even if I can't understand…
…It's hard, but I'll wait
Recalling those peaceful moments

Recalling those peaceful moments

Whenever I felt down, I immersed myself in the song "Biwon (Earnest Prayer)" by my favorite singer, Kim Minjong. The lyrics prompted me to reflect on the source of my troubles, leading me to realize that I was my own biggest problem. Meeting new people and trying new things brought moments of joy, yet the sense of frustration persisted. Unable to pinpoint the issue or explain why I felt so stifled, I only blamed the passage of time.

Consequently, I spent each day at work and in my relationships feeling indecisive and uncertain. I hadn't done anything wrong or committed any misdeeds, but I couldn't shake the feeling of unease.

Seeing me mindlessly shuttle back and forth between Seoul and home, my wife gave me some pointed advice: "Honey, I'm not sure what you're searching for, but start with what you can do yourself."

My wife, Hana, is a strong, practical, and independent woman, possessing a personality quite different from mine. She has always been a pillar of strength, supporting and watching over me whenever I struggled or felt vulnerable. Though three years younger, she is calmer and more mature than I am.

Throughout our marriage, even during my periods of uncertainty, my wife never scolded or dismissed me. Her role in shaping who I am today is immeasurable, and for that, I am perpetually grateful and deeply respectful.

During this challenging journey, I still achieved some tangible results: I obtained the professional engineer's certification. This certification, considered the pinnacle for engineers, was especially meaningful as it required passing seven rigorous interviews. I believe it will remain a significant milestone in my life. The path to this certification felt like navigating through a long, arduous tunnel, and it continues to play a crucial role in my life.

There was also a moment of crisis shortly before the certification exam when my facial muscles became paralyzed. I oscillated between hospitals and oriental clinics, lamenting, "I can't close my eyes and I can't move my mouth." My face became dysfunctional, a barrier to communication. It was a profound crisis.

Some might dismiss it as a minor inconvenience, but I was profoundly embarrassed when the paralysis first struck me in the public bathhouse on the morning of my fourth engineer's certification interview. Facing three interviewers while feeling so low was daunting, and all I wanted was to escape.

This crisis taught me an invaluable lesson: The mind controls the body. My physical malfunction triggered by mental stress underscored how life as a human is a continuous series of sufferings. Yet, it can also be the path to happiness. The barriers within my heart once built walls and deprived me of freedom, but I eventually learned how to liberate myself from such pain.

As a father of a son and a daughter, I strive to create a happy home. With my family by my side, I have been able to overcome difficult times, and I'm sure more trials lie ahead.

You've probably heard, "Adversity is an opportunity." As someone who has experienced this firsthand, I want to share my insights by explaining how this concept works and its effects in a simple and engaging way. I want to offer practical advice for young people struggling to find jobs or start businesses, focusing on what truly matters in life and how to prioritize it. As part of today's "sharing economy," I'm eager to pass on my experiences to the younger generation. I believe this is my contribution for the remaining years of my life. And such endeavors lead me to happiness.

I often remind myself, "To me, failure and fear are luxuries." If I have time for such luxuries, I'd rather use it to volunteer for the underprivileged or to further my studies and better my family.

Overcoming difficulties has taught me to view the world pragmatically. It's about identifying what I need to be happy and achieving it swiftly and efficiently. It's not just about the thoughts themselves, but how quickly you can turn them into actions that count. I have become someone who acts on such initiatives without hesitation. It may have taken me over thirty years to realize the importance of taking action, but as a result, I have transformed from someone who was not happy to someone who is.

5. Small Victories in Restoring My Self-Esteem

Since my promotion to Grade 8 in September 2009, I had remained at the same level for seven years and three months without advancing to Grade 7. Promotion is the highest reward a civil servant can receive, and over time, I began to doubt my abilities. When five years passed, I felt increasingly worried and embarrassed, especially as I watched my colleagues in the provincial office begin to rise through the ranks.

Feeling like I was falling behind, I was filled with shame and uncertainty about my qualifications as a civil servant. Despite obtaining the professional civil engineer's license in 2014, promotions continued to elude me. I started to suspect there was something wrong with me. My wife, also a civil servant, never pressed me about my lack of advancement. With such a supportive partner, I experienced little marital stress. Nevertheless, the delay in promotion fueled a growing sense of inadequacy within me.

So, I decided to investigate the reasons behind my stagnation. While I couldn't pinpoint the exact causes, I identified several shortcomings. First, I lacked the necessary qualifications for promotion. Grade 7, being a hands-on role, doesn't require extraordinary credentials, but my limited interactions with colleagues at the Regional Office of Construction Management meant I wasn't well-known beyond my immediate work environment. As a result, promotion became a distant prospect.

Second, I realized I lacked a clear sense of purpose. Even if I were promoted, I didn't have specific work goals in mind. The Ministry of Land, Infrastructure, and Transport, where I worked, had a broad range of tasks, but I had not identified a specific area of work I wanted to explore or a department I wanted to join. Consequently, I began to lose focus on my current responsibilities, and my daily life felt mundane and lethargic.

The third factor was a deep sense of inferiority. Each time I saw promotion-related documents on the electronic system, I felt markedly inferior. "Why is everyone else but me getting promoted?" This sense of inferiority mentally and physically constrained me, leading to irrational thoughts and actions. Far from being promoted, my life seemed to deteriorate, and I even questioned my career path, thinking, "Maybe being a civil servant isn't the right job for me."

During this period, I sought out various new courses and educational programs in Seoul. Engaging in something new felt good, but without a specific goal, I ended up wasting both time and money chasing novelty. Nevertheless, I consider it fortunate to have realized that overcoming feelings of inferiority requires proactive effort.

Fourth, I had a careless personality, taking people, objects, relationships, money, occupations, and even my marriage lightly. I made friends easily and had little interest in material possessions. Since I passed the civil service exam after only four months of study, I even took my profession lightly. This habit seemed to influence my attitude and impact my promotion prospects.

Looking back, I marvel at the audacity with which I lived my life. Trapped in my own delusions, I made no real effort and handled tasks amateurishly, often leading to reprimands from superiors. My time at the Ministry of Land, Infrastructure as Grade 8 passed like this for three years and eight months.

As a result, various issues arose. The first and foremost was an internal issue: a lack of self-confidence. This absence of self-assurance led to incessant doubts about my decisions. "Should I do it this way? No, maybe that way?" My inability to make decisions caused me to procrastinate on my work. Until then, I had never worried about my mental health, but the delay in promotion deeply affected me, leading to significant emotional distress for the first time.

My duties primarily involved road maintenance, permits, litigation support, and drafting parliamentary inquiry documents. Swift decision-making is crucial for civil servants to execute tasks efficiently. During road construction projects, changes on sites, errors in blueprints, and omissions in design specifications may incur additional construction costs. In such cases, the approval of the final decision-maker is often required. It is imperative for the responsible officer to meticulously review the documents submitted by the construction company or the project management technician because any considerable increase in construction costs raises the likelihood of future audit findings. It is essential to verify whether the requested items are absolutely necessary.

Even if the construction cost increases, if it's absolutely necessary to proceed, you must submit a formal report to the final decision-maker. To obtain approval from a superior, the reporter must provide valid justifications and logical explanations. Failure to do so can lead to delays and problems in the construction process. After receiving approval, you coordinate the construction project with the responsible project management technician for implementation.

However, my lack of confidence and illogical judgment often delayed my decision-making. Naturally, reprimands from superiors ensued, and as such situations kept occurring, I found it mentally challenging and even considered quitting the job more than once a day. Fortunately, I persevered and improved my decision-making abilities over time.

The second issue was my depressive feelings. While I can speak about it calmly now, back then, I just wanted to hide anywhere if there was a crevice. Life became dull, and I lost the desire to show up at the office, to go on business trips, or to work at all. As my self-confidence crumbled, depressive feelings overwhelmed me. Even when others didn't care much, I became self-conscious and couldn't control my emotions. I struggled to sleep, digest food, and exercise, and I experienced profound emotional distress. That's when I realized that depression can truly make people sick.

In 2016, I spent eight months feeling persistently down, where even the simple act of breathing was difficult. This period made me realize how fragile humans can be. Overcoming this phase taught me to appreciate the simple daily activities like sleeping, waking up, and breathing—Each moment felt precious.

Another challenge was my hesitant tone of voice. When lacking confidence, my voice would crack, reducing to a whimper. Often, others couldn't understand me and asked, "What did you just say?" This became a major issue when seeking approval for projects. A lack of confidence, coupled with a timid voice, caused superiors to doubt my capabilities. And it was particularly problematic in a role like mine as a civil servant where clear communication is essential.

Social anxiety also became a pressing issue. Despite my role requiring frequent interactions with complainants, company staff, and other government officials, my troubled mental state led me to avoid meetings and delay appointments. My duty had to involve engaging positively and promptly with road users and other stakeholders, but my social anxiety made these interactions torturously difficult. Meeting officials from superior organizations was especially daunting; I felt subdued and often couldn't recall details of the conversations.

Every Friday evening, as I headed to our family home in Hongcheon, I would rush to the apartment elevator, afraid of running into familiar faces. Having worked in public office in Hongcheon before, encountering acquaintances on the street became increasingly uncomfortable. I began avoiding social gatherings altogether, shunning crowded events like weddings or funerals. I learned the hard way that fear of social interaction leads to a cycle of avoidance and escape, a pattern that's hard to break.

Fortunately, I now meet various experts in different fields and confidently introduce myself at gatherings. This newfound confidence has also improved how I interact with my family at home, bringing more humor and warmth into our daily lives. This transformation became possible through the guidance of exceptional mentors who helped me navigate my inner struggles during tough times. Although initially skeptical about their advice, I gradually found myself eager to follow it. By taking small, deliberate steps, I achieved minor victories that collectively bolstered my self-esteem. It is these small victories that pave the way for bigger triumphs.

PART 5

Aspiring to Be the World's Greatest Civil Servant

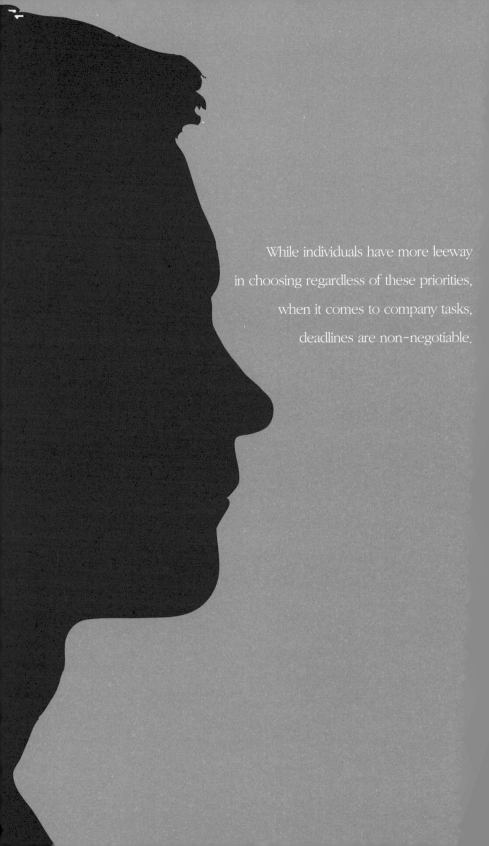

While individuals have more leeway
in choosing regardless of these priorities,
when it comes to company tasks,
deadlines are non-negotiable.

1. Mastering Decision-Making

The term "indecisiveness" is increasingly prevalent, referring to the difficulty of making decisions when presented with multiple options. This is particularly relevant in organizational settings because they involve more frequent decision-making, and failing to make timely decisions can give rise to serious issues.

First, indecisiveness affects the speed of task processing. Even if one presents a lot of great ideas, it's impossible to choose all of them. Therefore, we usually need to decide on the best one. Of course, there are various factors to consider when making this decision. Regardless, we must select the final option to proceed with the next process. Hesitation leads to a halt in progress, thus slowing down the pace.

This principle applies to our everyday lives as well. There are many good things in the world, but we cannot possibly do or enjoy them all. Even if there are things we are really keen on, we have to prioritize and address what's most necessary or urgent. While individuals have more leeway in choosing regardless of these priorities, when it comes to company tasks, deadlines are non-negotiable. Any delay in the process can cascade into a delay for the entire project. The person overseeing the task must propose the optimal solution to the final decision-maker, who then needs to promptly execute the decision to move the task forward.

I have faced decision-making scenarios many times, often with accompanying challenges. Once, with only a week left until the deadline for a construction project, I discovered that a crucial design change had been overlooked. I immediately reported the issue as it was. Although I received reprimands from my superiors, I managed to secure final approval and resolve the matter.

It's better to sidestep issues whenever possible, but if I can't avoid them, I make it a point to offer quick alternatives—even if they aren't ideal—and promptly secure approval or guidance from the decision-makers.

Next, delayed decision-making can erode the trust of superiors. If you demonstrate quicker and more proficient decision-making, superiors will start to rely on you. Consider a project moving from the planning to the execution phase, where detailed planning is critical. This is where your timely decisions matter. If you avoid significant mistakes and criticism throughout these stages, superiors will come to count on your ability to make swift decisions, thereby enhancing their trust in you over time.

Gaining trust can be challenging at first, but if you consistently earn it, you'll find it easier to understand your superiors' expectations. This understanding doesn't develop overnight, nor does trust build in a day. To hone foresight in decision-making, you must navigate through numerous mistakes and absorb feedback, as I have done.

Moreover, superiors often change due to factors like scheduled rotations or departmental reorganizations. For instance, I once faced a deadline to submit documents to a superior institution but was unable to get the necessary approval due to a personnel change.

"Why didn't you submit your documents by the deadline?"

After explaining the situation, I managed to conclude the paperwork the next day.

Adjusting to a new superior can disrupt workflows, as everyone has their own direction and goals. This may require you to tweak formats or expressions based on who is in charge. Furthermore, gaining the trust of your superiors not only benefits your relationship with them but also helps in building trust with other colleagues and subordinates.

Navigating these dynamics is challenging. Whereas I may sound collected and self-assured now, the countless decision-making trials I have faced could easily fill a book. Nonetheless, it's essential for professionals to adapt and perform effectively, no matter the difficulty.

It's no different at home. If you fail to earn your family's trust, it could lead to conflicts or misunderstandings. Similarly, in personal businesses, if you don't build trust with your employees, they are less likely to follow your lead.

The key lies in understanding the factors that influence decision-making. Although many elements contribute to effective decision-making for each individual, the most beneficial approach often involves reflecting on your own thoughts, feelings, and practical experiences in the field.

The first factor is nunchi, the ability to read social cues and understand others' intentions. As a civil servant fresh out of college, I lacked nunchi, which made it difficult to adapt to the conservative and rigid work culture. I wasn't adept at quickly grasping the atmosphere or responding appropriately, which often negatively impacted my decision-making. As a result, when I needed approvals or had to report on general matters, my requests were frequently rejected on the first attempt, necessitating revisions after receiving criticism.

In particular, before issuing press releases, I was required to consult my superiors, who often made extensive revisions. This process was so stressful that I even began to question my abilities. Over time, I realized that continuing in this manner was unsustainable. I believed that gaining a professional qualification, similar to those held by lawyers or accountants, was necessary. This led me to obtain a license as a professional civil engineer.

Through this journey, I gradually gained confidence in civil engineering administration. My communication with both external clients and internal superiors improved, enhancing my decision-making abilities. These skills are interdependent; improving one tends to boost the others. The ability to pick up on social cues can vary based on individual personality or upbringing. As for me, I believe my lack of such skills was due to excessive parental affection rather than balanced guidance, which could have fostered better nunchi.

The second factor is your approach to work. When new issues or tasks arise, you should be ready to propose viable solutions or alternatives, possibly involving research and statistical analysis to grasp the situation comprehensively. I used to overlook these fundamental steps, making the preparation of parliamentary or audit data overwhelming and stressful.

Typically, higher authorities expect prompt delivery of data from subordinate agencies to review trends over three to five years. Since civil servants often rotate departments, compiling this data may mean starting from scratch or consulting predecessors. I opted to organize data from scratch, a more labor-intensive approach that nonetheless helped me understand historical trends and anticipate future directions.

The third factor is self-development. Engaging in activities outside of my professional duties has unexpectedly benefited my work, creating a synergistic effect similar to interdisciplinary collaboration. This approach has not only enriched my professional capabilities but has also enhanced my decision-making skills by broadening my perspective and knowledge base.

Those with similar experiences will understand how resolving internal issues with external experiences or knowledge can bring immense satisfaction. This realization underscores the interconnection of all things, prompting further reflection on how one's field of study can relate to seemingly unrelated areas.

Such contemplation often gets bogged down in trivial concerns about what to do, how to do it, or how much it will cost. Yet, it's more important to focus on a concrete and significant subject matter. After all, you must cross the starting line to begin a 100-meter sprint, right?

I have dedicated considerable time and effort to self-development. Uncertain of what I needed, I attended various gatherings and forums that seemed beneficial. Eventually, I identified areas that could impact my work or daily life and invested time and money in those.

The best investment I discovered was writing. Learning to write and practicing extensively not only simplified report writing but also greatly enhanced my ability to express myself. Through continuous practice, I also noticed an improvement in my decision-making skills. I would even go as far as to say that the culmination of these efforts is this book.

What I have described was my own journey. While you may know some methods that suit you, perhaps you haven't yet taken the leap to challenge yourself. Now, I encourage you to dive into your challenges and strive for a life free from stress in decision-making.

2. Reports Must Be Prompt and Trustworthy

"Your reports lack clarity. What's the main point? How do you expect to fulfill your responsibilities as a civil servant with such poor writing skills?"

These harsh words echoed in my ears when I used to dread writing reports. At the time, I genuinely struggled with report writing, and the fear was overwhelming.

Now, after 17 years in civil service, I can confidently write reports, especially when presenting arguments or persuasions. But it's not just about writing well. The timing of the report is crucial, too. Consider a hypothetical situation:

"Sir, residents are gathering at the construction site and causing disturbances."

The site manager urgently reports this situation over the phone. Suppose residents near the construction site have requested a halt to construction due to runoff entering the river and causing flooding. Such incidents are likely to be reported in the media and can lead to complaints through various channels.

In a case like this, it's critical to quickly assess the situation at the construction site and promptly inform higher authorities about the measures taken and the underlying causes. If the complaints reach the media, the public and higher authorities may lose trust in the ordering agency, complicating responses to media inquiries. To prevent this, superiors need a comprehensive understanding of the situation so they can respond effectively when questioned by reporters: "We have received the report. We will provide further details shortly."

Other reporting challenges also arise:

"The numbers just don't add up. Please review them again."

Discrepancies between subtotals and the overall sum are common. As someone in charge of managing construction projects, I am particularly attentive to the numbers in reports I review. These figures often relate to the budget, and I believe that even a single error is unacceptable. When a report with incorrect numbers is submitted, it can lead superiors to question the quality of the entire report. Frequent mistakes may erode a superior's trust in the reporter, leading to delays in approvals and extended reporting times. Thus, meticulous attention to detail is essential for every number.

Interestingly, the reporting process has been enhanced by IT technology nowadays.

One day, I received a call from the police station.

"Hello, this is the Situation Room at Such-and-Such Police Station. We have a traffic accident near the intersection of National Highway No. [X], and we need you to dispatch an accident-warning vehicle to prevent further incidents.

Working in the road management agency, I frequently receive calls related to road incidents. In response, I immediately contact the local road maintenance team to obtain a report and photos of the scene via text message, which I promptly relay to higher authorities. Nowadays, even in public service, we leverage social media platforms like Band. This tool allows for quick reporting of urgent matters from anywhere, at any time, facilitating more efficient administration. Such systems enable superiors to quickly grasp urgent situations and make timely decisions.

My senior colleagues, who are still not familiar with social media, often request, "Mr. Park, could you make the report on Band for me?" Those who are not adept with these platforms tend to find them cumbersome, struggle with their practical use, or avoid learning them altogether.

The reporting formats may vary slightly between organizations, but social media platforms keep team members informed after hours or on the weekends. This readiness helps maintain composure even during unexpected events, which ironically often occur during off-hours.

"Sorry to disturb your weekend, but there's an accident on the [X] line, so-and-so section. Can you please check and call me back?"

Whether it's a weekday or a weekend, I immediately become concerned when a traffic incident occurs on the route I oversee. The first step is to ascertain if there are any casualties or injuries, followed by assessing any disruptions to traffic flow. These findings are then quickly shared on social media for all relevant colleagues to see, streamlining the reporting process.

Then, how can one become proficient at reporting? First, timing is crucial. Regardless of how polished your report writing skills might be, the timing of your report is essential. Even if the report isn't perfect, critical information should be summarized succinctly and reported without delay.

Recall the Sewol Ferry Disaster? Observing the chaotic reporting process from the scene to higher authorities was truly disheartening. During such major incidents, frontline personnel should have prioritized brevity in their initial reports to expedite rescue operations. Detailed follow-ups could come later. The failure to manage this effectively led to errors and confusion in the response, which remains a painful memory in our national consciousness.

As a civil servant responsible for public safety and infrastructure, I am acutely aware of the importance of prompt and effective response to maintain public trust and safety. Yet, many organizations still exhibit an authoritarian work culture that hampers swift reporting. In such environments, the fear of reprimand can cause delays and overly cautious behavior among staff, as was tragically evident during the Sewol Ferry response. To improve our effectiveness and maintain public confidence in our services, we need to change this culture.

Second, accurate reporting is crucial, especially in my role at the Ministry of Land, Infrastructure, and Transport. Our tasks often directly impact the public, who tend to be skeptical about new policies. It's important that everyone understands the intentions behind the policies we implement. Nowadays, making sure that citizens understand and accept these policies is more important than ever. Specific promotional activities can help make these policies clear and accepted by the public. No matter how beneficial a policy might be, if most people don't know about it, it serves no purpose.

In addition, the principles of openness, sharing, communication, and cooperation deeply resonate with me as a civil servant. While these principles may sound too idealistic, they're indispensable for ensuring transparency and preventing natural events from becoming human-made disasters due to poor communication.

With the advent of rapid communication channels like social media, people can now confidently share their views and evidence, such as photos, to actively shape public opinion. Accordingly, it is imperative for public institutions to deliver facts quickly and transparently.

Effective communication with superiors precedes prompt and accurate approvals. People often ask me, "How do you get approvals from your boss so quickly?" The speed of obtaining approval is critical; it reduces the time before moving to the next phase of a project.

So, how can one excel in communicating with superiors? Superiors often probe various aspects related to decisions during the approval process. Hesitation or inability to provide prompt, confident answers can undermine trust and lead to delays. Therefore, when seeking approval, you must be well-versed in all pertinent details. Many employees, perhaps due to limited interactions with their superiors, may find this challenging. It can be awkward, like a blind date where you struggle to find mutually interesting topics of conversation. However, as you find common ground and continue to interact, communication improves.

Being skilled at reporting means engaging in quick and sincere communication. However, excelling in report writing is not exactly the same as having strong reporting skills. If you are proficient in both crafting detailed reports and communicating them effectively and swiftly, it'll be like a tiger with wings—powerful and unstoppable.

3. Proficiency in Protocols, Conferences, and Events

During my time as an active member of the Junior Chamber International (JCI) in Hongcheon, I often received questions like, "Liaison Officer, could you tell me how packed the chairman's schedule is today?" In this secretarial role, I managed tasks such as driving, scheduling events, coordinating attendees, and overseeing event protocols that the chairman couldn't handle personally. Although I initially found these responsibilities awkward, I now view them as crucial skills for anyone in public service.

In my public service career, I've noticed a stark difference between organizations that employ secretaries and those that don't, especially during various events and meetings. Not many organizations maintain secretaries, often due to differences in organizational management and staffing. This absence can leave leaders floundering at events hosted by other organizations, uncertain about seating arrangements or the order of speeches. I have witnessed numerous instances of this confusion.

For example, when we once provided construction equipment for a local government's fire drill, our office head attended but was overlooked during introductions and seating arrangements. This oversight came to light only during dinner. Disturbed by this, I contacted the organizer to express our concerns: "We provided the necessary equipment support, yet our director doesn't even have a seat? Does this make any sense?" After raising the issue, I eventually received an apology. This underscored the importance of having someone to guide event organization, even if it's not necessarily a dedicated secretary.

An acquaintance from Canada once remarked, "Many people don't even support their own parents; how can we expect them to respect the head of an organization?" Although I'm not currently living with my parents, I plan to build a country house where we can all live together as they age and require more care. This personal commitment reflects my understanding of respect and support, not just in professional contexts but also personally.

Respecting the highest leader in the company or organization you belong to is natural. Whether in an organization or a family, showing respect to those in authority often brings its own rewards.

I have read the 2014 Government Protocol Handbook issued by the Ministry of Administration and Home Affairs. It provides guidelines for preparing meetings, events, and national ceremonies held by the government or public institutions. While I've always recognized the importance of protocol in public service, it wasn't until my responsibilities expanded to include more event planning and external activities that I began to consider ways to enhance these events' sophistication and impressiveness. Ultimately, I realized that prioritizing courteous and gracious treatment toward guests is key, and I've tried to familiarize myself with protocol guidelines more deeply.

About five or six years into my civil service career, I began to feel overwhelmed by the demanding nature of the job and the constant influx of complaints. That was when I sought involvement outside work and discovered the JCI. This non-profit organization comprises young, energetic locals who volunteer in the community and aim to enhance leadership skills, with all decisions made during monthly meetings. The members, mostly young entrepreneurs with strong personalities, often take a long time to approve even a single agenda item, frequently concluding with, "Chairperson, it seems that this item requires careful consideration and may need to be passed at the next monthly meeting."

My decision to join was met with skepticism: "You're a civil servant, why would you want to get involved in JCI?" At first, I was unfamiliar with the meeting order, procedures, and response methods, which made participation challenging. However, after about two years of preparing for many events together, I found the activities at the Junior Chamber enjoyable and fulfilling.

What I want to emphasize is not just learning about protocol and meeting conduct but practicing these skills. These procedures have been established for a long time, yet it seems few people know how to implement them effectively. Legislators and senior officials seem to be the only ones who show interest.

Government organizations, in particular, have many different meetings and events. As a hands-on worker, I am still actively involved in preparing meeting materials and arranging meeting rooms. With extensive experience in meeting protocol, I have become proficient in preparing for and conducting meetings and reporting results afterward.

As for preparing for a meeting, how attendees are seated is important, especially for meetings with external organizations. It's crucial to secure the right places for the nameplates of the highest-ranking officials at the tables. In the past, I often faced setbacks because I didn't understand these procedures well. "Mr. Park, what's wrong with your preparation for the meeting?"—such questions were the ones I dreaded. Civil servants frequently attend many meetings that require careful attention to details such as the topic, location, and attendees. Sometimes, I wished I could simply create the meeting materials and then outsource the planning and execution to a company specializing in it. However, when you're the one responsible for organizing these events, you need to be knowledgeable about managing everything flawlessly.

Now, let me share some insights on the mindset and approach needed for success in handling protocols, meetings, and events.

First, showing respect for your superiors is essential to successfully conducting a meeting or organizing an event. You should demonstrate respect toward your superiors, setting aside any personal differences to allow them to shine in public settings. Additionally, you should listen more attentively to external members than to internal ones during discussions. Even if an attendee presents an opinion that doesn't align with the meeting's purpose, maintaining a respectful demeanor can earn their respect and facilitate smoother interactions.

Second, courtesy is paramount. Observing proper decorum makes others feel valued and respected, which can strengthen relationships. I believe that by adhering to proper manners and protocols, we can contribute to a culturally mature society, including within the civil service sector. My courtesy may positively influence others, perhaps even inspiring them to act similarly. The virtue of mutual respect facilitates smooth communication and helps avoid misunderstandings or conflicts. Moreover, proper etiquette enhances your image and can lead to positive endorsements. Respecting others' opinions while observing manners fosters new relationships and provides a sense of security, building trust. Indeed, courtesy is an essential element in forming mutual understanding and empathy and should never be disregarded in human interactions.

Third, maintaining alertness is also critical. No matter how thoroughly you prepare for a meeting or event, unforeseen situations always arise. For example, changes in guest introductions or the order of speeches can occur just five to ten minutes before an event starts. In such cases, the event organizer may be unaware. If the host is quick-witted, they can smoothly transition to the next speaker, saying, "For the next speech, we'll have Assemblyman Mr. X. (A moment later) I apologize for the confusion; the speaker will actually be Mr. Y." However, if the host is not sharp enough, it can lead to an awkward situation.

The fourth aspect is proactiveness. While anyone can adhere to conventional protocols and organize standard meetings or events, elevating these ordinary tasks through meticulous attention can make a significant difference. Even if the improvements are subtle, guests and counterparts often appreciate a sophisticated approach. I noticed a clear difference between those who prepare begrudgingly and those who approach tasks with proactive thinking. Regardless of how quickly society changes, the ultimate focus of our services is people, and people are the ones who create and consume content. Adopt a proactive mindset, consider the recipients of your service, and tailor content to their needs—then, the outcome is more likely to be positive.

These principles have been instrumental in my development as a public servant, helping me navigate the complexities of organizing and managing diverse events and meetings effectively. While public service and private sector dynamics may differ, I believe the fundamental needs across all organizations are similar. If you recognize these needs and demonstrate appropriate skills, you'll be able to make a significant difference.

4. Embracing Confidence through Expertise

At gatherings and social events, I was often asked, "How do you exude such confidence?" My involvement in various non-profit activities, such as charity groups and associations like Youth and Future, often prompts people to ask, "Why is a civil servant so busy with these activities?" My response is straightforward: "Can't a civil servant engage in non-profit activities?"

In 2016, I resolved to utilize my skills across various fields. I quickly realized that my role as a civil servant impacts society more considerably than I had thought. Skills in administration, project management, budgeting, promotion, reporting, and litigation are not only crucial in government but also in other areas of activity. Moreover, my non-profit activities allowed me to meet experts from diverse fields, enhancing my visibility and reputation. As the only civil servant in these groups, commuting from Gangwon Province to Seoul, I found that people are genuinely interested in my work and treat me with increased warmth.

This exposure has gradually boosted my confidence and expertise, making it easier to approach and befriend new people and take a proactive role in conversations. My acquaintances now often remark, "Mr. Park, you could become a great businessman. Any plans to move to Seoul?" Such comments reflect the noticeable changes in my demeanor as I demonstrate more confidence and passion in my activities.

My newfound drive is the result of numerous failures and setbacks I experienced, which have now become invaluable lessons. Overcoming these challenges helped me change perspectives, gain insights, and set a new direction for my life at 37.

I often find myself questioning, "How long will I remain at this work level?" I served six years as a local government official and twelve in a central agency; now I am eager to engage in more specialized work, which requires specific skills. I have chosen construction management as my field of expertise. Having managed public facilities, I aim to learn the entire construction process and management principles to apply them effectively in policymaking

People often ask how I became proficient in English, and my answer is simple: I have continuously studied English diligently to be prepared for any opportunity that may come. As I planned for a better future, I realized that mastering English could open many doors for me. During my college years, I consistently studied English but lacked a clear purpose, which kept me stagnant. Learning from these past experiences, I focused on achieving specific goals.

Although my job as a civil servant didn't require much English, the challenging experiences of life gradually rebuilt my confidence, prompting me to resume my English studies. I also started ordering original English books, finding that studying from them was more effective. I read these books daily, which I believed would enhance my English skills and enable me to converse more naturally with foreigners. Being proficient in English, to me, means being capable of writing reports and giving presentations in English—a practical goal that is essential for navigating professional life smoothly, even in private companies.

Moreover, participating in group activities not only boosted my confidence but also enhanced my eloquence, making it essential even when communicating in English. This newfound confidence enabled me to express my thoughts logically and persuasively, a skill that will be crucial in global settings.

Living with a focus on the concrete and practical, I developed a habit of starting with achievable tasks and then addressing areas for improvement. This approach transformed my once uncertain self, propelling me into what I consider my second life. Hearing my senior colleagues worry about their post-retirement life often made me think of my own future. But having experienced life's setbacks and failures, I now approach each day with positivity and passion, embracing a new chapter that significantly boosts my confidence and English proficiency.

As life continues, I am aware that more crises will inevitably arise. If faced with such challenges again, I will confidently "reject" them. Previously, as a civil servant, I thought my role was to reject requests or favors, but now I realize I must also decisively reject crises and failures to prevent wasting time.

I would advise civil servants in today's rapidly evolving world to develop both expertise and confidence. They should master their own field and maintain conviction to effectively carry out public sector tasks. Reflecting on the old question, "Which comes first, the chicken or the egg?" I wondered whether expertise or confidence should come first. However, I quickly recognized that there is no need for such a debate. Expertise and confidence should be developed simultaneously for optimal synergy. Lacking either one renders an individual far from ideal.

Throughout my life, I considered myself somewhat of a failure, lacking both expertise and confidence. It wasn't until I acquired my professional engineer's qualification and faced several failures that I began to build my confidence. Now, I further envision using my expertise and confidence fluently in English. Imagination and creativity are vital for embarking on new challenges. In today's interconnected society, collaboration is also crucial for realizing one's professional value. I encourage young people aspiring to be civil servants to advance quickly, experience both highs and lows, and accumulate a broad range of experiences.

5. Excelling in Writing as a Government Official

Employees in both the private and public sectors need the ability to write well and deliver effective presentations. Initially, I struggled with Korean, but taking writing classes greatly improved my skills. It was all thanks to my exceptional mentor, Dr. Ko Jungwook, a prolific author with over 350 books published. He rigorously critiqued my writing, marking it extensively with red ink. Although his classes were intense, they were transformative, enabling me to write with clarity and sincerity.

Dr. Ko taught me the importance of being specific and sincere in writing. Previously, my writing lacked these qualities, which was evident in my work. However, as I practiced, I learned to articulate clear topics and genuine intentions. This not only improved my writing but also made me more honest and objective about myself, warming my heart while sharpening my mind.

In government, where the public heavily scrutinizes activities and the media often covers them, the ability to write well is indispensable. This helps manage public perception and prevent misunderstandings. While there are professionals specializing in public relations, I believe in handling publicity personally, as it fosters public trust when officials directly manage media interactions.

It's a misconception that public officials only need to be adept at filling out forms. For professional growth, they should be proficient in effective writing. Yet, improving any skill, including writing, is neither easy nor quick, especially for busy public officials. Although public institutions mandate annual training, these 100 hours often serve more as a formality than a genuine opportunity for personal development.

From my extensive experience interacting with local residents, I learned the importance of clear and polite expression in official communications. The adage, "You catch more flies with honey than vinegar," underscores the importance of courteous communication, which is equally true for writing. Writing is not just for the benefit of the writer; it also communicates ideas to others, helping them understand and sometimes persuading them emotionally.

To enhance writing skills, one effective method is to share your work with others for feedback. Many shy away from this due to embarrassment, but constructive criticism is invaluable. You should overcome the fear of temporary discomfort. As a civil servant, your ability to write well can earn you recognition from superiors and trust from the public. The path to improving writing involves extensive practice and openness to feedback—after all, nothing worthwhile comes easily.

Up until the first half of 2016, my writing skills were poor, so I took to social media as a way of improving them. I shared snippets of my daily life and work-related topics, paying careful attention to spelling to ensure my posts were error-free. I enjoyed the positive feedback from likes and comments. I also purchased a writing workbook recommended by Dr. Ko Jungwook and committed to daily practice. The workbook had exercises that directed me to express my thoughts on specific topics, helping me gradually improve until writing became a hobby.

In the office, I often write brief documents like business trip reports or memos. After gaining confidence in handling these tasks, I also started to read regular publications and reports from headquarters to further enhance my vocabulary and writing style.

In addition, I developed the habit of meticulously jotting down my daily activities in a notebook, which has helped reduce oversights and mistakes. Previously, writing press releases or tackling new topics stressed me out, and I struggled to articulate my thoughts clearly. Now, I can express myself in writing with ease.

Gradually, the importance of note-taking, especially during meetings, captured my attention. I used to jot down everything indiscriminately, but I learned to focus on key points, which helps differentiate essential from non-essential information. Effective note-taking prevents redundant questions and saves time. Moreover, when the intended content is effectively conveyed in reports, it lessens the likelihood of criticism from superiors, leading to increased efficiency. Those struggling with their tasks should reconsider their note-taking methods.

When I lacked confidence in writing, my frequent mistakes led to criticism during the approval process. However, as my interest in writing grew, I noticed a significant reduction in errors and feedback. Nowadays, I seize any opportunity to write, whether with a pen or a laptop.

My strategy is that, rather than striving for perfection, I focus on writing frequently and extensively. I also embrace receiving feedback, as it clearly improves my writing. Accepting feedback is akin to introspection, helping me realize certain truths. I used to think only writers or Korean teachers excelled at writing, but now I see that effort and self-realization matter more in developing writing skills. Since I'm just one of many civil servants with no particular abilities, I learned the importance of exerting more effort than others. Through writing, I realized that if I only worked as hard as others, I would never surpass them.

The decision ultimately rests with you. You don't have to be a proficient writer from the start, but recognizing the opportunity for improvement in your writing skills opens the door to continual development. It is paramount to effectively convey your opinions. Previously, I prioritized verbal communication, believing it sufficient to convey messages verbally. However, I've learned that in close relationships, it is more important to accurately articulate thoughts in writing to avoid misinterpretation and maintain message integrity. Whether through handwritten notes or social media platforms, finding avenues to express yourself effectively can greatly enhance your rapport with others.

I'd also like to offer this advice: Instead of seeking out new methods, start writing with the tools readily available to you. As you engage in writing, you'll naturally find yourself becoming more honest, almost without noticing. Even fiction writers cannot achieve their desired writing without honesty.

I aspire to be a civil servant who writes well, understanding that effective writing can make people's lives more convenient and safer. When incidents occur, the ability to communicate clearly is indispensable. Among various means, I believe that writing with sincerity is the best. This is universally true. A civil servant who can write persuasively and logically earns trust from colleagues and favor from the public, ultimately building trust in public institutions.

I hope my readers can envision enhancing their writing skills in their own ways. Even civil servants—once considered mundane—now rely on imagination to thrive in this era. Only those civil servants who skillfully wield the power of imagination in their writing can contribute to making the world a more beautiful place. And I aspire to stand proudly at the forefront of that movement.

Another Beginning

How long should I stay stuck in Gangwon Province, doing road management task? This job doesn't even seem to guarantee me a promotion... Is this what a civil servant's life is destined to be? Where have all my dreams gone?

One day, I was hit hard with a reality check. The repetitive tasks were draining my soul, even clouding my dreams. Needless to say, both my body and mind were exhausted. Until then, I had been working for an agency under the Ministry of Land, Infrastructure, and Transport. The main task was maintaining the national highways in Gangwon Province. This involved managing construction for road maintenance, supervising various contracts, issuing road use permits for many different purposes, and handling complaints and even lawsuits related to this work. Additionally, the nature of the work changed seasonally. In the summer, it was flood prevention work, while in winter, it was snow removal. Although it may sound like simple road management, upon closer inspection, it required a diverse range of tasks. I had been performing these tasks continuously for a staggering eight years. I knew I needed a breakthrough, so I pondered for several nights. I even consulted with the director of the branch office where I was working at the time.

"Mr. Director, I think I've hit a wall. I just can't do this job anymore. What should I do?"

The director understood how I felt.

"I think you have two options. First, you could transfer to the Wonju Regional Office of Construction Management. Changing your job may reignite your enthusiasm."

"What is the other option, then?"

"Or you could go to headquarters, work on policy tasks, get promoted, and then return here."

His advice was truly valuable. After much deliberation, I made up my mind. One day in December 2019, I called a senior civil engineer working for the personnel team at headquarters. He and I had worked together at the Hongcheon Land Management Office a long time ago.

"Hello, it's Chulhee. I'm feeling too exhausted with my current duties and would like to work at headquarters. Is there any opportunity available?"

"What kind of work do you want to do?"

"I want to work at the Ministry of Land, Infrastructure, and Transport headquarters located in the Sejong Government Complex."

Upon hearing that, the senior engineer gave me hopeful advice.

"We are constantly conducting surveys for those interested in transferring from local offices to the headquarters. So, first, request the personnel team at the Wonju Regional Office of Construction Management for a transfer, expressing your desire to work at the headquarters. Then, you might have a chance to catch their attention and get the opportunity to work here."

"Thank you."

I felt like there was a glimmer of hope. I decided to follow my senior's advice and applied for a transfer through the personnel team at my local office. To be honest, I did not have high expectations. I was unsure how I would cut it, knowing so many civil servants across the country were vying for positions at the headquarters. Then, one evening in December 2020, as I was working overtime in the office due to an impending snowstorm, I received a call from my senior.

"Chulhee-ya, how have you been? We're currently conducting a survey for those interested in taking on supervisory roles at the headquarters. If you're still interested, apply this time. You're not getting any younger. This might be your last chance."

Hearing the word "last," I had no reason to hesitate. The next day, I reported to the director and went straight to the personnel manager at the Wonju Regional Office of Construction Management.

"Hello, I'm Park Chulhee from Yangyang Office. I would like to work at the headquarters, and I'm wondering if you could arrange it. I appreciate your help."

The manager in charge was actually the former personnel team leader at the Wonju Regional Office of Construction Management, whom I had met when I transferred from the Hongcheon-gun Office to the national position. After eight long years, we met again, but he didn't recognize me.

"I'm sorry, but we have a principle of sending personnel according to the order of application. We can't bypass that and send someone arbitrarily."

"Please hear me out about my situation."

I briefly explained why I wanted a transfer and how much my current work was wearing me down. As I finished my story, the manager nodded.

"If you're so determined to go, let me consider it."

After that, I returned to the Yangyang Office. Now, all I could do was wait for fate to take its course. Days passed, and one evening, I received a call from my senior colleague, a year after our last contact.

"Chulhee-ya, it looks like you're coming to headquarters. You'll receive the official appointment at the end of January. Before you come, make sure to wrap up what you're doing nicely. There's a lot of compilation work at the headquarters, so practice using Excel in advance."

It was definitely good news, but at the same time, I had a strange feeling. Now that I was about to work at the headquarters, I felt uncertain.

I'm finally going to work at the headquarters! But I've only been familiar with road management work. Will I be able to adapt well there?

Amidst these anxieties, on the Friday afternoon of January 29, 2021, the personnel announcement was posted on the website under the approval of the minister.

I'm finally leaving Gangwon Province!

It was a moment when I entered one of the central ministries of the Republic of Korea, after living in Gangwon Province for 42 years. I immediately called my wife to share the good news.

"Congratulations, honey. You're finally assigned to where you've wanted to go."

Then, I called my mother, "Mom, I'm moving to the headquarters."

"That's great, my son. Well done. Stay healthy and work hard there too."

Transitioning from a local government official to a national government official in 2012 had been by no means easy. Yet, it took me another nine years to get transferred to the headquarters. After receiving the assignment, I had this thought: "Why am I making my life as a civil servant so hard? Why can't I be satisfied with just doing the given tasks and getting paid like others?"

Perhaps it was because I took pride in performing administrative tasks related to civil engineering. Civil engineering is a field that involves the entire process of creating and maintaining civilization. Until now, my primary role involved on-site construction supervision duties. However, I anticipated taking on a new level of responsibility at the headquarters, particularly concerning the interpretation and implementation of relevant laws and policies. One week passed, and on February 8, I was finally assigned to the Facility Safety Division within the Construction Policy Bureau. Immediately, I was given difficult tasks regarding the "Serious Accidents Punishment Act (SAPA)," where if an employee dies at the workplace, all responsibility is imposed on the management. Feeling like a new recruit again, I learned new tasks, asked around to understand them, rushed to the scene whenever incidents occurred, and often attended meetings with high-ranking officials. And about three months later, I was assigned to handle another law called the "Special Act on the Safety Control and Maintenance of Establishments." While I struggled tirelessly to adapt to headquarters life, online requests for interpretation of the new law poured in endlessly. Since I believe this is the result of constantly resetting my dreams, I have no regrets. I aim to contribute, even in small ways, to my country's development by overcoming numerous challenges ahead with diligence and wisdom. I'll also make sure that my pride as a civil servant responsible for national administration remains steadfast.

Exhilarating Experience of Standing in front of the Public

– I'm on a Journey of Happiness

Going back to July 5, 2018, I was invited as a speaker to the second pre-show talk at Conference Window 2018, a gathering of management insights, by Cho Miho, CEO of Design Your Story, Inc., whose motto is "Creating a Valuable World as a Story Partner." I shared the stage with other notable speakers, including an executive from a major credit card company and a world traveler who had 20 years of experience as a producer and journalist.

I thought, "Can I really speak alongside such remarkable people? What should I talk about?"

Fortunately, the event organizers introduced me as a "Mindsetter," based on my book, Reset My Dreams, published in 2017. This allowed me to start crafting my presentation. One of the key points I emphasized during the talk show to the audience was the importance of having a strong mindset.

First, I stressed the importance of action. Merely intending to do something is meaningless without taking the first step. The beginning of action is indeed the starting point of everything. As for me, while preparing for the professional civil engineer's exam, I realized the significance of action. No matter how much technical knowledge you have, if you can't answer within the allotted time, you won't pass. Therefore, instead of focusing solely on theoretical study, it was crucial to practice constructing answers within the given time frame through multiple mock exams. This approach helped me pass the first-round exam on my second attempt.

Second, I emphasized the importance of making quick decisions. Isn't life itself a series of choices? Each day begins with decisions like, "Should I use the bathroom first? Drink a cup of water? Or sleep a little longer?" When decisions are delayed, progressing to the next stage becomes difficult. This is particularly true in the workplace. If your junior reports an issue to you, but you fail to promptly decide on the direction or plan, they cannot proceed to the next steps. To prevent impeding the workflow with indecisiveness, you must develop the ability to make quick decisions.

Third, I highlighted the significance of imagination and creativity. In the course of work, many unforeseen variables arise. To flexibly handle such situations, you must often imagine various scenarios. With rich imagination comes creativity naturally. Especially for someone like me, a civil servant who performs repetitive tasks stipulated by law, opportunities for imagination or creative thinking are scarce. However, even while performing routine tasks, you can craft a more creative approach by envisioning how things will conclude.

I started my career as a civil servant in my twenties, and I was quite arrogant at the beginning. I would scold a site manager in his sixties for stacking concrete piles askew. I even berated him, treating him as if he were a child. As a public civil engineer, I always felt I held the upper hand over construction companies. In truth, however, I didn't even know how to read architectural drawings. Despite being a novice civil servant, I would go on a power trip against site managers during inspections, as if it were a privilege of civil servants. In my twenties, I was extremely arrogant.

Then, I underwent a great ordeal: an illegal subcontractor filed a complaint against me. As a result, I was summoned to two rounds of prosecutorial investigations. Fortunately, the case concluded without any issues. But it took a great toll on me: I suffered from depression, developed social phobias, and even refused to go outside on the weekends.

I spent several nights unable to sleep. My mind was consumed by negative thoughts. Feeling stigmatized by the agency, I feared my chances of promotion were dwindling. The idea of quitting crossed my mind. I feared that remaining in this state would only stagnate my career. So, I took charge and began reassessing my 37 years of life. This led me to embark on writing my first self-help book, *Reset My Dreams.* Since then, I have adopted a personal motto to combat arrogance and laziness: "Stay vigilant and attentive. Arrogance leads to downfall."

I created a stamp with these two sentences, imprinted them on a piece of paper every morning, and then attached it to my notebook or desk. I encourage anyone with habits they want to change to devise their own motto. I resolved to cease living as an imperfect, selfish individual and contemplated deeply on how I want to shape the remainder of my life. Growing up in Chuncheon, Gangwon Province, I rarely had access to programs tailored for children. Hence, I opted to initiate a Children's Humanities School in Hongcheon.

I quickly mapped out a year's worth of activities and secured instructors for the program. Remarkably, I even enlisted Gang Wonrae, a former singer and person with a disability, as our inaugural instructor, despite being a total stranger to me. It all transpired because I rediscovered my dream. Having a dream indeed transforms one's life. With newfound humility and a clear sense of purpose, I embarked on a new journey as a "caretaker," overseeing a humanities school to inspire rural children and contribute to the local community.

Things that Reset Me - Yoga and Meditation

On February 8, 2021, I began working at the Ministry of Land, Infrastructure and Transport's Facility Safety Division. Right after joining this headquarters, I was tasked with handling the Serious Accidents Punishment Act. This law was enacted on January 26, before my assignment, and was set to be enforced one year later. The deputy director and I prepared to draft the enforcement decree by the end of the year. In particular, we dealt with the chapter concerning major civilian accidents that could occur in public facilities. We cooperated with other ministries, including the Ministry of Trade, Industry and Energy, and the Ministry of Environment, because some facilities under their jurisdiction were included. Our ministry, under the leadership of the Vice Minister, regularly prepared for task force meetings. It was an exhausting cycle of gathering meeting materials from other ministries and departments, submitting them to the deputy director, and compiling additional review materials if needed.

I wondered, "I've only been at the headquarters for three months. Can I continue to endure situations like this?"

I spent each day feeling powerless, and before I knew it, it was October 2021.

"I can't go on like this. I need to do something after work!"

I began searching for something to rejuvenate my tired body and mind. One evening, as I was driving home after work, I stopped at a traffic light at an intersection. As I glanced at the building to my right, I noticed numerous workout studios, such as yoga, Pilates, and personal training.

"Yoga? Should I give yoga another try?" I thought.

After the 2018 PyeongChang Winter Olympics, around late March, the boiler in the dormitory at Gangneung Land Management Office malfunctioned. So we had to use the shower room installed in the road maintenance office, and then I slipped on the stairs and injured my back. The pain never subsided. A physical therapist who provided treatment at the hospital on the weekends advised me, "Sir, it seems like your nerves were severely affected by the impact on your back. Physical therapy may not quickly alleviate the pain. If you have time, I highly recommend you try yoga."

That's how I had started yoga in Gyo-dong, Gangneung. I attended the last class at 8:30 p.m. The class was personally instructed by the owner and included hands-on adjustments. Surprisingly, after about a month, I noticed the pain in my back disappearing. Thanks to the yoga instruction, my back is still okay. I greatly appreciate its effectiveness.

As the traffic light turned green, I pulled over my car to the shoulder. Then, I turned on my phone and searched for nearby yoga studios. Among them, one caught my eye. They offered early morning yoga classes at 6:30 a.m.

"Since my evenings are irregular due to overtime, early morning yoga seems feasible!" I thought to myself in the car. I entered the address of the yoga studio into the navigation system and set off. Five minutes later, I arrived at the building's underground parking lot and took the elevator to the yoga studio.

"Hello, I'm here to sign up for the early morning yoga class. Can I start tomorrow?"

As soon as I arrived at the yoga studio, I consulted with the program coordinator and signed up for the early morning classes on Monday, Tuesday, and Wednesday at 6:30 a.m. The next day, I woke up around 6 a.m., quickly washed up, grabbed my belongings, and headed to the yoga studio. I arrived around 6:15 a.m., and the instructor was at the front desk.

"Hello. You're Mr. Park Chulhee, right? I'm Jeong Bomi, the instructor for the early morning yoga class."

The teacher warmly welcomed me. I entered the studio, laid out my mat, and sat down, looking at myself in the mirror before me. For eight months, I had been busy adapting to workload at the headquarters, and both my body and mind were weighed down. Yet, sitting on the yoga mat after three years felt like a fresh start. As it dawned on me that I hadn't been taking care of myself enough, tears welled up in my eyes. The class began with gentle stretches followed by a sequence of challenging poses or "asanas." Within 10 minutes, sweat began to bead on my forehead, dripping onto the mat. By the end of the 50-minute session, my clothes were soaked as if I had been caught in a downpour. We then lay on the mat and concluded the session with 10 minutes of meditation. If the first 50 minutes were about movements, the final 10 were dedicated solely to nurturing my mind. It was during this time that I felt the most serene and peaceful.

In Korea, there's a common misconception that yoga is primarily for women. However, the reality is quite the opposite. In fact, most yoga masters are men. Yoga isn't just about physical exercise; it's a practice of focusing on both the body and the mind. And yoga isn't as difficult as it may seem. It's a natural flow of movements, starting from basic poses and seamlessly transitioning into more advanced ones.

Through my yoga practice, I realized a few things. When I was stuck in a routine of getting up, commuting to work, spending the day at the office, and then heading home, I neglected my body. Only after I started practicing yoga did I begin to observe it. In moments when my body couldn't keep up with my mind during yoga, I rediscovered the importance of my physical well-being and learned to love my body.

During yoga classes, there were many poses my body struggled to perform. However, I realized it wasn't my body that couldn't keep up, but rather, my mind. When my mind opened, suddenly, the impossible became possible. I had underestimated my body's capabilities because I hadn't been using it properly. I had set up barriers in my own mind, telling myself I wouldn't manage certain movements. It was a wake-up call to how I had been neglecting and mistreating myself. Since then, my troubled mind has gradually started to ease.

In June 2022, I delved into myeongsang, or meditation, through a YouTube channel. Initially, I thought meditation was simply about closing eyes and clearing the mind of distractions. I thought the Chinese character "myeong" in myungsang implied brightness, symbolizing the clarity and illumination of the mind that meditation brings through practice. But as I began practicing, I discovered that the character "myeong" actually means "dark." This revelation astonished me. Meditation wasn't just about deep thinking; it was about removing the accumulated dust in my mind and uncovering my true self.

My meditation practice consists of waking up at 5 a.m. and spending 10 minutes shaking my body to promote blood circulation. Then, I perform nine prostrations for 40 minutes. After completing the prostrations, I sit on a cushion, close my eyes, and focus on my breath. I continued this practice for 100 days before revisiting the online lectures.

I wondered why I had struggled with my life, only looking forward. I asked myself, "What do I live for?" Through self-inquiry, I learned the answer: "To simply exist." I had been too focused on pursuing success and acknowledgement from others, neglecting the gratitude for my own existence. I realized that the concepts of success and failure were arbitrary. In a society that values wealth, success is often equated with material wealth, while failure is seen as lacking it. But when we understand the true meaning of existence, we can transcend these concepts.

Humans are often trapped by various preconceptions, unable to live freely. But when we break free from these constraints and experience true emptiness, we are filled with our genuine existence. It's natural for humans to set goals and strive to achieve them. However, even after we achieve those goals and still feel empty, I believe it's time to reflect on our own existence.

Cancer Treatment in the Farmhouse

My mother, who had been battling thyroid cancer for five years, spent her days at a farm in Chuncheon, Gangwon Province, from sunrise to sunset. One day, when I visited the farm, I found my mother lying next to a tiny container cabin, covering her face with a towel under the scorching sun. It wasn't until 20 minutes had passed that she finally removed the towel and got up.

"Son, soaking up the hot sun feels like I'm getting high-frequency thermotherapy."

She likened sunbathing to receiving high-frequency thermotherapy, which involves penetrating heat of 38.5-42 degrees Celsius around cancer cells to suppress or eliminate them. That was why my mother enjoyed sunbathing while breathing in the fresh air. She seemed to believe that it had a similar effect to thermotherapy, albeit possibly a placebo effect. Tending to various crops like lettuce, eggplants, tomatoes, and cucumbers, she also enjoyed eating them to her heart's content.

I believed that engaging in such modest farming activities and living in the fresh air of the countryside would help treat cancer. However, the fact that my mother stayed in the container cabin bothered me. So I suggested building a small farm hut where she could comfortably shower and take naps during hot summers or cold winters, just like at home. My mother also wished to have a proper farm hut, but she was worried about the construction costs. She had already paid the hefty medical expenses for cancer treatment. Putting aside her concerns, I proceeded to commission building designs from an architectural office. Since it was a small-scale construction of about 11 pyeong, the design drawings were quickly completed. I showed the designs to my mother and proposed choosing the location of the farm hut on the 500 pyeong. Both my mother and father had a place in mind for the hut.

I asked them, "Now that we've chosen the location, should I go to the district office to apply for construction approval?"

But my parents' expressions were somber. They insisted that we should take things slow. A few days later, my mother called me.

"How about modifying the existing container, instead?"

I opposed the idea of modifying the container. I firmly expressed my opinion against my sick mother, although I didn't feel great about it.

"Even if we modify the container, it will still be too hot to rest inside during the scorching summer and too cold to stay in during winter. There's no need to live uncomfortably just to save money. You should spend the rest of your life in comfort."

A few days later, I decided to contribute about a third of the construction cost and called my mother. Upon hearing the news, my parents had a change of heart. Frankly, I didn't want to send my mother, who was suffering from cancer, to a nursing hospital. I believed it would be much better for her to spend time on the farm, and they agreed with me.

We decided to have the farm hut built a month later, and I asked the architectural office to proceed with the approval process. The architect mentioned they thought we hadn't gotten back to them for a month because we weren't happy with the design. Several days later, I received a text message informing me that it would take 14 days to process the construction approval. Given my experience as a public servant, I had expected the approval to be processed more quickly. But now, I was a petitioner requesting administrative work on behalf of my parents. Even after the deadline passed, I didn't receive any notification that the approval had been completed. Suddenly, all the administrative work I had handled before crossed my mind: "Did I also handle administrative work this slowly?"

I wanted to inquire at the district office about why the processing was taking so long, but I decided against it. As a public servant myself, I chose to wait with empathy. A while later, I received another notification text saying that I'd have to wait even longer. I couldn't help but wonder why the approval had been postponed, so I called the district office.

"I received a notification that my request for construction approval had been delayed, and I'd like to know the reason behind it," I asked.

"The name of the petitioner, please."

The civil servant on the other end of the call sounded somewhat curt and blunt. Nonetheless, I bit my lips, told them my mother's name, and waited patiently. After a while, they explained that the delay was due to the need for consultations with other departments. Of course, I'm well aware that for construction projects, various departments need to review relevant laws, including those related to land development, agricultural land use, and environmental considerations. Despite my frustration, I had no choice but to wait. One month later, the construction approval was finally granted.

I wished I could build the hut myself, but I couldn't afford to take a long break. So, I contacted my acquaintance with extensive experience in the construction industry. Construction expenses vary greatly depending on factors like architectural design, height, and materials used. To expedite the construction process, I chose EPS panels, also known as sandwich panels. Then, I requested a final estimate using 150mm thick brown panels for insulation. I didn't want financial constraints to hinder the project, especially when it concerned my mother's recovery. The prolonged approval process had already left me anxious, as it had taken much longer than expected.

Then I received a call from the acquaintance: "We'll start the foundation work next week, and once the concrete is poured, we'll start erecting the walls right away."

Since I was working in another city, I had to rely on photos to confirm progress, visiting the site on the weekends to conduct thorough inspections and address any issues. Although I personally knew the person in charge, that didn't make me cut corners. If there were things to be corrected, I strongly voiced my opinions. In fact, my parents had experienced ground sinking when their current three-story single-family house was built and the retaining wall was excavated. This led to my parents paying a considerable amount in compensation to the affected neighbor. Although the current project was on a much smaller scale, my parents felt uneasy and didn't entirely trust the construction site manager.

I was worried that my mother's overconcern might worsen her health, so I tried to comfort her.

"Don't worry, Mom. Everything will turn out fine. Remember, your son is the civil servant working for the Ministry of Land, Infrastructure and Transport."

After the foundation and wall construction, interior work followed.

It involved many decisions, such as selecting wallpaper and tiles. For someone primarily involved in civil engineering projects, managing a construction site proved to be a different challenge. Nonetheless, I remained focused until the end. After two months—one for approval and one for construction—the farm hut was finally completed.

"Chulhee-ya, it was a great idea to build the hut. I already feel like my cancer is being cured."

My mother was delighted to have the farm hut where she could enjoy fresh air, grow fresh vegetables, and relax comfortably. Seeing her, I felt proud too. Building the farm hut made me reaffirm the importance of providing people with a place where they can cook and sleep without worrying about rain in the summer or snow in the winter.

Sometimes I imagine inviting my friends who have always supported me to the hut on weekends. We would harvest lettuce, tomatoes, blueberries, and other crops my family grows, and make salads together. We would listen to Vivaldi's "Four Seasons" and discuss the books we have recently read. In the evening, we would cook meat on the charcoal grill. We would wrap the meat in lettuce leaves, add some crown daisies, generously apply ssamjang sauce, and enjoy it with garlic. As the moon rises, we would light a bonfire. We would space out while staring at the fire against the backdrop of the starry sky. As the night deepens, some would go into the farm hut and share intimate conversations. After they return home the next morning, they would say, "Chulhee-ya, I got a nice tan from basking in the sun. Thanks for helping me unwind in your hut."

The farm hut is happiness itself. To me, it also symbolizes my filial piety to my parents.